"Jonathan Leeman oferece, em *Autoridade redimida: Liderança piedosa para o bem do próximo*, um guia bíblico, lúcido e profundamente pastoral sobre um tema urgente: a boa autoridade. Num tempo marcado tanto por abusos de poder quanto pelo desprezo generalizado por qualquer liderança, Leeman mostra que a resposta não é rejeitar toda autoridade, mas redescobrir a beleza e o propósito do governo piedoso. Com clareza teológica, exemplos práticos e aplicações para família, igreja, trabalho e sociedade, ele desafia líderes e liderados a refletirem o caráter de Cristo Jesus. Um livro necessário, transformador e altamente recomendável."

Franklin Ferreira, membro da Igreja Batista da Graça e reitor e professor de Teologia Sistemática e História da Igreja no Seminário Martin Bucer

"A aversão à autoridade parece aumentar a cada geração que se sucede nos Estados Unidos, e a comunidade cristã não é imune. Hoje, jovens próximos da fase adulta e criados na igreja parecem ainda mais alérgicos à hierarquia do que os que ensinei há uma década na escola cristã, e a perda de confiança é, sem dúvida, a principal razão por trás disso. Se Satanás utilizou mentiras para abalar a confiança dos filhos de Deus no Éden, faz sentido que reafirmar a verdade sobre as boas intenções divinas contribua para restaurar nossa confiança na autoridade. Jonathan Leeman conduz o leitor com cuidado, guiando-o pacientemente pelo plano de Deus para a autoridade e a submissão, conforme revelado nas Escrituras. Com habilidade, Leeman esclarece quando o papel da autoridade exige ação ou contenção, abordando muitas das mentiras sutis que corroeram a confiança nas instituições de nossos dias."

Roy Griffith, Diretor do Rockbridge Academy, em Crownsville, Maryland

"Em um mundo em que a autoridade é constantemente questionada, Jonathan Leeman nos lembra de administrar nossa autoridade para a glória de Deus. Leeman examina de forma útil práticas boas e ruins e nos guia em direção a melhores exemplos de uma autoridade divinamente concedida."

Gordon Reid, Presidente da Stop and Shop LLC

"Trinta e dois anos de liderança militar e seis na indústria — e ainda aprendendo! Este livro é um discurso expressivo, persuasivo e compassivo. Jonathan Leeman usa anedotas e histórias poderosas para enfatizar os princípios, as verdades e os preceitos relacionados à autoridade e enquadra o contexto para sua aplicação prática. Trata-se de uma leitura obrigatória para todos que exercem e estão sob 'autoridade'!"

Scott Vander Hamm, Major General (aposentado), Força Aérea dos Estados Unidos

"Hoje, a autoridade está sob ataque por ser considerada opressiva; este livro é um estudo revigorante e reflexivo sobre o tema. Leeman rejeita firmemente o abuso, ao mesmo tempo em que mostra que a autoridade é vital para o funcionamento adequado da sociedade, da igreja e da família. Quando usada corretamente, a autoridade serve àqueles que são liderados. Trata-se, sem dúvida, de um assunto contencioso, porém este livro oportuno é um guia seguro: biblicamente fiel, pastoralmente sábio, abrangente e cheio de exemplos práticos."

Sharon James, Analista de Política Social, The Christian Institute

"Com o coração de um pastor e a mente de um teólogo, Jonathan Leeman nos oferece uma perspectiva oportuna sobre um desafio atemporal. Usando prosa clara e exemplos convincentes, ele exorta todos os cristãos fiéis a reconsiderarem a garantia bíblica de autoridade em todos os domínios da vida."

William Inboden, Professor e Diretor do Alexander Hamilton Center for Classical and Civic Education, Universidade da Flórida

9Marcas

Autoridade Redimida

Liderança piedosa para o bem do próximo

Jonathan Leeman

Dados Internacionais de Catalogação na Publicação (CIP)
(Câmara Brasileira do Livro, SP, Brasil)

Leeman, Jonathan
Autoridade redimida : liderança piedosa para o bem do próximo / Jonathan Leeman ; tradução Elissamai Bauleo. -- São José dos Campos, SP : Editora Fiel, 2025.

Título original: Authority: how godly rule protects the vulnerable, strengthens communities and promotes human flourishing.
ISBN 978-65-5723-437-2

1. Bíblia - Autoridade 2. Liderança cristã 3. Ministério cristão 4. Teologia I. Título.

25-298345.0 CDD-230.046

Índices para catálogo sistemático:

1. Teologia : Doutrina cristã 230.046

Eliane de Freitas Leite - Bibliotecária - CRB 8/8415

AUTORIDADE REDIMIDA:
Liderança piedosa para o bem do próximo

Traduzido do original em inglês
Authority: How Godly Rule Protects the Vulnerable, Strengthens Communities and Promotes Human Flourishing

■

Originalmente publicado em inglês por Crossway, Wheaton, Estados Unidos.

Os textos das referências bíblicas foram extraídos da versão Almeida Revista e Atualizada, 2ª ed. (Sociedade Bíblica do Brasil), salvo indicação específica.

■

Diretor: Tiago J. Santos Filho
Editor-chefe: Vinicius Musselman Pimentel
Coordenação gráfica: Michele Almeida
Tradução: Elissamai Bauleo
Preparação: Vinicius Silva Pimentel
Revisão de Provas: Zípora de Lima
Diagramação: Rubner Durais
Capa: Rubner Durais
ISBN brochura: 978-65-5723-437-2
ISBN e-book: 978-65-5723-436-5

FIEL Editora

Caixa Postal 1601
CEP: 12230-971
São José dos Campos, SP
PABX: (12) 3919-9999
www.editorafiel.com.br

Aos meus pais (David e Barbara Leeman),
avós (Eric e Helga Newbold, Roy e Amanda Leeman),
pastores (Mark Dever, Thomas Schreiner, John Joseph),
professores (Steve Wellum, Bruce Ware, Shawn Wright, Greg Wills),
chefes (Chip Collins, Matt Schmucker, Ryan Townsend)
e muitos outros presbíteros para citar,
cada qual que me permitiu experimentar o poder criativo
da boa autoridade em minha vida e sem os quais
este livro não existiria.

SUMÁRIO

PARTE IV: COMO É A BOA AUTORIDADE EM AÇÃO?

TABELAS E ILUSTRAÇÕES

Tabelas

Ilustrações

PREFÁCIO DA SÉRIE

A série de livros 9Marcas é baseada em duas ideias básicas. A primeira é que a igreja local é muito mais importante para a vida cristã do que muitos cristãos talvez hoje percebam.

A segunda é que as igrejas locais crescem em vida e força à medida que organizam a vida em torno da Palavra de Deus. Deus fala; igrejas devem ouvir e seguir. É simples assim. Quando uma igreja ouve e segue, começa a se parecer com aquele a quem está seguindo. Essa igreja reflete seu amor e santidade e exibe sua glória. Uma igreja se parecerá com Jesus à medida que o ouvir.

Portanto, nossa mensagem básica para as igrejas é: não olhe para as melhores práticas de negócios ou para as modas mais recentes; olhe para Deus. Comece ouvindo a Palavra de Deus novamente.

Desse projeto geral, surge a série de livros 9Marcas. Alguns têm como alvo pastores, enquanto outros, membros da igreja. Espero que todos combinem o exame bíblico cuidadoso, a reflexão teológica, a consideração cultural, a aplicação corporativa e até mesmo um pouco de exortação individual. Os melhores livros cristãos são sempre teológicos e práticos.

Nossa oração é que Deus use este e outros volumes para ajudar a preparar a noiva de Cristo, a igreja, com esplendor e glória para o dia de sua vinda.

PRELÚDIO

UMA ORAÇÃO DE CONFISSÃO

Este livro trata de autoridade, tanto em sua forma positiva quanto negativa. No entanto, meu objetivo não é escrever uma obra teórica sobre um conceito abstrato. Desejo me conectar de maneira pessoal e explorar como você exerce sua autoridade, o que exige que eu também me envolva pessoalmente.

Com esse propósito, adotei um estilo mais coloquial. Mais do que isso, começo com uma confissão: falar sobre a boa forma de autoridade significa escrever a respeito de um tema no qual devo realmente melhorar.

A boa autoridade é linda, como um rosto perfeitamente simétrico é lindo, como uma vida em perfeita conformidade com a lei de Deus é linda. No entanto, passe um tempo olhando para esse rosto ou para essa lei e você descobrirá, em comparação, que seu rosto não é perfeito; você não guarda toda a lei.

Contudo, quero ajudar você e a mim a olhar para o rosto daquele que guardou perfeitamente a lei e que exerceu perfeitamente sua autoridade, para que tanto você quanto eu possamos ser transformados; e a única maneira honesta de o fazermos é com a transparência do evangelho. Não sou um modelo de benignidade; nem você. Pensar de outra forma é ser como o fariseu que orou: "Graças te dou, Senhor, porque não sou como aquele publicano ali."

Nosso mundo pós-cristão e profundamente farisaico, que abandonou todas as ideias de pecado original, nos ensina a pensar dessa forma. Ele classifica todos como abusadores ou não abusadores, opressores ou não opressores. Essas são as únicas categorias morais que lhe restam. Portanto, se você não se considera um abusador ou opressor, pode apontar o dedo para as pessoas "más" e agradecer a Deus por não ser como elas.

A Bíblia não nos deixa escapar tão facilmente. Ela acusa todos nós por usar mal nossa autoridade. A Palavra ensina que a mordida do fruto por Adão e o derramamento de sangue pelo faraó são diferenças de quantidade, não de qualidade; o faraó apenas manejou um martelo muito mais pesado.

Sem dúvida, alguns pecados são muito piores do que outros: o assassinato é muito pior que o ódio, enquanto o adultério, pior que a cobiça sexual. No entanto, Jesus também nos pede para meditar sobre como todos esses pecados são construídos da mesma coisa (Mt 5.22, 28). Aqui está um fato incontestável: até certo ponto, você e eu abusamos de nossa autoridade ao dominar os outros. Usamos nossa liderança para servir a nós mesmos em vez de aos outros. Usamos nossa administração divinamente concebida à custa dos outros e para ganho próprio. Partir de uma postura diferente, sem reconhecer e confessar essas coisas, seria equivocado.

Além disso, ignorar essa verdade nos priva da chance de contemplar o rosto do Único Homem verdadeiramente belo. Também nos afasta do caminho que nos transforma à semelhança desse Homem Perfeito:

> Mas Jesus, chamando-os para junto de si, disse-lhes: Sabeis que os que são considerados governadores dos povos têm-nos sob seu domínio, e sobre eles os seus maiorais exercem autoridade. Mas entre vós não é assim; pelo contrário, quem quiser tornar-se grande entre vós, será esse o que vos sirva; e quem quiser ser o primeiro entre vós será servo de todos. Pois o próprio Filho do Homem não veio para ser servido, mas para servir e dar a sua vida em resgate por muitos. (Mc 10.42-45)

O caminho para liderarmos como Jesus exige mais do que uma lição moral do tipo: "Siga estas cinco etapas." Requer um reconhecimento profundo e uma confissão sincera sobre quem realmente somos. Não basta dizer: "Senhor Deus, algumas vezes abusei da minha autoridade. Foi mal... Desculpe pelo erro." Em vez disso, devemos declarar: "Senhor Deus, por minha natureza caída, sou alguém que faz mau uso da autoridade e, sem a tua graça, continuarei a usá-la de maneira errada."

Liderar como Jesus exige arrependimento e fé.

Para iniciar este projeto, resolvi perguntar aos que estão "acima" de mim (como superiores), "ao meu lado" (como amigos) e "abaixo" de mim (como filhos ou colaboradores) se exerço bem minha autoridade, solicitando que enfatizassem, sobretudo, os aspectos negativos. Felizmente, recebi um *feedback* positivo. No entanto, ao apontar minhas fragilidades, alguém comentou: "Em certas ocasiões, você é bastante intenso. Na pior das hipóteses, sua atitude pode soar um pouco controladora." Outra pessoa acrescentou: "Você costuma ser muito direto, o que eu gosto. Mas imagino que alguém que não o conheça bem possa achar alguns de seus comentários um tanto abrasivos."

Você percebeu o subtexto? Em geral, eu sei como "me comportar". Sei como devo aparecer na minha liderança do lado de fora. Contudo, algo mais escapa "de vez em quando", e esses pequenos deslizes revelam a versão caída de mim — ou o "eu natural," separado da graça de Deus. Revelam algo nas águas mais profundas de minha alma.

Talvez seja uma supervalorização persistente e enraizada de mim mesmo e de minha capacidade de controlar as circunstâncias. Em um nível ainda mais profundo, talvez se trate de uma inclinação constante para dar crédito à serpente quando disse a Eva: "Você pode ser como Deus." E, indo além, talvez se resuma a uma percepção enfraquecida e reduzida de quem Deus realmente é. Além do mais, minha atitude pode corresponder a uma falta de amor genuíno por aqueles que lidero, pouca sensibilidade às suas necessidades e um desejo insuficiente de vê-los crescer e se fortalecer.

Mas e quanto a você? Você tem autoridade. Todos a possuem, mesmo que alguém tenha apenas treze anos e seu domínio se restrinja ao quarto ou aos próprios pensamentos. De alguma forma, você exerce domínio sobre algo — um pequeno território, assim como Adão e Eva no jardim. Você vê esse pedaço de terra como algo que Deus lhe deu para administrar? Está usando sua autoridade para criar vida, prosperidade e vitalidade para os outros? Você olha para o seu domínio e diz: "É meu!", empregando-o para propósitos egoístas e para a própria glória? Se pudéssemos ver as águas mais profundas de sua alma, o que encontraríamos? Descobriríamos o desejo sincero de repetir as palavras de João Batista sobre Jesus: "Que ele cresça e eu diminua," ou exatamente o oposto?

Essas são algumas das coisas que nas quais o encorajo a refletir enquanto lê este livro. Não veja relatos de pessoas que exerceram bem a autoridade e, de imediato, conclua que você se assemelha a elas. Em vez disso, agradeça a Deus pelo exemplo que elas deixaram, mas também pergunte a si mesmo: de que maneiras não agi como elas, porém me aproximei mais de figuras históricas sombrias? Um dos grandes equívocos da humanidade é supor: "Sou o herói desta história," enquanto a Bíblia nos lembra repetidamente: "Não. Há apenas um verdadeiro herói." Seu nome não foi nem Adão nem Abraão, nem Moisés nem Davi, nem Miriam nem Maria, nem Pedro nem Paulo. Seu nome é Jesus.

Se você acha que pode simplesmente adotar as cinco lições morais que ofereço no meio do livro sobre como exercer bem a autoridade, é melhor parar agora. Você continuará orgulhoso. E caso permaneça orgulhoso, acabará usando sua autoridade de uma forma que machuca, menospreza ou enfraquece aqueles que você lidera, mesmo que Deus simultaneamente use seu egoísmo para o bem por meio de sua graça comum. Na medida em que você e eu permanecermos ansiosos, inseguros, egoístas, presunçosos, controladores ou orgulhosos, nenhuma ferramenta poderá, enfim, nos ajudar. Não existe um simples manual de "como fazer." Usaremos nossa autoridade de forma errada, mesmo que a disfarcemos com aparências e boas maneiras. Como Jesus nos ensinou, uma árvore boa produz frutos bons, e uma árvore ruim, frutos ruins. A autoridade saudável brota de uma natureza saudável; se, porém, você for uma maçã apodrecida, terá um sabor desagradável. Precisamos de uma nova natureza para que possamos liderar a partir dela.

Para obtermos uma nova natureza, devemos começar nos humilhando, confessando nossos pecados e colocando nossa esperança em Cristo. Talvez a melhor maneira de começar este livro, então, seja com uma oração de confissão. O objetivo da confissão não é nos sentirmos mal conosco, e sim nomearmos as coisas com precisão, para que possamos, então, construir a vida em um fundamento melhor, um fundamento verdadeiro, bom e duradouro — a saber, em Cristo:

> Deus Pai,
>
> O Senhor nos deu autoridade para moldar o mundo ao nosso redor. O Senhor nos chamou para exercê-la de modo a refletir tua justiça, teu amor, tua generosidade e tua bondade.
>
> No entanto, usamos nossa autoridade em benefício próprio — para a nossa fama, o nosso poder, os nossos interesses. Falhamos em servir e amar

aqueles que estão sob a nossa responsabilidade. Em vez disso, exploramos sua força e a utilizamos para alcançar nossos próprios objetivos.

Temos sido como todos os reis de Israel, que pensavam que poderiam governar sem serem responsáveis perante o Senhor, e como os sacerdotes, que se esqueceram da tua Palavra.

Temos sido como o faraó, que usou — até destruiu — outros para o seu próprio ganho, em vez de usar sua autoridade para dar vida e encorajá-la.

Temos sido como Davi, quando se recusou a disciplinar seus filhos, tomando o caminho míope e fácil, para o mal de sua família e do Reino.

Temos sido como a criança tola de Provérbios, desprezando o conselho e a sabedoria dos outros enquanto eles tentam nos ajudar a liderar.

Temos sido como Abraão quando, em vez de assumir ele mesmo o risco e o fardo, colocou sua esposa em perigo.

Temos sido como Adão e Eva no jardim, que pensavam ser iguais ao Senhor.

Não fomos como Cristo, que provou ser rei ao dar sua vida por amor. Não amamos.

Perdoa-nos, ó Deus, tanto pelo que fizemos quanto pelo que deixamos de fazer com a autoridade que o Senhor nos deu. Obrigado por tua promessa de que, se confessarmos nossos pecados, o Senhor é fiel, nos perdoará e nos purificará de toda injustiça. Não estamos diante de ti, dizendo: "Veja que bom trabalho fizemos," "não fomos tão ruins assim" ou "aceite minhas desculpas esfarrapadas." Não minimizamos a gravidade do nosso pecado, mas reconhecemos sua grandeza considerável. Por isso, imploramos a justiça perfeita e bela do Filho e pedimos que, por tua misericórdia, o Senhor nos considere como considera Jesus.

Obrigado por Jesus, que governou como Adão, Abraão, Moisés e Davi não governaram. Quão glorioso Rei e Salvador ele é — alguém que não veio para ser servido, mas para servir, e sobre cujos ombros o governo do mundo devidamente repousa! Esse Príncipe da Paz é digno de todo o nosso louvor e adoração. Use este livro para nos ensinar a governar como Jesus, para o bem dos outros e o louvor do teu nome.

Amém.

INTRODUÇÃO

NOSSA ANGÚSTIA COM RESPEITO À AUTORIDADE

Numa segunda-feira em novembro de 2021, os pais de alunos da Reynolds Middle School, escola secundária localizada em Fairview, nos arredores de Portland, estado do Oregon, receberam um e-mail do distrito escolar. A mensagem, de apenas três frases, comunicava que as aulas presenciais seriam suspensas por três semanas, uma vez que os professores haviam falhado em conter uma onda de agressões. Eles precisavam de uma oportunidade de se reorganizar e a escola havia decidido fazer uma pausa de três semanas a fim de elaborar "protocolos de segurança" e "apoios socioemocionais" para lidar com o caos.[1]

Tais problemas estavam longe de ser um caso isolando na Reynolds. Algumas semanas antes, ali perto, na Roseway Middle School em Portland, os alunos haviam orquestrado uma paralisação das aulas, frustrados com a falta de controle da administração: "Simplesmente decidimos que era hora de fazer algo a respeito", observou um aluno do oitavo ano (de 13 anos) sobre a falha dos adultos em lidar com as brigas generalizadas, os xingamentos e os toques inapropriados.

"Crianças tentam tomar medidas que cabem aos adultos", lamentou um dos pais. "Não estava muito claro quem estava no comando", observou outro.[2]

1 "Reynolds Middle School Is Shutting Down In-Person Learning for 3 Weeks to Address Student Fights, Misbehavior", *The Oregonian*, 18 nov. 2021, disponível em: https://www.oregonlive.com/news/2021/11/reynolds-middle-school-is-shutting-down-in-person-learning-for-3-weeks-to-address-student-fights-misbehavior.html, acesso: 9 abr. 2022.

2 "Students, Parents Call for District to Rein in Sexual Harassment, Fighting at Northeast Portland Middle School", *The Oregonian*, 5 nov. 2021, disponível em: https://www.oregonlive.com/education /2021/11/students-parents-call-for-district-to-rein-in-sexual-harassment-fighting-at-northeast-portland-middle-school.html, acesso: 9 abr. 2022.

Eu estava hospedado com amigos em Portland algumas semanas após o ocorrido na Reynolds. Ao conversarmos sobre o assunto, acreditávamos que tanto os professores quanto os gestores valorizavam a educação. Também acreditávamos que os pais se preocupavam. No entanto, por diversos motivos, os adultos não conseguiram manter o controle em um edifício repleto de crianças entre onze e treze anos — até que tudo desmoronou. O sistema entrou em colapso.

O que estava faltando? Além de tudo o mais que se possa dizer, faltava à escola uma compreensão correta de autoridade. A população de Portland fica angustiada quando o assunto é autoridade — assim como a maioria dos americanos e, na verdade, como os cidadãos de democracias ocidentais em geral.

No Ocidente democrático

Em geral, todos os seres humanos têm um problema com autoridade, não apenas aqueles de nós que vivemos em uma democracia liberal de estilo ocidental. Contudo, para dirigir-me por um momento à minha audiência principal, nosso problema no Ocidente é que não sabemos o que fazer com a autoridade. Nós a odiamos, mas não podemos viver sem ela.

Agora, saia de Portland e me acompanhe a uma cafeteria badalada no bairro de Capitol Hill, em Washington, D.C., a poucos quarteirões de onde trabalho. É uma manhã de sábado. Em uma mesa próxima, você observa um casal rico e influente da cidade, provavelmente na casa dos trinta, vestindo roupas esportivas caras, tentando, sem sucesso, acalmar seu filho de três anos. O menino derrubou um muffin no chão e agora está fazendo uma cena. O marido faz apelos suaves. A esposa, desesperada, oferece brinquedos e mais guloseimas. Eles tentam argumentar com a criança como se ela fosse um adulto. Parece que ninguém jamais lhes ensinou que *eles* são os pais e que, como *pais*, têm autoridade para estabelecer limites e aplicar consequências, se necessário, sem precisar da permissão do filho. A essa altura, o menino já corre pela cafeteria e o casal parece mais desesperado do que nunca. Estão castrados. Embora essa família pertença a um nível socioeconômico muito superior ao da Reynolds Middle School, a história é a mesma: eles não têm as ferramentas para liderar seu filho e lhe fazer o bem. Não sabem como exercer autoridade.

Para lhes dar o benefício da dúvida, sua postura manifesta uma ignorância honesta. A cultura ocidental os traiu e cegou. Como os pais e professores da Reynolds, eles são os beneficiários de vários séculos de ataques contra toda autoridade concebível. Todo ser humano tem resistido à autoridade desde o jardim do Éden, porém nós, no Ocidente Iluminista, demos a essa resistência uma respeitabilidade moral e filosófica. Meus professores da escola pública me ensinaram a não confiar na autoridade da igreja, porque a igreja perseguiu Galileu; nem na autoridade da Bíblia, porque a ciência nos ensina a deixar a superstição para trás; nem na autoridade da ciência, porque uma geração de cientistas refutará a anterior; nem na autoridade do rei, porque não existe tal coisa como o direito divino dos reis; nem na autoridade da maioria democrática, porque as maiorias também podem ser tirânicas; nem na autoridade dos tribunais, porque eles também estão fazendo política; nem na autoridade dos filósofos, porque eles fazem jogos de linguagem; nem na autoridade da linguagem, porque alguns filósofos franceses observaram que as pessoas usam termos cotidianos como "hétero" e "gay" como armas para normalizar nossas preferências e marginalizar pessoas que são diferentes; nem na autoridade do mercado, porque o capitalismo é o gêmeo siamês do racismo; nem na autoridade policial, porque a polícia também é racista; nem na autoridade da mídia, porque ela é tendenciosa; nem na autoridade dos nossos cromossomos XX ou XY, porque eles não nos dizem como devemos definir nosso gênero; nem, claro, na autoridade da mamãe e do papai, porque, veja bem, a vida é mais divertida se você puder sair escondido para ir a uma festa. Você nunca assistiu a *Curtindo a vida adoidado*?

No fim das contas, já não resta nenhuma autoridade a derrubar — exceto a autoridade do "Eu". É isso que os escritores querem dizer quando descrevem nossos dias como "individualistas". Individualismo não significa que eu gosto de ficar sozinho ou que não tenho amigos, mas que ninguém pode me dizer o que devo fazer ou quem devo ser. Ninguém tem autoridade sobre mim.

Nas igrejas do Ocidente

Nas últimas décadas, essa angústia quanto à autoridade também cresceu dentro das igrejas. Cristãos têm sido impactados pela política da era Donald Trump, por movimentos de oposição à violência sexual (#MeToo e #ChurchToo, por exemplo), por episódios de brutalidade policial registrados em smartphones e por quarentenas e fechamentos causados pela COVID — para não mencionar a capacidade das mídias sociais de aproximar pessoas geograficamente distantes, mas com descontentamentos compartilhados, e torná-las em facções. Os cristãos parecem ter mais desconfiança do que nunca quanto à autoridade.

O amontoado de casos de abuso na igreja e a queda de pastores influentes têm minado a confiança na *liderança pastoral e eclesiástica*. Já não podemos confiar que os presbíteros, ou mesmo a congregação como um todo, consigam manter os pastores sob supervisão e prestação de contas. Em vez disso, precisamos de acadêmicos para nos dizer o que pensar e "investigações independentes" para resolver nossos problemas de igreja.

Esse mesmo amontoado de casos, juntamente com o problema sempre presente de maridos abusivos, tem corroído a confiança na *autoridade masculina*. Talvez o rótulo "complementarista", que resume o ensinamento cristão de dois mil anos sobre a liderança masculina na igreja e no lar, tenha experimentado um aumento de popularidade nas igrejas evangélicas na década de 1990 e no início dos anos 2000. Mas o jogo virou, em parte, com o auxílio do poder nivelador das mídias sociais.

Enquanto isso, excessos do governo durante a COVID provocaram os cristãos da direita política a se tornarem cada vez mais desconfiados da *autoridade governamental*. Obviamente, as restrições da COVID apenas aumentaram as suspeitas que já vinham crescendo constantemente nas últimas duas décadas, entre a direita política, em reação a leis de orientação sexual e identidade de gênero. Aqui está um exemplo típico: o governador do Oregon assinou o Menstrual Dignity Act [Decreto da Dignidade Menstrual], exigindo que escolas de ensino médio do estado colocassem dispensadores de absorventes nos banheiros *masculinos*! Como resultado, uma retórica de populismo antielitista caracteriza cada vez mais a direita política. Da mesma forma, cristãos da esquerda política questionam cada vez mais a *autoridade policial*, em parte devido à capacidade do smartphone de registrar abordagens violentas da polícia.

Quem são nossos heróis?

Talvez o lugar mais fácil para identificarmos nossa angústia cultural quanto à autoridade seja ir ao cinema e perceber quem são os heróis. Muitas vezes, os heróis dos nossos filmes são os indivíduos que se levantam contra a autoridade, já que as figuras de autoridade são más.

Luke Skywalker luta contra o Império, na trilogia *Star Wars*; Neo, contra as máquinas, na trilogia *Matrix*; Jason Bourne, contra a Agência Central de Inteligência dos Estados Unidos, na trilogia *Bourne*; Katniss Everdeen, contra o capitólio e o Presidente Snow, na trilogia *Jogos vorazes*; Tris e Four, contra a Erudição, na trilogia *Divergente*. E a lista continua.

O General Maximus enfrenta um César corrupto em *Gladiador*; William Wallace se opõe ao corrupto rei Edward em *Coração valente*; e o professor de literatura John Keating ensina sua classe a "aproveitar o dia", lançando fora qualquer coisa que atrapalhe sua liberdade, em *Sociedade dos Poetas Mortos*.

E estou apenas citando sucessos de bilheteria. Também amamos o anti-herói que faz tudo do seu jeito e não se encaixa nas convenções da sociedade: Indiana Jones, Batman, Harry Callahan e a maioria dos filmes de faroeste que você já viu.

Obviamente, a catequese antiautoritária começa já na infância, com os filmes de princesa da Disney. Sendo um pai de quatro filhas, assisti a todos eles. Em *A pequena sereia*, a personagem principal canta: "Aposto que em terra eles entendem / e não repreendem suas filhas."[3]

A mesma atitude se encontra na rainha Elsa, que, em algum lugar da Escandinávia, canta orgulhosamente: "É hora de experimentar, os meus limites vou testar / A liberdade veio, enfim, pra mim."[4]

Também não podemos nos esquecer de Moana, no lado oposto do planeta, no Pacífico Sul, que abriga as mesmas ambições de suas companheiras escandinava e subaquática: "O horizonte me pede pra ir tão longe / [...] Se eu for, não sei ao certo quão longe eu vou."[5]

A repetição de filme para filme é notável, para não dizer previsível e chata. É como se nossa imaginação moral não pudesse conceber um tipo diferente de herói, tão saturada está a alma ocidental com seu antiautoritarismo. O herói por quem torcemos é a pessoa que resiste à liderança, ao sistema, aos poderes constituídos.

Em contrapartida, quando você abre sua Bíblia, um tipo muito diferente de herói emerge. Esses heróis geralmente resistem a governantes tirânicos — Moisés contra Faraó, Elias contra Acabe, Ester contra Hamã e, claro, Jesus contra os líderes religiosos. No entanto, um tema diferente e mais central está sempre presente na

---

3 Alan Menken e Howard Ashman, "Part of Your World" (de *A Pequena Sereia*), © 1989, Walt Disney Music Company. [N.T.: Tradução livre da letra original. A versão em português ("Parte do seu mundo") não contém versos semelhantes.]

4 Robert Lopez e Kristen Anderson-Lopez, "Let It Go" (de *Frozen: uma aventura congelante*), © 2013, Walt Disney Music Company.

5 Lin-Manuel Miranda, "How Far I'll Go" (de *Moana: um mar de aventuras*), © 2016, Walt Disney Music Company.

imagem bíblica de um herói: do começo ao fim, não importa qual história esteja sendo contada, o herói bíblico é a pessoa obediente a Deus.

Noé demonstra obediência, o que faz dele um verdadeiro herói; é só perguntar às crianças da escola dominical. Assim também é Abraão, que segue o Senhor a ponto de estar disposto a sacrificar o próprio filho. Assim também são Moisés, Josué, Rute, Davi e os profetas, pelo menos nos momentos em que estão obedecendo. Tudo isso culmina em Jesus, o Filho perfeitamente obediente, que fala apenas o que o Pai celestial lhe manda dizer e faz apenas o que o Pai celestial lhe manda fazer. Jesus é o homem bem-aventurado do Salmo 1, que não anda no caminho dos ímpios, mas cujo prazer está na lei do Senhor e nela medita dia e noite.

Enquanto isso, os vilões da Bíblia são sempre os que desobedecem, de Caim a Faraó, do rei Saul à rainha Jezabel, de Herodes a Pôncio Pilatos.

Em raras ocasiões, um filme de sucesso o encorajará a torcer para que alguém obedeça — basicamente a exceção que comprova a regra. Por exemplo, os espectadores querem que o jovem Anakin Skywalker se submeta ao seu mestre jedi Obi-Wan Kenobi e não se transforme em Darth Vader. Também queremos que Harry Potter pare de mentir e diga a verdade a Dumbledore. Então, o instinto de obedecer não está totalmente ausente em nossa cultura, apesar de ser bem incomum.

Curiosamente, torcer para que alguém obedeça ou se submeta é mais comum em filmes cristãos. Nos filmes cristãos, o enredo sempre gira em torno do herói chegando ao fim de si mesmo, submetendo-se a Deus e encontrando redenção, seja em *Ben Hur*, *A missão*, *À prova de fogo*, *Desafiando gigantes* ou *Eu só posso imaginar*.

Entretanto, observe que, mesmo nesses filmes cristãos, as histórias retratam a pessoa lutando apenas consigo mesma e com Deus. Não se trata de se submeter a outras pessoas. Submeter-se a Deus é uma coisa, mas e quanto a submeter-se às pessoas? Essa ideia nos deixa apreensivos.

Perplexos e angustiados

Cá estamos, então, neste ponto em que todos nos sentimos perplexos e angustiados quanto à ideia de autoridade. Afinal de contas, testemunhamos diversos abusos de autoridade, desde o rei George III sobrecarregando os colonos americanos até pais abusando de seus filhos. Há boas razões pelas quais a tradição ocidental moderna, e agora pós-moderna, tem cultivado em nosso coração uma "hermenêutica da suspeita" em relação a toda autoridade. Em certo sentido, estamos corretos em adotar uma postura inicial de suspeita em relação aos que exercem autoridade sobre nós. Como se costuma dizer, o poder corrompe; e o abuso, que defino simplesmente como o uso indevido da autoridade de uma maneira que cause dano a outra pessoa, é algo comum.

Ainda assim, talvez estranhamente, há algo instintivo em nós que continua buscando *outras* figuras de autoridade para resolverem o problema da má autoridade. Durante a era dos direitos civis, os afro-americanos buscaram o governo federal para lidar com a discriminação que estavam sofrendo nas mãos de governos estaduais e municipais. Em nossa própria época, as vozes públicas que defendem as vítimas de abuso dentro das igrejas não apenas condenam os pastores que não souberam lidar com seus próprios casos, mas também elogiam a atitude de se recorrer à polícia e aos serviços de proteção à criança.

De modo instintivo, reconhecemos que raramente a solução para a má autoridade é não ter nenhuma autoridade; antes, quase sempre, é encontrar uma boa autoridade.

Ainda assim, em nossa época, livro após livro e tuíte após tuíte se concentram apenas em expor a maldade da má autoridade. Poucas têm sido as tentativas de se definir, exemplificar e elogiar a boa autoridade. Em um mundo repleto de exemplos de má autoridade, identificar o que é ruim me parece uma tarefa necessária, mas também a mais simples. O verdadeiro desafio está em descrever e demonstrar o que constitui a boa autoridade.

Ao redor do mundo

Por outro lado, vale a pena mencionar quão especificas e contextuais essas observações introdutórias têm sido até agora. Passe algum tempo em outros países ao redor do mundo e você descobrirá que esse desprezo pela autoridade não é típico.

Em minha vocação diária, trabalho com pastores e tenho tido o privilégio de passar tempo com ministros internacionais. Quer eu converse com pastores da Colômbia, da Zâmbia, da Índia ou de outros países, muitas vezes eles enfrentam o desafio oposto: ensinar às suas congregações que o pastor titular não deve concentrar todo o poder e autoridade. Meus amigos em contextos hispânicos e africanos, por exemplo, relatam que as pessoas tendem a valorizar um líder forte. Por isso, alguns pastores encontram dificuldades para treinar outros líderes que façam mais do que simplesmente validar as preferências do pastor titular. Da mesma forma, assim como seus colegas africanos, pastores no sul e no leste da Ásia enfrentam os desafios que emergem no contexto da cultura de honra ou vergonha. Os líderes esperam ser honrados e os que estão sob a sua liderança prontamente lhes concedem essa honra.

Cada local tem seus próprios desafios. Ao saber que eu estava trabalhando neste livro, um amigo missionário em um país da antiga União Soviética na Ásia Central me escreveu:

> Um dos maiores obstáculos para vermos igrejas saudáveis em nosso contexto é o abuso de autoridade dentro da igreja. Nosso país fez parte da União Soviética até sua dissolução, em 1991. A ideia soviética de autoridade continua até hoje no governo do país e essa ideia de liderança autoritária se infiltrou na igreja, sendo a maneira predominante pela qual a maioria dos pastores e líderes eclesiásticos enxerga a autoridade. Há uma necessidade extrema de uma compreensão bíblica da autoridade e de como usá-la adequadamente no contexto pós-soviético da Ásia Central.

Para ilustrar seu ponto, meu amigo missionário ofereceu dois exemplos. No primeiro, um membro perguntou ao pastor se havia dinheiro no orçamento da igreja para promover evangelismo e o alcance dos perdidos. O pastor respondeu dizendo que o membro da igreja não tinha nenhuma autoridade para lhe perguntar sobre os recursos da igreja. O dinheiro é dado ao pastor, de modo que ele tem autoridade exclusiva sobre o que acontece com esse dinheiro. Tampouco ele esperava ter de prestar contas do uso desses recursos.

No segundo exemplo do meu amigo, em uma conversa com outros pastores, um pastor mais velho falou de si mesmo como "rei" em sua igreja e aos membros, como "súditos." Ele encorajou os pastores mais jovens a aguardarem com expectativa o dia em que também eles seriam reis em suas igrejas, tendo súditos sob sua autoridade.

Na melhor das hipóteses, os pastores nessas duas ilustrações terão ministérios ineficazes, com poucos membros crescendo em graça e sabedoria. Com o tempo, as pessoas se afastarão e as igrejas acabarão fechando. Isso é o que acontecerá se esses líderes não tiverem carisma ou competência. No entanto, se eles *forem* carismáticos e competentes, seus ministérios poderão causar danos significativos à vida das pessoas e ao discipulado cristão.

Essa introdução enfatizou uma antipatia ocidental em relação à autoridade, já que presumo que esse seja o meu público principal. Ainda assim, tentei refletir sobre as Escrituras e escrever o restante do livro com ambos os problemas em mente: o do excesso autoritário e o de uma rejeição individualista a toda autoridade.

Um olho no bem, outro no mal

Uma perspectiva correta da autoridade deve sempre manter os dois olhos abertos. Um olho deve estar sempre fixo na má autoridade — a versão de Satanás, exercida na Queda. O outro deve estar sempre fixo na boa autoridade — a versão de Deus, tal como pretendida na Criação e exercida na Redenção. Com os dois olhos abertos, veremos que a autoridade é uma dádiva boa, contudo perigosa.

Uma autoridade boa e piedosa produz ou dá "autoria" à vida, como vemos na própria raiz da palavra: *autor*-idade. Segundo descobriremos, isso não funciona apenas de cima para baixo, mas também de baixo para cima. A boa autoridade diz: "Deixe-me ser a plataforma sobre a qual você constrói sua vida. Eu o suprirei, financiarei, fornecerei recursos, guiarei. Apenas me escute."

A boa autoridade restringe para liberar, corrige para ensinar, poda para fazer crescer, disciplina para treinar, legisla para edificar, julga para redimir, estuda para inovar. É o professor ao ensinar, o treinador ao treinar, a mãe ao maternar. São as regras de um jogo, as faixas de uma estrada, a aliança para quem se ama.

Ela diz: "Confie em mim e eu lhe darei um jardim no qual criar um mundo. Apenas guarde meus mandamentos. Eu amo você."

A boa autoridade ama; a boa autoridade dá; a boa autoridade geralmente entrega o poder.

Entretanto, nossos primeiros pais, assim como nós mesmos, escolhemos não usar nossa autoridade de acordo com os mandamentos de Deus. Paramos de pedir a autorização de Deus e, em vez disso, confiamos na da serpente, já que ela apelou para os nossos anseios por supremacia. A serpente nos prometeu liberdade sem restrição, crescimento sem poda, inovação sem estudo.

O resultado foi um mundo rebelde e amaldiçoado. Usamos nossa autoridade de forma egoísta e, portanto, ineficaz — e, porque a tornamos ineficaz, exercemo-la também de modo violento, acreditando que a violência nos levará ao objetivo desejado. Uma vez que Caim não é adorado por sua "adoração", ele então comete homicídio.

O pecado, em outras palavras, nada mais é do que o mau uso da autoridade pelos seres humanos. A mordida de Adão e o derramamento de sangue por Faraó pertencem à mesma classe, operam pelos mesmos princípios, possuem a mesma autorização. Como expressei no prelúdio, Faraó apenas manejou um martelo muito mais pesado.

A má autoridade desencoraja, paralisa, faz murchar, suga até secar, desumaniza, extingue, aniquila. Ela usa, mas não dá. É imperialismo político, exploração econômica, degradação ambiental, monopolização empresarial, opressão social, abuso infantil.

Evidentemente, a má autoridade nem sempre usa rostos tão monstruosos. Muitas vezes ela encanta e persuade, toma a verdade emprestada e oferece empatia. Ela diz: "Eu sei como você se sente; reconheço seus problemas. Aqui está a solução. Ouça-me. Guarde os *meus* mandamentos."

A má autoridade toma uma boa e gloriosa dádiva que Deus deu à humanidade e a emprega para o mal. É uma mentirosa e uma charlatã. No entanto, é extremamente real, pelo menos por um tempo.

Desde a Queda, o mundo tem oferecido uma mescla de bem e mal. O bem às vezes vem da graça especial de Deus; às vezes, de sua graça comum. Mesmo antes da primeira vinda de Cristo, a história já apresentava reis bons e maus por comparação. Pense no faraó dos dias de José e no faraó da época de Moisés.

A primeira vinda de Cristo, o rei perfeito, representa o começo do fim para o mal. No entanto, agora, entre a primeira e a segunda vinda de Jesus, os bons e maus usos da autoridade permanecem mesclados, mesmo entre o povo de Deus, até em uma única pessoa. Um dia eu sou o pai que quero ser; no dia seguinte, não sou.

A sabedoria hoje está em saber como manter sob nossa vista tanto os bons como os maus usos da autoridade. Assim como a Bíblia nos diz que há um tempo para derribar e um tempo para edificar, um tempo para a guerra e um tempo para a paz (Ec 3.1-8), assim também há um tempo para Luke Skywalker se rebelar e um para Anakin Skywalker se submeter. Devemos falar sobre a bondade da autoridade como pretendida por Deus, mas não devemos ter expectativas idealizadas sobre quão bem as pessoas neste mundo a usarão.

A Bíblia se mostra profundamente ciente tanto da boa como da má autoridade e pretende que estudemos as duas. Considere um rei israelita. O rei está *sobre* o seu reino. No entanto, ele é um bom rei apenas na medida em que se coloca *sob* a lei de Deus e *ao lado de* seus irmãos israelitas. Veja as instruções de Deus para o rei e atente para as ênfases que coloquei em itálico:

> Também, quando se assentar no trono do seu reino, escreverá para si um traslado desta lei num livro [...] E o terá consigo e nele *lerá todos os dias da sua vida, para que aprenda a temer o Senhor, seu Deus, a fim de guardar todas as palavras desta lei e estes estatutos, para os cumprir. Isto fará para que o seu coração não se eleve sobre os seus irmãos e não se aparte do mandamento*, nem para a direita nem para a esquerda; de sorte que prolongue os dias no seu reino, ele e seus filhos no meio de Israel. (Dt 17.18-20)

Esperava-se que os reis de Israel estivessem eles mesmos sob a lei de Deus e que reconhecessem uma igualdade básica entre si e o povo: "Se você está *acima* dos outros", diz Deus, "é bom que esteja *abaixo de mim*, pois então perceberá que não é melhor do que ninguém e que é apenas um despenseiro, um administrador, um guardião do que é meu!"

Eis aqui a lição: a boa autoridade humana nunca é absoluta. A boa autoridade sempre presta contas. A boa autoridade dirige dentro das faixas que Deus pintou na estrada. Na verdade, a boa autoridade é sempre submissa!

Você não deve liderar se não puder se submeter ou permanecer em sua faixa, porque a boa liderança está sempre em submissão a Deus e a qualquer outra pessoa que Deus coloque sobre nós. Somente a autoridade de Deus é absoluta e abrangente, prestando contas tão somente à lei de sua própria natureza. A autoridade das criaturas é sempre relativa, como consideraremos nos próximos capítulos.

Além do mais, a boa autoridade, conforme apresentada nas Escrituras e como a tenho testemunhado, raramente traz benefícios diretos para quem a exerce. Ela envolve assumir a liderança e tomar decisões, certamente. Jesus assumiu a liderança.

Porém, o que o líder piedoso sente dia após dia não são todas as vantagens, mas os fardos da responsabilidade, da culpabilidade e até mesmo de carregar a culpa de outras pessoas. A boa autoridade é profundamente custosa, geralmente envolvendo o sacrifício de tudo. Requer o fim dos desejos pessoais. Enquanto isso, aqueles que se encontram "sob" uma boa autoridade costumam desfrutar da maioria das vantagens. Recebem proteção e oportunidades, força e liberdade. No meu caso, por exemplo, prefiro muito mais ter o *meu* cargo atual a ocupar o cargo de Ryan, meu chefe. Ryan precisa lidar com a parte mais difícil, assumir a culpa quando algo dá errado e cobrir as falhas deixadas pelos outros. Ao mesmo tempo, Ryan continuamente me proporciona um caminho seguro no qual devo seguir e me deixa livre para não me preocupar com a parte mais difícil.

Não é exatamente isso, afinal, que vemos no modo como Jesus usa a autoridade, até chegar à cruz? Ele assumiu a parte mais difícil para que pudéssemos ter a liberdade de crescer e correr.

Quando paramos de acreditar que a autoridade pode ser boa, tornamo-nos cínicos. Tornamo-nos incapazes de confiar. Insistimos que o mundo opere em nossos termos, o que é outra maneira de descrever o "individualismo". Quando essa mentalidade se espalha, a comunidade se esfacela, porque relacionamentos de autoridade nos ensinam a como colocar os interesses dos outros na frente dos nossos, mesmo em relacionamentos onde não há hierarquia.

Por outro lado, quando paramos de nos preocupar com a corrupção da autoridade, crescemos em orgulho e autoengano, pois supomos que estamos certos. Não temos simpatia pelos vulneráveis, porque partimos do pressuposto de que as decisões dos superiores hierárquicos são sempre justas. Toleramos o pecado em nossos líderes ou o pecado realizado em nome do grupo.

Um conto de dois treinadores

Em suma, o objetivo deste livro é entendermos as versões boas e más da autoridade.

O que caracteriza uma má autoridade? Linus (nome fictício), o treinador do time de beisebol do ensino médio do meu amigo Anthony, era uma má autoridade.[6] Anthony estudou em um internato para crianças carentes na Pensilvânia. Como muitos dos rapazes naquela escola, ele cresceu pobre e sem um pai.

6 Salvo indicação em contrário, os nomes neste livro são reais.

O treinador Linus compreendia a importância da figura de um treinador para rapazes sem a figura paterna, porém usava esse conhecimento de forma manipuladora, favorecendo alguns e colocando os jogadores uns contra os outros. Ele os insultava, zombava e sempre os lembrava de que estava acima deles. Anthony se recorda de um amigo chamado Mike, que era um dos melhores rebatedores que ele já tinha visto. Apesar disso, o treinador Linus continuamente o criticava por seu peso e seu caráter, até que Mike desistiu. "Jogar para o treinador Linus", disse Anthony, "parecia um fardo do qual você nunca poderia se livrar." Não é de surpreender que o treinador Linus não conseguisse extrair nada de seus jogadores e nunca tenha vencido um único jogo.

Em compensação, o que faz com que uma boa autoridade seja boa? Guyer, o treinador de *futebol americano* do ensino médio de Anthony, era uma boa autoridade. Guyer também sabia que a maioria daqueles rapazes não tinha pai. No entanto, sabendo disso, ele trabalhava para fornecer o que lhes faltava com forte responsabilidade e cuidado. Ele os fazia trabalhar duro. Exigia que corressem de um exercício para o próximo e os treinava constantemente. Às vezes, Guyer corria e fazia os exercícios com os alunos, convencendo-os de que confiava neles. O treinador oferecia palavras duras de correção, porém as transmitia de um modo que nenhum dos rapazes duvidava de que o treinador tinha o melhor interesse deles como prioridade. "Ao olhar para trás", Anthony refletiu, "percebi que o treinador Guyer não era o melhor treinador do ponto de vista técnico. Seu manual de jogo era simples e previsível. Os outros times sabiam quais jogadas iríamos utilizar antes mesmo de acontecerem. Mas ele conseguia extrair o melhor de cada um de nós. Todos no time davam tudo de si. E nós ganhávamos jogos!" Guyer agora pertence ao Hall da Fama dos Esportes da Pensilvânia. Mais tarde, Anthony acabaria convidando o treinador Guyer para comparecer ao seu casamento e mantém contato com ele até hoje.

Qual é a diferença entre esses dois treinadores? A resposta a essa pergunta é o objetivo deste livro.

O plano

Aqui está o plano de como o faremos. A Parte I ("O que é autoridade?", caps. 1–3) e a Parte II ("O que é submissão?", caps. 4–5) analisam os princípios bíblicos básicos. Consideraremos o que são autoridade e submissão e tentarei ajudá-lo a encarar detidamente tanto o bom como o mau — tanto na Bíblia como na vida. A má autoridade rouba e destrói a vida, enquanto a boa autoridade cria vida. Além disso, Deus nos deu autoridade para proteger os vulneráveis, fortalecer comunidades e promover o florescimento humano. Se você é um crítico da autoridade, tente encarar mais detidamente as versões boas. Se você é um ativista em prol da autoridade — e, especialmente, se estiver em uma posição de autoridade —, precisa encarar mais detidamente as versões más.

A Parte III ("Como funciona a boa autoridade? Cinco princípios", caps. 6–10) se concentrará em cinco atributos da boa autoridade. Enquanto o objetivo das Partes I e I é nos ensinar a abraçar a boa autoridade e detestar a má, o alvo da Parte III é oferecer cinco formas práticas de manusear e praticar a boa autoridade. Esses princípios não são apenas teorias para mim. Eles sintetizam como tenho procurado viver com minha esposa, filhos, funcionários e congregação. Não os tenho seguido perfeitamente, mas são os princípios pelos quais me esforço todos os dias.

A Parte IV ("Como é a boa autoridade em ação?", caps. 11–17) começa distinguindo dois tipos de autoridade: autoridade de conselho e autoridade de comando. Pessoas com autoridade de conselho, como maridos e presbíteros de igreja, não têm um mecanismo de imposição biblicamente atribuído; os que possuem autoridade de comando, como governos civis e pais de crianças pequenas, sim. Descobriremos que essa distinção impacta significativamente como você usará sua autoridade. A partir daí, consideraremos que aparência a autoridade deve ter em várias esferas diferentes.

Após o capítulo 17, a Conclusão oferecerá uma reflexão final sobre a ideia de igualdade, bem como sobre o princípio de toda boa autoridade, que é o temor a Deus.

O objetivo deste livro é ajudar todo marido, pai, pastor, policial, político, oficial e empregador a entender essa boa e perigosa dádiva da autoridade, equipando-o, então, para manuseá-la com cuidado. Espero desafiar tanto aqueles que usam sua autoridade de maneira excessiva quanto aqueles que abdicam dela e evitam tomar decisões difíceis. Mais do que isso: espero ajudá-lo a refletir um pouco mais sobre Deus e como ele é. O tópico da autoridade nos leva direto ao coração de quem Deus é e de como ele quer que reflitamos a sua imagem. O que você pensa sobre autoridade, afinal, revela muito sobre o que você pensa acerca de Deus.

PERGUNTAS PARA REFLEXÃO

1. O que é um herói, segundo a Bíblia (p. 24)? Compare essa definição de herói com exemplos que vemos na cultura popular em geral, como na TV, no cinema e em outras mídias.

2. Quais são suas reações iniciais à definição de "abuso" do autor (p. 25)?

3. Qual extremo você observa com mais frequência: o "excesso autoritário" ou uma "rejeição individualista a toda autoridade" (p. 27)?

4. Entre os exemplos de "má autoridade" (p. 28), há algum que você não tenha considerado antes? Qual deles lhe parece menos ofensivo e por que isso pode ser verdade?

5. Como você reage inicialmente ao objetivo declarado deste livro (p. 30)? Como você prevê que este livro o ajudará em suas posições acerca de autoridade e submissão?

PARTE I

O QUE É AUTORIDADE?

1

AUTORIDADE É A BOA DÁDIVA DA CRIAÇÃO DE DEUS PARA O COMPARTILHAMENTO DE SEU GOVERNO E GLÓRIA

"Eu amo falar sobre o meu pai."

Essas foram as primeiras palavras que Ângela disse quando finalmente consegui falar com ela por telefone. Várias semanas antes, eu dissera à minha igreja que estava escrevendo um livro sobre autoridade e pedira histórias sobre suas experiências com autoridades — boas ou más. Ângela estava animada para ajudar.

Não há tensão em sua história, nenhuma reviravolta inesperada ou decepções. Você talvez até a considere maravilhosamente chata. Trata-se apenas de uma mulher de quarenta e poucos anos, com três filhos e um ótimo marido, elogiando — ou melhor, ovacionando — seu próprio pai. Gostaria que você pudesse ouvir o entusiasmo em seu tom de voz.

Imanência e transcendência

Ângela começou falando sobre como seu pai, um pastor em tempo integral, trabalhava duro para estar *com* ela e seus irmãos:

> Ele sempre arranjava tempo para nós, estava disponível, assistia às minhas competições de piano, treinava meu time de basquete e estava em casa para o jantar. Minha escola ficava em frente à igreja que ele pastoreava e,

> a cada duas semanas, ele organizava sua agenda para almoçarmos juntos. Meu pai era acessível e amava passar tempo comigo e eu, de minha parte, amava estar com ele.

Nós apreciamos essas histórias — um pai saindo com sua filha ou participando das atividades dela — porque gostamos da imagem de alguém *acima* de nós se inclinando para estar *conosco*.

Da mesma forma, apreciamos as imagens de Deus caminhando com Adão e Eva no jardim ou do Filho de Deus se tornando um bebê, em Belém. Queremos um Deus que se faça imanente, que se incline, que se aproxime, que dê atenção às nossas preocupações.

Entretanto, não perca o quadro geral: nós apreciamos a *imanência* em contraste com a *transcendência*, que é algo de que temos mais dificuldade de gostar. Falar da transcendência de Deus é se referir ao fato de que ele está acima de nós e possui toda autoridade. Ele é sublime e santo; ele pode nos dizer o que fazer. Pais terrenos também possuem uma medida de transcendência, ou autoridade, sobre seus filhos. Eles estabelecem as regras e definem os limites.

Você poderia ouvir Ângela mencionar a "transcendência" de seu pai — sua posição superior e autoridade — só pela maneira como ela falava o nome dele. Logo após descrever como o pai passava tempo com ela, Ângela também observou: "Ele era o *paaaai* [ela prolongou o "a" desse jeito] e o que ele dizia, nós fazíamos. Ele posicionava os limites para nós. Se ele me dissesse para estar em casa às dez, eu sabia que precisava estar lá nesse horário."

Boas autoridades misturam ambas as posturas, embora as combinem de formas diferentes, dependendo do papel exercido. Um marido deve oferecer à esposa sobretudo imanência, ao passo que um general do exército se inclinará mais para a transcendência. O pai de Ângela, aparentemente, atingia um bom equilíbrio para o papel de pai. Logo após se referir a ele estabelecendo limites, ela prosseguiu: "Mas isso era algo positivo e eu confiava nele. Sabia que ele estabelecia seus limites em amor."

Como você sabia que ele fazia aquilo em amor?

> Eu simplesmente sabia que ele estava do meu lado. Eu amava música, mas ele não tinha conhecimento nem familiaridade com o assunto. Já ele era apaixonado por esportes. Por eu ser alta, às vezes me perguntava se, no fundo, ele desejava que eu me tornasse jogadora de basquete ou vôlei. Porém, na verdade, ele nunca demonstrou nem uma ponta de decepção por eu seguir meus próprios interesses ou me dedicar ao que fazia de melhor. Pelo contrário: ele se orgulhava de mim, me apoiava e estava sempre presente.

Em nossa carne, não gostamos da ideia de outra pessoa estar "acima" de nós. No entanto, quando sabemos que uma figura de autoridade nos ama, confiamos nela com mais facilidade. Podemos reconhecer que ter alguém acima de nós pode ser uma fonte de bênção, mesmo quando disciplinados por essa autoridade.

Para exemplificar, Ângela compartilhou uma história de quando saiu com um grupo de amigos durante o ensino médio. Seu pai lhe dera um horário específico para voltar para casa, mas ela não o cumpriu. Ele ligou para o local onde ela disse que estaria, mas ela não estava lá. Ao chegar em casa, ela encontrou um bilhete que dizia: "Ângela, tentei encontrá-la. Você não estava onde disse que estaria; estou decepcionado. Levei o restante da família para o litoral." Ele havia planejado uma viagem surpresa à praia com toda a família e ela havia perdido. Como reagiu?

> Lembro-me de ver o bilhete e me sentir arrasada. Mais tarde, quando a família retornou, meu pai não insistiu no assunto. Não houve bronca nem sermão, pois ele sabia que perder a viagem seria o suficiente. E ele estava certo: fiquei arrasada por perder a bênção que meu pai tinha preparado, pois ele havia construído nossa família em torno da confiança e da alegria de receber suas bênçãos.

Quando Ângela me contou a história, essa última frase me desafiou. Será que tenho ensinado minha família a confiar que meu uso da autoridade os conduzirá à bênção? Será que minhas filhas conectam *limites* e *bênçãos* dessa forma? O comentário também me fez pensar no Dia do Juízo. Quantas pessoas descobrirão que aquilo que tanto desprezaram — a lei de Deus — lhes fora dado para abençoá-las?

Liberdade, capacitação e crescimento

Por que, exatamente, a autoridade é uma bênção? Porque ela nos faz crescer. Esse é o primeiro propósito da autoridade a ser destacado neste capítulo: a *boa autoridade faz crescer e capacita aqueles que estão debaixo dela*. Nesse sentido, o apóstolo Paulo se refere à "autoridade que o Senhor me conferiu para edificação e não para destruir" (2Co 13.10).

Nossa perspectiva natural e míope tende a igualar autoridade com restrições e com a repressão do crescimento. É o que muitos adolescentes dizem para si mesmos: "Quando sair de casa, poderei fazer o que quiser e me tornar a pessoa que quero ser." Pensamos em autoridade e liberdade, ou em autoridade e crescimento, como elementos opostos. E há autoridades ruins o suficiente neste mundo para provar esse ponto.

Além disso, o ímpeto do adolescente não está totalmente errado. Possuir autoridade é possuir liberdade — a liberdade de tomar decisões ou exercer poder dentro de um domínio específico. Os pais possuem uma autoridade e liberdade em casa que o adolescente não possui. De fato, os pais restringem a liberdade do adolescente de maneiras específicas.

Contudo, o adolescente que resiste a esse arranjo está sendo míope. O objetivo dessas restrições é justamente guiá-lo, gradualmente, em direção à liberdade e à autoridade dos próprios pais — à maturidade da vida adulta. Um pai sábio deseja que o adolescente desfrute da liberdade e exerça autoridade, mas que empregue ambas essas dádivas de maneira responsável e ética.

Assim é com todos os domínios de autoridade e liderança. Seu objetivo deve ser elevar as pessoas. Seres humanos não crescem apenas quando estão livres de restrições. Também crescemos quando restrições nos são impostas, como estacas de madeira que fortalecem mudas ou como roseiras que brotam depois de aparadas. Da mesma forma, crianças adquirem sabedoria com o estudo, atletas correm mais rápido com exercícios, funcionários se tornam gerentes por meio de treinamento. Obediência, disciplina e limites ensinam e fortalecem: "Não há como aprender sem obediência", concluiu uma professora do ensino fundamental ao refletir sobre sua sala de aula.

No entanto, uma boa autoridade quase sempre oferece uma mistura de transcendência e imanência. Aquele que está *acima* de nós em sabedoria e autoridade *se aproxima* de nós e diz: "Faça o que eu faço; siga-me." E, ao seguirmos, adquirimos sabedoria. Crescemos para ser como aquele a quem estamos seguindo.

Faça de conta que Michelangelo é seu professor de arte. Como você aprenderá a pintar como ele pinta? No começo, você aprende ao treinar e disciplinar seu pincel para fazer o que o pincel dele faz. Seus olhos e suas mãos se ajustam às mãos e aos olhos dele. Então, dominada essa parte, você terá a mesma liberdade do próprio mestre. Poderá escolher pintar como ele ou desenvolver seu próprio estilo, mas com a mesma habilidade dele.

Esse tema de crescimento e capacitação permeou toda a fala de Ângela. Seu pai a capacitava, encorajava-a, tornava-a forte. Isso ficou particularmente claro quando ela falou sobre a dupla bênção de ele se não apenas um pai, mas também seu pastor:

> Ele era humilde e forte não apenas como pai, mas também enquanto pastor. Aquilo foi um duplo encorajamento. Seu papel como pai me moldou, mas seu papel como pastor também. Os dois cooperaram de modo favorável em minha vida.
>
> Como pastor, ele me encorajava em minha caminhada pessoal com o Senhor. Não sei como ele o fazia, mas seu encorajamento nunca parecia ser para benefício próprio ou para o seu renome na igreja, como se ele tivesse medo de as pessoas dizerem: "É melhor que o pastor tenha filhos que caminhem com o Senhor!" Em vez disso, ele simplesmente nos encorajava a ler a Bíblia e participar dos cultos.
>
> Então, lembro-me de como fiquei empolgada em participar da classe de novos membros da igreja, ministrada por ele, quando tinha 16 anos. Eu podia levantar a mão e fazer minhas próprias perguntas. Aquilo me fez sentir capacitada. Não sentia que precisava agir de determinada maneira apenas porque ele era o pastor. Ainda assim, sua liderança me cativava. De alguma forma, meu pai despertava em mim o desejo de conhecer o Senhor, de me envolver com a igreja e de entender o que as Escrituras ensinam.

É preciso habilidade e sabedoria para liderarmos pessoas na direção certa, ao mesmo tempo que as deixamos descobrir sua direção por conta própria.

É difícil saber quanta transcendência e quanta imanência oferecer. Será que o livro de receitas pede uma xícara de cada, ou uma xícara de uma e meia xícara da outra? Na verdade, momentos diferentes pedem proporções diferentes e um pai prudente sabe que quanto mais velha, forte e madura sua filha se torna, mais ele se inclinará para a imanência:

> Conforme fui crescendo, meu pai nos educava por meio de perguntas — como Jesus, que fazia muitas perguntas. Ao fazer perguntas, ele conseguia me guiar sem uma mão pesada, deixando-me juntar as peças sozinha. Ao liderar dessa forma, nunca senti como se ele estivesse sendo arrogante. Pelo contrário: ele me proporcionava espaço para processar as ideias com ele, e eu sabia que aquele era um ambiente seguro para isso — seguro porque ele não exigia que eu agisse ou aparentasse ser de determinada maneira. Eu tinha certeza de que ele me amava e fazia tudo para o meu bem.

Nestes comentários, você ouve um tema que vai surgir várias vezes neste livro: a generosidade da boa autoridade. A boa autoridade humana não se esforça para lembrá-lo continuamente da hierarquia, mas normalmente aspira à igualdade, mesmo quando as hierarquias formais permanecem vigentes. Ela não existe para servir a si própria, mas para conceder liberdade, poder, sabedoria e crescimento àqueles a quem serve. Trabalha para tornar as pessoas *como* ela mesma — para que elas possam fazer o que a pessoa em posição de autoridade faz.

"Deixe-me tocar a escala de piano; agora você me imita e faz a mesma coisa."

"Vou dar essa tacada de golfe; agora, você segura o taco e faz o mesmo."

"Andarei em retidão e amor; agora, siga-me."

Outra verdade que você ouve nos comentários de Ângela: a pessoa em autoridade também está sendo treinada. À medida que o pai de Ângela exercia autoridade, também estava aprendendo a ser como Jesus. Se o primeiro propósito da autoridade é fazer crescer aquele a quem lideramos, o segundo propósito é *nos fazer crescer enquanto lideramos.*

Uma boa autoridade beneficia não apenas quem está debaixo dela, mas aquele que a exerce. Ela nos dá a oportunidade de ser como Deus — governantes que governam.

Compartilhando governo e glória

Isso nos traz de volta à autoridade de Deus. Como Deus governa? Ele governou dando governo a Adão e Eva, para que eles compartilhassem de seu governo. A eles, o Senhor disse: "multiplicai-vos, enchei a terra e sujeitai-a" (Gn 1.28). O salmista, meditando sobre esse momento da Criação, respondeu com espanto:

> Que é o homem, que dele te lembres?
> E o filho do homem, que o visites?
> Fizeste-o, no entanto, por um pouco, menor do que Deus
> e de glória e de honra o coroaste.
> Deste-lhe domínio sobre as obras da tua mão
> e sob seus pés tudo lhe puseste. (Sl 8.4-6)

Deus tem todas as coisas sob seus pés, mas ele as coloca sob os nossos. Ele merece toda a glória e honra, porém compartilha essa glória conosco. Ele nos coroa — nos faz reis — com glória e honra.

Deus não é nada menos do que generoso. Na verdade, sua generosidade é incalculável. A Criação existe porque Deus queria compartilhar — não apenas suas coisas, mas seu governo e glória.

Ao nos dar autoridade, ele nos dá a oportunidade de crescer, treinar e nos tornar como ele. O Criador nos ensina a ser criadores, o Governante nos equipa para sermos governantes. Ele nos criou à sua imagem para que refletíssemos a imagem do seu caráter e do seu governo.

As pessoas podem odiar a autoridade, mas Deus deu autoridade aos seres humanos precisamente para que pudéssemos crescer e ser como ele. O Diabo fez Adão e Eva de tolos quando prometeu que eles poderiam ser "como Deus" pela desobediência. O oposto era verdade. Aprendemos a ser como Deus quando o obedecemos, o que significa governar como ele governa.

À medida que Ângela observava seu pai exercer esse tipo de autoridade generosa e capacitadora em sua vida, tudo o que ela desejava era conhecer a Deus. Esta foi a sua conclusão para a nossa conversa: "Uma das maiores dádivas que tenho, uma das coisas mais bondosas que Deus fez por mim, foi me dar um relacionamento com um pai terreno que tornou o relacionamento com o Pai celestial algo atraente, que me fez ansiar por isso."

Como desejo que minhas quatro filhas, agora adolescentes, falem dessa maneira a meu respeito quando estiverem na casa dos quarenta! Assim como minha esposa, os membros de minha igreja e todos que trabalham sob minha liderança. Espero que essa também seja a sua oração para a sua vida.

As últimas palavras do rei Davi

O rei Davi, que sabia uma ou outra coisa sobre autoridade, captou o poder vivificante da boa autoridade em suas palavras finais:

> São estas as últimas palavras de Davi: [...]
> Aquele que domina com justiça sobre os homens,
> que domina no temor de Deus,
> é como a luz da manhã, quando sai o sol,
> como manhã sem nuvens,
> cujo esplendor, depois da chuva, faz brotar da terra a erva. (2Sm 23.1, 3-4)

Imagine a cena. A chuva cai sobre um campo coberto de grama. Em seguida, o sol aparece e aquece a paisagem. Cada folha da relva, então, absorve a luz solar e a utiliza para transformar a água trazida pela chuva, junto com o dióxido de carbono, em açúcar. Esse açúcar, ao ser processado, fortalece e regenera a grama. Com isso, você e eu podemos admirar um campo de verde intenso. A boa autoridade é como esse sol e essa chuva, diz Davi. Ela fortalece a vida das pessoas e proporciona crescimento. Foi isso que percebemos enquanto Ângela falava sobre seu pai.

Como eu disse, este é o primeiro propósito da autoridade: "dar autoria" à vida em outras pessoas, para que elas possam, com o tempo, compartilhar dessa autoridade. Como mencionado na introdução, é isso que vemos na própria palavra: autor-idade.

Então, reflita: onde você tem autoridade em seu trabalho? Talvez seja autoridade para atender o telefone, para contratar e demitir, ou para escolher uma nova logomarca para a organização. Agora, pergunte a si mesmo: para que você tem usado essa autoridade? Para enriquecer a si mesmo ou para ser um autor de vida em outros, ensinando-os a fazer o que você faz?

Ao buscar beneficiar os outros, contudo, você também cresce: "Mais bem-aventurado é dar que receber" (At 20.35). O segundo propósito da autoridade, como já mencionei, é o *crescimento próprio, caso você seja a pessoa no exercício da autoridade*. Todo ser humano que exerce autoridade aprenderá e crescerá no processo da liderança. Aprendemos as habilidades de liderar e criar — e, talvez de modo ainda mais crucial, aprendemos as habilidades de dar e compartilhar. A boa autoridade se esforça para delegar e transmitir poder, o que significa que exercer autoridade nos treina para compartilhar o governo e até mesmo a glória, como Deus faz conosco. Quando usamos a autoridade dessa forma, treinamos a nós mesmos para nos tornarmos como Deus, ou seja, como seus reis e sacerdotes, que mediam seu governo sobre a criação.

O terceiro propósito da autoridade está intimamente relacionado aos dois primeiros: *a boa autoridade cria grupos de pessoas e lhes dá uma tarefa*. Para haver um time de futebol, alguém precisa dizer: "Estas pessoas são o time e é assim que se joga." Para haver uma família, alguém precisa dizer: "É isso que uma família é e esses são seus membros." Assim é com todo grupo, seja uma escola, uma empresa, um time, uma fazenda, um casamento, uma igreja, um exército, uma nação. Algum tipo de autoridade deve vincular as pessoas umas às outras, nomeá-las como membros e dar-lhes um propósito. Com um time de futebol, pode ser o treinador; com uma igreja, pode ser o corpo de membros se estabelecendo por meio de uma aliança. No entanto, a existência de qualquer grupo — formal ou informal — depende de alguém que diga: "É isto que somos; é isto que fazemos." Odiar autoridade, em última análise, é odiar qualquer forma de criação, em particular a criação de grupos de pessoas que cooperam entre si. Deus, o Governante, também cria; e Deus, o Criador, também governa. O mesmo acontece conosco, quando refletimos a sua imagem.

Alguns pensam em autoridade como uma proposição de soma zero: mais para você significa menos para mim. No entanto, uma boa autoridade cria mais para todos. É isto que autores e criadores fazem: eles criam!

Definindo autoridade

Ainda temos de definir autoridade. O que, exatamente, ela é?

Distinguir autoridade de poder ajuda a responder a essa pergunta. Poder é a habilidade ou capacidade de fazer algo — a habilidade, digamos, que alguém tem de carregar uma pedra, resolver um problema de matemática ou consertar uma torneira com vazamento. Autoridade, por sua vez, diz respeito ao *direito* ou à *legitimidade moral* para tomar decisões com base nesse poder. Trata-se de uma *autorização* para agir. Além disso, para que alguém tenha autoridade, é necessário que alguém o *autorize* a fazer seja lá o que ela quer que você faça. Deve haver um agente concessor da autoridade.

Aos 15 anos, minha filha tinha o poder de dirigir um carro; ela tinha a capacidade física de fazê-lo. Contudo, minha filha não podia fazê-lo legalmente, pois não havia sido autorizada. Aos 16 anos, ela passou em um teste de direção e o departamento de trânsito de Maryland lhe deu uma carteira de habilitação. Esse documento simboliza sua autoridade para conduzir um veículo em vias públicas.

Além disso, toda autoridade ou autorização tem limites ou fronteiras. Esses limites estão vinculados à finalidade para a qual a autorização é dada. Minha filha, por exemplo, recebeu autoridade para dirigir um carro, não uma motocicleta ou um caminhão semirreboque de dezoito rodas. Ambos exigiriam uma licença ou autorização adicional.

Em outras palavras, ao receber autoridade sobre algo, essa autoridade se restringe a um *certo* âmbito, não a *toda* e *qualquer* área que você desejar. Seu direito moral de tomar decisões ou dar ordens está dentro de certos limites, ou o que poderíamos chamar de uma jurisdição. Pense na referência de Jesus a "um homem que sai de viagem. Ele deixa sua casa, encarrega de tarefas cada um dos seus servos e ordena ao porteiro que vigie" (Mc 13.34, NVI). Deus não colocou ninguém no comando de tudo, mas apenas de algo — cada um é encarregado de "tarefas" específicas.

Portanto, quando chegarmos aos capítulos posteriores sobre a autoridade do marido, do pai, do presbítero e assim por diante, precisaremos perguntar sobre cada uma delas: "Qual é o propósito desta autorização? Qual é a tarefa encarregada?" Responder a essas perguntas nos ajudará a determinar cada jurisdição, bem como o que constitui — e o que não constitui — uma afirmação legítima de autoridade em cada caso.

Por exemplo: a polícia foi autorizada a impor limites de velocidade. Policiais podem parar minha filha se ela estiver em alta velocidade, e ela está moral e legalmente obrigada a parar se vir aquelas luzes piscando em seu espelho retrovisor. Está dentro da jurisdição do policial. No entanto, suponhamos que, ao se aproximar da janela do carro, o policial lhe dissesse que ela deve se casar com seu filho, que estuda na mesma escola e tem uma queda por ela. Isso claramente ultrapassaria sua jurisdição. Minha reação seria: "Como é que é?!"

Como eu disse na introdução, somente o Criador tem autoridade absoluta e universal. Sua autoridade *é*. Ele pode nos dizer o que comer, o que vestir, com quem podemos ou não dormir e como adorar. Sua autoridade não está sujeita a recurso a um tribunal superior nem pode ser extinta por algum tipo de demissão, visto que não fomos nós quem o colocamos no cargo. Podemos ignorá-lo por um tempo, mas não podemos votar para tirá-lo de lá. Ele possui um direito moral inerente de governar, fazer julgamentos e exercer poder. Como um autor que escreve o que lhe agrada, o autor de toda a criação tem toda a autoridade sobre aquilo que ele fez.

A autoridade humana, em contrapartida, é sempre relativa. Não é algo que nós *somos*, e sim algo que deve nos ser *dado*.[1] É um ofício que devemos assumir — seja o ofício de pai, marido, cidadão, membro de igreja, pastor/presbítero, policial, congressista, juiz, professor, piloto de avião, operador de pedágio e assim por diante.

Autoridade enquanto ofício

Gosto da palavra "ofício" para falar sobre autoridade. Ela funciona como uma máquina de raio-X que nos ajuda a ver o esqueleto ou as estruturas institucionais que definem vários tipos de relacionamentos. Dizer: "Michel é pai de Cecília" é definir o relacionamento entre Michel e Cecília. Isso molda a identidade de cada um e atribui um conjunto de obrigações, responsabilidades e poderes a cada um. Para falar de forma um pouco mais técnica apenas por um segundo, a ideia de um ofício comunica o fato de que:

- Nenhuma autoridade é intrínseca a uma pessoa, mas vem de um agente que a concede.

1 Nicholas Wolterstorff, *The Mighty and the Almighty: An Essay in Political Theology* (Nova York: Cambridge University Press, 2012), p. 48.

- A autoridade de alguém serve a um propósito ou escopo específico.
- Ela traz consigo certas responsabilidades e um código de ética.
- É um exercício de mordomia que possui jurisdição e duração limitadas.
- É dada a indivíduos específicos, e não a todos.

Na medida em que a autoridade existe enquanto ofício, podemos discernir a diferença sutil entre as ideias de autoridade e liderança. Quando falamos sobre liderança, geralmente nos concentramos em um agente, não em um ofício. Nesse sentido, recentemente ouvi minha esposa, que é uma professora dos anos iniciais do ensino fundamental, dizer aos pais de um de seus alunos: "Ele é um líder nato." O que ela quis dizer foi que o garoto em questão possui a inteligência social e os dons de carisma que fazem com que outros alunos o sigam, seja em um projeto de sala de aula ou em uma brincadeira no parquinho. Isso não significa que o aluno possui autoridade formal. Ele possuiria autoridade somente se minha esposa lhe concedesse, digamos, ao torná-lo um representante de sala.

Quando um líder nato lidera, pode haver consequências naturais em alguém não segui-lo, mas não há uma obrigação moral de seguir. Quando uma pessoa ocupa uma posição formal de autoridade, contudo, há obrigações morais de se submeter ou seguir. É errado não a seguir. É por isso que defini autoridade como a legitimidade ou licença moral para tomar decisões ou dar ordens.

A mesma diferença existe entre as ideias de autoridade e influência. Influência é um tipo de poder, o que significa que uma pessoa pode tê-lo, quer possua ou não o direito moral a essa influência.

Dito isso, usarei as ideias de liderança e autoridade como sinônimos no restante deste livro. É mais fácil dizer "líder" do que se referir constantemente à "pessoa em posição de autoridade".

Autoridade nos ensina sobre a bondade e sobre Deus

Há um último propósito para a autoridade, já mencionado implicitamente, mas que vale a pena explicitar: *exercer autoridade ensina às pessoas como Deus é.* Posso explicar essa declaração de duas maneiras. Posso falar como um filósofo e dizer que a autoridade nos ensina a diferença entre certo e errado, bem e mal, digno e indigno, verdadeiro e falso, sagrado e profano. Ou posso falar como um teólogo e dizer que a autoridade nos ensina sobre Deus, já que Deus é a fonte de tudo o que é certo, bom, digno, verdadeiro e sagrado.

Deixe-me começar como um filósofo. A autoridade existe porque a moralidade e a verdade existem e porque o significado, o valor, a intencionalidade, a glória e a beleza existem. Autoridade é o requisito moral que acompanha a existência de todas essas coisas. Em um universo sem valores, significados, verdades e bondades universais ou compartilhados, poderíamos suprimir a autoridade. Mas se há valores, verdades e significados que desejamos proteger e defender, então a autoridade deve existir. Temos regras sobre roubo porque a propriedade é valiosa. Proibimos o assassinato porque a vida humana é preciosa. Restringimos a intimidade física ao casamento porque a união de um homem e uma mulher é preciosa.

Desse modo, condenar todas as expressões de autoridade e as regras que elas impõem é condenar todo significado, valor, verdade, beleza e bondade. Tal rejeição deixa a vida completamente entregue aos caprichos de cada fantasia passageira que corações rebeldes possam conceber de forma espontânea. Diferentemente, reservar um lugar para a autoridade, mesmo em meio a seus perigos, é dar um passo de fé e insistir que este universo certamente tem significado e valor, glória e beleza, os quais aguardam sua plena revelação.

Agora, deixe-me falar como um teólogo. Ao contrário do que fez com os animais, Deus criou o ser humano à sua *semelhança* (substantivo) para que possamos nos *assemelhar* a ele (verbo) ao governarmos a criação. O Senhor nos fez *representantes* (substantivo) para que possamos *representar* (verbo). Como eu disse há pouco, ele não nos faz apenas reis, mas reis-sacerdotes, visto que os sacerdotes mediam. Nosso governo deve mediar ou representar o governo dele. Quando governamos como Deus governa, mostramos ao cosmo como ele é. Em certo sentido, a autoridade humana nada mais é do que a escolha ou agência humana. Deus nos deu uma licença para fazermos escolhas, mas para escolhermos de acordo com os princípios de sua justiça ou lei. Dessa forma, ao exercermos domínio sobre a terra, parecemo-nos com ele.

Deus nos diz: "Observe como falo — com sinceridade e amor. Agora faça o mesmo." Em seguida, abrimos nossa boca para falar, e o que sai? Verdade e amor? Se sim, nós o representamos corretamente, declarando ao mundo em redor que

Deus é um Deus de verdade e amor. Se, em vez disso, mentimos com nossas palavras, ensinamos ao mundo em redor que Deus mente.

O Senhor nos diz: "Observe como ajo — com retidão e para o bem dos outros." Então, nosso agir também deve ser justo e voltado para o benefício dos outros. Se somos egoístas, ensinamos às pessoas que Deus é egoísta.

Em suma, embora as pessoas às vezes se perguntem se as hierarquias humanas resultam da Queda, na verdade, a questão da autoridade vai ao cerne da existência humana. Você e eu fomos criados para governar, e parte desse governo envolve moldar e treinar outros para que eles, no devido tempo, possam governar também. Uma boa autoridade faz crescer os que estão debaixo dela, assim como faz a pessoa em autoridade crescer para se tornar mais parecida com Deus. A boa autoridade cria grupos de pessoas. Não apenas isso, mas toda vez que usamos nossa autoridade corretamente, ensinamos teologia e afirmamos que coisas boas e verdadeiras existem neste universo. Dizemos ao mundo como Deus é e como ele criou um mundo bom, ainda que exista rebelião. Quando governamos como ele governa, ensinamos; quando pervertemos seu governo, também ensinamos. Tanto em um caso quanto no outro, estamos sempre ensinando, pois é isso que significa ser feito à imagem de Deus. A própria estrutura da existência humana serve a esse propósito de ensino teológico.

Tabela 1.1: Quatro propósitos da autoridade

1. Fazer crescer os que estão debaixo dela
2. Fazer crescer os que a exercem
3. Criar grupos
4. Ensinar como Deus é

Conclusão

Espero que todas essas definições e explicações tenham ajudado a elucidar por que a experiência de Ângela de estar sob a autoridade de um pai piedoso, sábio e amoroso provocou nela o desejo de conhecer seu Pai celestial. De modo maravilhoso, seu pai refletia ou representava o próprio amor e governo de Deus na vida de Ângela. Ele serviu como um sinalizador para o Todo-Poderoso.

Não é de surpreender que o pai de Ângela seja alguém devoto à Palavra de Deus. Ângela comentou: "Meu pai é um homem sábio. Ele estuda as Escrituras, e sua boca fala do que transborda de seu coração. Sua sabedoria vem de Deus e da Palavra de Deus." Nesse sentido, ele é como o rei israelita que consideramos na introdução, a quem Deus ordenou "escrever num livro uma cópia desta lei" e o ler "todos os dias da sua vida" (Dt 17.18-19).

Em geral, a boa autoridade conduz as pessoas a Deus, enquanto a má autoridade pode levá-las a duvidar do Senhor ou até mesmo a desprezá-lo. A boa autoridade gera vida e mais autoridade, enquanto a má autoridade destrói tanto a vida quanto a própria autoridade. Imagino que a maioria das pessoas não tenha um pai tão exemplar quanto o de Ângela. Entretanto, Deus nos deixou, em sua Palavra, imagens de boas autoridades com as quais todos podemos aprender. Antes de abordarmos a má autoridade no próximo capítulo, dedique um último momento para refletir sobre a boa. Como você vê Deus exercendo sua autoridade em Gênesis 1 e 2? Talvez, antes de qualquer outra coisa, seja apropriado parar por um instante e sussurrar uma palavra de louvor. Ele não é maravilhoso?

PERGUNTAS PARA REFLEXÃO

1. O autor descreve como maridos e generais do exército combinam imanência e transcendência em seus relacionamentos primários. Como é para um pastor/presbítero "misturar ambas as posturas" em vários momentos (p. 38)?

2. Você consegue pensar em uma figura de autoridade que era ou é especialmente hábil em liderar as pessoas na direção certa e, ao mesmo tempo, deixá-las descobrir sua própria direção (p. 41)?

3. Quais são algumas pessoas em sua vida que atualmente se beneficiam do seu bom exercício de autoridade (p. 50)? Há alguém sobre quem você sente que sua autoridade não tem sido bem exercida e a quem você deveria se desculpar?

4. Como o conceito de autoridade como um "ofício" ajuda ou atrapalha sua compreensão desse conceito (p. 47)?

5. Da Tabela 1.1 (p. 50), quais dos propósitos da autoridade você poderia ter inadvertidamente deixado de fora se estivesse tentando responder à pergunta "Para que serve a autoridade?". Em outras palavras, qual desses propósitos mais o surpreendeu?

2

AUTORIDADE É O ESQUEMA SINISTRO DE SATANÁS PARA SUPLANTAR DEUS

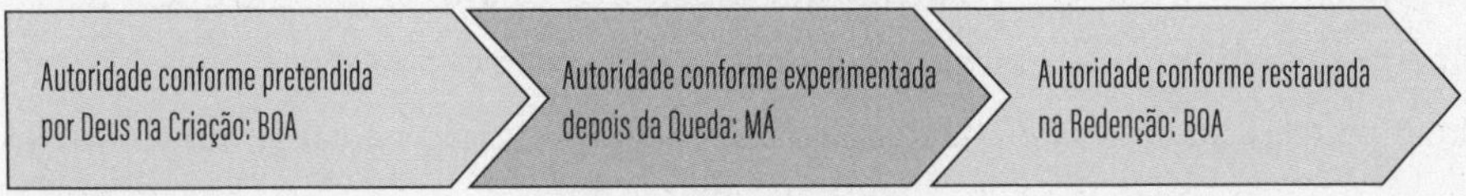

"Ainda tenho dificuldade em cantar o hino 'How Deep the Father's Love for Us' [Quão profundo é o amor do Pai por nós]", disse Amy (nome fictício).

Assim como Ângela, no capítulo 1, Amy tem três filhos, porém é mãe solteira: "Lembro-me de estar na primeira fileira da igreja, ao lado do meu marido, com a igreja inteira cantando alto. No entanto, parte do meu corpo doía ou ardia no lugar onde ele tinha me batido na noite anterior. Então, ele subia no púlpito e pregava."

Amy foi casada com esse pastor por quinze anos. Ela conheceu Rick (nome fictício) logo após se converter ao cristianismo, na faculdade. Rick era charmoso, carismático e um líder conhecido no campus. Amy não conseguia acreditar que um rapaz tão incrível se interessaria por ela; suas amigas ficaram até com um pouco de inveja. Ao mesmo tempo, desde que se tornara cristã, muitas coisas em sua vida pareciam novas e empolgantes. Quando tinha cerca de doze anos, ela e sua irmã haviam sido violentadas por um dos presbíteros de sua igreja. Em casa, a vida não era muito melhor. O pai de Amy era um empresário bem-sucedido que ficava ausente metade do ano; então, ao retornar, passava a outra metade agredindo fisicamente Amy, sua irmã e sua mãe. A vida no lar era materialmente confortável, porém fisicamente perigosa e desesperadora. Sua mãe adotara uma postura de "manter a paz" e ensinava a Amy: "É assim que todo casamento funciona", conselho que Amy aceitou sem questionar.

Até conhecer Rick. Todos esperavam grandes coisas desse jovem promissor. Rick estava se preparando para o pastorado, no qual, sem dúvida, faria grandes coisas por Cristo. Amy começou a pensar: "Talvez minha mãe esteja errada."

Abuso

"Quanto tempo de casamento demorou para você perceber que Rick não era quem você pensava?", perguntei a Amy.

Sem hesitar por nem um segundo, ela respondeu: "Três dias. No início da lua de mel, ele agarrou meu cabelo, me bateu e me estuprou. Lembro-me de chorar no chuveiro naquela noite, percebendo que minha mãe estava certa. Acho que simplesmente todo casamento é assim." O que se seguiu foram anos de abuso: chutes e murros; costelas quebradas e concussões; exigências perversas na cama; uma cirurgia renal que se tornou necessária após uma surra; ser trancada em um armário; ter os nós dos dedos pressionados sobre a boca quente de um fogão; e a lista continua. Em épocas boas, ele a machucava mensalmente; em épocas ruins, diariamente.

Rick também a ensinou a não o contradizer ou questionar, mesmo com questões triviais como: "Você quer frango ou carne?" Pedidos simples ameaçavam sua necessidade de dominação total, desencadeando violência. Rick também cortou os relacionamentos dela, inclusive com sua própria família, e restringiu seu acesso à internet e à mídia. Ele a mantinha dentro de casa e só permitia que saísse para a igreja ou para cumprir pequenas tarefas. Ela só ficava sabendo do noticiário ao chegar à igreja.

No que lhe dizia respeito, Amy mantinha os olhos na Bíblia. Ela lia passagens como: "Fazei tudo sem murmurações nem contendas" (Fp 2.14), repetindo essa frase para si mesma várias vezes. Ela se esforçava para ser uma boa cristã, submissa ao marido e à vontade do Senhor para a sua vida, confiando nos bons propósitos de Deus, mesmo nas provações. Amy não percebia que Satanás pode usar a Bíblia, também (cf. Mt 4.1-11).

Pedindo ajuda

Na primeira vez que fugiu de um dos arroubos violentos de Rick, Amy dirigiu até a casa de um dos copastores de seu marido. Ela apareceu sem sapatos e com o nariz sangrando. O pastor e sua esposa a receberam, ouviram, garantiram-lhe que todo casamento é difícil no começo, e então a mandaram para casa. Mais castigos físicos se seguiriam — só que agora piores, pois Rick a considerava uma traidora.

Esse padrão continuou ao longo dos anos, em várias igrejas. Ela mantinha o abuso em segredo o máximo que podia. Quando finalmente falava sobre o assunto com um dos copastores de Rick ou com uma esposa de pastor, às vezes acreditavam nela e tomavam medidas para confrontar Rick. Contudo, também a exortavam a voltar para casa e se esforçar mais para se submeter sem murmurar, o que, por sua vez, permitia que seu abuso continuasse e até piorasse.

Por fim, os colegas pastores de Rick o removeram do cargo. Exigiram que Rick e Amy buscassem aconselhamento conjugal especializado com um homem em quem Amy não confiava, pelo modo como ele olhava para as mulheres. Ela recusou. Nessa mesma época, Amy se separou de Rick. Os pastores reagiram excomungando Amy, e seus poucos amigos na igreja a evitavam. Por sinal, aquele conselheiro foi posteriormente removido de sua função por causa de infidelidade conjugal, ao passo que o pastor que exigira que Rick e Amy se aconselhassem com ele foi removido por causa de seus problemas com ira.

Antes do divórcio, Amy acionou a polícia várias vezes, quase sempre sem resultado. Porém, depois do divórcio, passou a ligar para a polícia com mais frequência, especialmente quando Rick praticava abuso contra as crianças. Ele foi preso algumas vezes. A justiça determinou que ele buscasse aconselhamento, mas nada conseguia impedi-lo de aparecer na casa de forma consistente e de continuar com todos os seus velhos hábitos.

Em certa ocasião, o advogado de Amy apresentou ao tribunal provas da violência de Rick contra uma das crianças. Os policiais confirmaram os fatos, e a própria criança testemunhou contra o pai. Parecia uma causa ganha para Amy. Todavia, o advogado de Rick inventou uma narrativa em que a criança estaria fora de controle, e que ele apenas tentara contê-la para evitar que se ferisse ou machucasse outras pessoas. Mais uma vez, o juiz ordenou que Rick buscasse mais aconselhamento e, em seguida, enviou a filha de volta para casa com o próprio pai — o homem violento e irado contra quem ela havia acabado de testemunhar.

Na audiência, como acontece com muitas vítimas de trauma, Amy esquecia detalhes, colocava os acontecimentos na ordem errada ou, às vezes, se contradizia. Ela entrava em pânico facilmente, o que levava a mais confusão no que estava dizendo.

A mesma coisa ocorria no gabinete de pastores ou conselheiros. As performances de Rick, no entanto, eram fluidas e convincentes. Sua habilidade natural com as pessoas, que outrora as convencera de que ele deveria se tornar pastor, funcionava a seu favor. Rick sabia como conquistar um auditório, bem como o que fazer para desestabilizar Amy. A diferença entre as versões pública e privada de Rick é bem descrita pelo salmista:

> A sua boca era mais macia que a manteiga,
> porém no coração havia guerra;
> as suas palavras eram mais brandas que o azeite;
> contudo, eram espadas desembainhadas. (Sl 55.21)

Em público, Rick sutilmente persuadia com um discurso brando como o azeite. Em particular, desembainhava as espadas e declarava guerra.

Uma lição que aprendi, ao ver Amy batalhar com seu agora ex-marido pela guarda dos filhos, é o quão complicados casos de abuso podem se tornar nos tribunais, até mesmo quando se trata de abuso físico. Regras sobre o que conta como evidência admissível ou testemunho confiável, além da difícil escolha entre fazer um acordo ou ir a julgamento, custarão a uma mãe solteira dezenas de milhares de dólares (dinheiro que ela não tem) com despesas judiciais e honorários de advogado. É fácil dizer: "Basta chamar a polícia!" para uma esposa que está sendo espancada. Contudo, mergulhe nos emaranhados de suas circunstâncias reais e você descobrirá como a justiça e a proteção podem ser ilusórias. Também é fácil supormos que a polícia e os tribunais são bons e honestos. Mas com que frequência esse *não é* o caso? Você diria: "Basta chamar a polícia!" para um afro-americano no Sul dos EUA durante as Leis Jim Crow[1] ou para uma esposa muçulmana no Afeganistão de hoje?

---

1 N.T.: Referência ao período de segregação racial que perdurou no Sul dos EUA desde o final do século XIX até a década de 1960. "Jim Crow", personagem de uma canção satírica lançada em 1832, se tornara uma forma pejorativa de se referir aos negros; e as leis estaduais e locais que levavam esse nome impunham o princípio jurídico de "separados, mas iguais", exigindo instalações separadas para brancos e negros em todos os locais públicos onde estavam vigentes.

Impiedade, até mesmo na casa da justiça

Um único versículo que captura a história de Amy, assim como tantas outras histórias, é Eclesiastes 3.16: "Descobri também que debaixo do sol: No lugar da justiça havia impiedade, no lugar da retidão, ainda mais impiedade" (NVI). O autor vai ao tribunal esperando por justiça, mas recebe impiedade. Caminha até o templo esperando por retidão, mas encontra mais impiedade ainda.

Quão caído é o mundo e suas autoridades!

Cada uma das autoridades estabelecidas por Deus na vida de Amy fracassou com ela, seja por abusar dela ou por deixar de protegê-la do abuso. Seu pai falhou com ela, assim como seu marido, seus pastores, várias igrejas e até os tribunais. Será que ainda há alguma categoria de autoridade para nomear que não seja culpada dessa acusação? Não consigo pensar em nenhuma.

Uma vez, pedi a Amy por e-mail uma recomendação de advogado para outra mulher que fora espancada pelo marido. Amy respondeu: "Essa mulher vai acabar gastando uma quantidade considerável de tempo (anos) e dinheiro (dezenas de milhares), e tudo o que ela fizer vai enfurecer ainda mais o marido." Não só isso: "O advogado de defesa do marido dela vai passar horas na tribuna tentando desacreditá-la, atacando-a como pessoa e fazendo dela uma mentirosa, uma louca, uma mãe ruim e assim por diante. Cada erro que ela já cometeu na vida será exagerado, distorcido e fogueteado diante de um tribunal de completos estranhos." Amy concluiu: "Seja como for, eu imploro: *não* ofereça a ela nenhum tipo de esperança de que o sistema judicial a protegerá. Não estou falando apenas a partir da minha experiência pessoal, mas de ouvir histórias em grupos de apoio, enquanto vivia em abrigos e tendo passado pelo sistema."

A experiência de Amy não é o quadro completo, mas é parte dele. Lembre-se novamente da triste realidade de Eclesiastes 3.16.

Evidentemente, Amy não foi a primeira pessoa a encontrar maldade nos lugares da justiça e da retidão. Aconteceu primeiro com Deus. Quando Deus foi caminhar pelo jardim na viração do dia, Adão e Eva se esconderam, e Deus gritou: "Onde estás?" O jardim deveria ser um lugar de justiça e retidão, mas Deus encontrou impiedade ali.

Para uma criatura *exercer* autoridade, ela deve estar *debaixo de* autoridade. A Queda ocorreu quando Adão e Eva, tendo sido colocados por Deus em posição de autoridade, saíram de debaixo da autoridade *dele*. Eles pensaram que poderiam se colocar em pé de igualdade com o Senhor e ser "como Deus", como a serpente prometera (Gn 3.5).

Para Satanás, a autoridade é como o martelo e a serra que uma criança encontra na oficina do pai. O pai os usa para construir coisas, mas a criança os utiliza para destruir. E o que Satanás busca destruir é principalmente a adoração. Ele busca suplantar Deus.

Quando pensamos que somos Deus

Este é o ingrediente-chave de todos os usos caídos e perversos de autoridade: a criatura acredita estar em pé de igualdade com o Criador, sendo merecedora de todos os direitos, poderes e louvores do Criador. Pense na ostentação de Faraó: "Quem é o Senhor para que lhe ouça eu a voz?" (Êx 5.2); ou no orgulho de Pilatos: "O que é a verdade?" Essa é a história de Caim a Saul, a história de Belsazar, de Herodes e da besta do Apocalipse, bem como a história do próprio povo de Deus ao pecar, como nos casos de Moisés, Davi e Pedro.

Nós nos colocamos em pé de igualdade com Deus, quer ao usurparmos uma autoridade que não nos foi dada (como quando uma igreja toma a espada do Estado), quer ao empregarmos mal a autoridade que nos foi dada (como quando um pastor usa seu rebanho por sórdida ganância). Em ambos os casos, partimos da presunção de que temos o controle, ditamos as regras e agimos conforme nossa vontade. Chame isso de orgulho, chame de idolatria; no fim das contas, tudo se resume ao ser humano se fazendo de Deus.

Quando nos fazemos de Deus, paramos de ouvir a voz dos outros. Não damos ouvidos a conselhos. Ficamos facilmente ofendidos ou nos sentimos ameaçados quando corrigidos. *Presumimos ser oniscientes.*

Quando nos fazemos de Deus, esforçamo-nos para manter o controle. Lutamos, mentimos, manipulamos, encantamos, fazemos humor, intimidamos, forçamos e fazemos todo o possível para manter o controle. *Presumimos ser onipotentes.*

Quando nos fazemos de Deus, confiamos em nossos próprios instintos sobre o certo e o errado. Honramos nossas próprias avaliações morais antes de ouvir nossos pais, chefes, pastores e, certamente, o Senhor. Justificamos todas as nossas emoções, defendemos todas as nossas decisões. Medimos a justiça e a equidade pelos nossos próprios padrões. *Presumimos ser justos.*

Quando nos fazemos de Deus, exigimos que os outros nos honrem e honrem nossas decisões. Mostramos sensibilidade extrema e autocomiseração quando não conseguimos o que queremos. Cobiçamos o que os outros têm e trabalhamos para roubá-lo. *Presumimos merecer glória.*

Em suma, quando nos fazemos de Deus, tornamo-nos totalmente transcendentes sobre outras pessoas. Dizemos a nós mesmos que estamos completamente *acima* delas, jamais *com* elas. Contudo, não se trata da transcendência de Deus, e sim de uma falsa transcendência. Não passa de uma paródia. Usamos as pessoas como peões em nosso tabuleiro de xadrez. Exigimos que elas se conformem à nossa imagem, como Rick exigiu de Amy. Poucas coisas são mais desumanizantes, tanto para o abusador quanto para o abusado. Se perdemos a paciência com alguém, dizemos a nós mesmos que foi porque ele mereceu. Damos tapinhas em nossas próprias costas por qualquer dádiva de gentileza que concedemos.

De nenhum modo nos tornamos realmente como Deus, mesmo quando nos fazemos de Deus. Deus é poderoso e nunca se sente ameaçado. Ele é bom e nunca mesquinho. Ele já possui tudo. Cada vaca em cada colina e cada estrela no espaço são dele. Portanto, ele exerce sua autoridade com bondade e generosidade, como consideramos anteriormente. Deus nunca precisa buscar algo que já não tenha, incluindo domínio, controle e glória. Portanto, sua autoridade nunca é desesperada ou movida pelo medo; ao contrário, é sempre e eternamente exercida em força e amor. Ele dá e dá e dá, mesmo quando faz exigências.

A autoridade humana que sai debaixo da de Deus, por outro lado, é sempre roubada. É uma busca perpétua por agarrar algo que você ainda não possui. Portanto, é sempre fraca, movida pelo medo e desesperada. Ela precisa cometer alguma forma de violência para conseguir o que quer, mesmo que essa violência tenha um rosto sorridente.

Sem dúvida, Rick sabe como encantar o mundo exterior. No entanto, sua vida inteira tem sido um jogo de cartas trapaceado, à medida que ele trabalha constantemente para esconder a realidade sob mãos enganadoras e que se movem rapidamente. Rick é alguém desesperado, fraco e atormentado pelo medo, mesmo enquanto destrói a vida de Amy e de seus próprios filhos.

Ensinando heresias

Quando presumimos ser Deus, lançamos sobre ele uma imagem falsa, como o espelho de uma casa dos horrores que distorce o rosto que reflete. Nesse sentido, tornamo-nos hereges.

Os que estão sob nossa autoridade começam a acreditar na imagem distorcida da casa dos horrores. Começam a se perguntar se, no fim das contas, o Deus cuja imagem refletimos é mesmo um mentiroso, abusador e violador.

Em outras palavras, o uso indevido da autoridade, por definição, é acompanhado de engano, vindo — como sempre vem — do pai da mentira. Afirma estar certo no que faz. É autocomplacente.

Assim, uma criança olha para cima, para o pai furioso que se impõe de maneira intimidadora. Algo em seu íntimo instintivamente lhe diz aquilo não está certo: "Não deveria ser assim." Ainda assim, o pai insiste que sua ira é plenamente justificável. Desse modo, a criança, criada por Deus para confiar no pai, começa a acreditar nele: "Talvez ele tenha razão. Sou um filho ruim. Não tenho valor." Se o pai for um homem religioso e invocar o nome de Deus, há grandes chances de a criança associar essa ira ameaçadora ao Pai celestial: "Deus também me odeia."

Em geral, pessoas debaixo de uma má autoridade sentirão uma dissonância entre o que ouvem da boca dos que estão no topo e o que experimentam na prática, seja regularmente ou ocasionalmente.

De sua parte, Amy continua cristã, mas em muitos dias ela se pergunta se Deus a odeia. Mais vezes do que consigo me lembrar, já ouvi dela frases como: "Sou uma péssima cristã" e "Sou uma pessoa terrível." Ela já está divorciada, mas os problemas continuam, pois Rick tem dinheiro para mantê-la nos tribunais. Ele quer recuperar a guarda das crianças e continua conseguindo machucá-la e violá-la, sempre usando as crianças como trunfo.

Com base em relatórios policiais, evidências fotográficas, decisões judiciais, admissões privadas dos próprios advogados de Rick e pedidos de desculpas de vários pastores após o fato, eu sei que Deus está do lado de Amy contra esse homem. Sei que Deus odeia o que Rick está fazendo e que o juízo de Deus será terrível. Se alguma vez já foi apropriado usar os salmos imprecatórios da Bíblia, certamente é apropriado usá-los no caso de Rick.

No entanto, é fácil para mim dizer tudo isso, não é?

Amy permanece em meio à violência de Rick e debaixo dela. É mais difícil para ela enxergar claramente. Ela questiona: "Deus me odeia? Está me punindo? Se essa é sua maneira de me atrair para si, como isso o torna diferente de Rick, que usa a punição para me trazer de volta?" Lembre-se do que eu disse no Capítulo 1: ao exercer autoridade, você ensina teologia. O pai de Amy, assim como seu marido-pastor, outros pastores, igrejas e juízes lhe ensinaram sobre Deus quando quebraram suas costelas, minimizaram as costelas quebradas ou a mandaram de volta para o quebrador de costelas. Essas lições de teologia consistem em uma heresia cruel, mas ainda assim deixam marcas indeléveis na mente, no coração e na alma, pois reivindicam serem verdadeiras; e, aos poucos, você começa a acreditar nelas.

Amy me ajudou a reconhecer melhor essa conexão teológica quando eu explicava sua história para um conselheiro. Eu lhe havia nomeado apressadamente algumas das lesões corporais que ela sofrera, mas Amy posteriormente expressou sua frustração por eu ter feito aquilo. Ela comentou: "Palavras como 'concussões', 'ossos quebrados' ou 'lesão renal' parecem muito triviais e são, de certa forma, as partes 'mais fáceis' do abuso." Mais fáceis? Isso não faz sentido. Como assim, Amy? Ela prosseguiu:

> Prefiro mil vezes ter ossos quebrados e lesões corporais dos quais possa me recuperar ao ataque constante e implacável à minha alma, para o qual parece não haver cura. Eu não passo a noite acordada pensando na minha lesão renal nem tenho pesadelos sobre ossos quebrados. O que me tira o sono é o terror que Rick conseguiu criar dentro de mim e o ódio que sinto por mim mesma.

E continuou:

> Entendo a necessidade de utilizar essas descrições físicas no tribunal. Porém, estou (basicamente) curada em meu corpo, ao mesmo tempo em que me sinto a quilômetros de distância de qualquer início de restauração da minha alma. As décadas de abuso espiritual — ou o abuso praticado mediante o uso das Escrituras — são, de longe, a ferida mais dolorosa e a mais difícil de superar. Espero que os cristãos e as igrejas tratem esse tipo de abuso com a mesma severidade, senão maior, do que tratam do abuso físico.

No passado, tive dificuldade de entender o rótulo "abuso espiritual" por ele ser tão vago. Membros descontentes facilmente atribuem o rótulo a pastores que tomam decisões ou assumem posições das quais eles não gostam. Entretanto, a descrição de Amy é simples e sensata: abuso espiritual é o uso da Bíblia ou do nome de Deus para justificar seus abusos, sejam eles quais forem. Quando um pai agride uma criança, isso é abuso pecaminoso. Por si só, aquela ação conta uma mentira a respeito de Deus. No entanto, quando o pai invoca a Bíblia ou o nome de Deus para justificar sua ação, ele agrava seu crime ao cometer também abuso espiritual.

Tabela 2.1: Dois tipos de abuso

Abuso	uso de autoridade para causar dano
Abuso espiritual	uso do nome de Deus ou da Escritura para justificar o abuso

Em sua autobiografia, o ex-escravo Frederick Douglass relata outro terrível exemplo real de como a religião pode agravar esse tipo de abuso. Quando seu senhor participou de um culto de avivamento metodista e "lá experimentou a religião", Douglass alimentou esperanças de que a conversão do homem o tornaria "mais gentil e humano." Porém, na verdade, Douglass observa: "Acredito que ele se tornou um homem muito pior do que antes, depois de sua conversão." Antes, o homem "confiava em sua própria depravação para protegê-lo e sustentá-lo em sua barbárie selvagem", ao passo que, depois da conversão, "encontrou sanção religiosa para sua crueldade escravagista."[2] Como exemplo, Douglass relata o caso de um senhor que chicoteou selvagemente uma jovem enquanto citava uma passagem das Escrituras.

Aqui vai uma sugestão importante para pastores: reconheça que os abusadores adoram usar as Escrituras para manter o controle. Ao preparar um sermão, pergunte-se de que maneira um abusador poderia manipular seu texto bíblico e considere

2 Frederick Douglass, *Narrative of the Life of Frederick Douglass, an American Slave* (1845; reimp., Nova York: Penguin, 1982), p. 97.

incluir um alerta contra esses usos indevidos em sua pregação. Isso é especialmente necessário ao abordar as passagens favoritas dos abusadores, como as que se referem a "dar a outra face"; "fazer tudo sem murmurações ou contendas"; "suportar uns aos outros"; às esposas "submeterem-se a seus maridos"; e assim por diante.

No Novo Testamento, talvez os piores abusadores espirituais sejam os fariseus. Às vezes, eles acrescentam algo às Escrituras para obterem o que querem. Outras vezes, usam o que está lá para ganho pessoal. De qualquer forma, afirmam agir em nome de Deus, porém não buscam o bem dos outros — o que significa que seu uso de autoridade viola o terceiro mandamento. Eles tomam o nome do Senhor em vão. Eles buscam status, reconhecimento e poder para seu próprio benefício.

Uma denúncia universal

Não há um final feliz para a história de Amy, pelo menos não ainda. Seus infortúnios continuam, como a vida após a Queda.

Admito que tive dúvidas sobre se seria sábio construir este capítulo em torno da história dela, por causa de quão extrema ela é. A natureza extrema das experiências de Amy pode nos tentar a reagirmos como o fariseu que disse: "Ó Deus, graças te dou porque não sou como os demais homens, roubadores, injustos e adúlteros; nem ainda como este publicano" (Lc 18.11). Quer dizer, eu e você não somos tão ruins quanto Rick, certo?

As forças do inferno querem que você pense dessa forma — que você é essencialmente bom. As filosofias deste mundo querem o mesmo. Essas filosofias, no Ocidente pós-cristão, abandonaram a categoria bíblica do pecado, a qual torna transgressão pessoal ao colocá-la sobre o pano de fundo de Deus e sua lei. O problema é que continuamos a nos deparar com histórias verdadeiramente terríveis, como a de Amy. As filosofias deste mundo, então, oferecem a seguinte solução: vamos colar placas luminosas no peito de pessoas como Rick com rótulos como: "abusador", "opressor", "sexista", "homofóbico" ou "racista". O efeito maravilhoso de placas como essas, como o "A" escarlate bordado de uma outra história,[3] é que elas inocentam o resto de nós. Se eu puder evitar ser rotulado como um abusador

3 N.T.: O autor se refere ao clássico *A Letra Escarlate*, de Nathaniel Hawthorn. Nele, Hester Prynne, a protagonista, é condenada por adultério e obrigada a usar a letra "A" escarlate em sua vestimenta como símbolo de sua transgressão.

ou racista, então posso me considerar bom — ou "puro", para usar uma expressão mais antiga. Posso permanecer dentro do acampamento. Não serei cancelado, excomungado ou expulso do acampamento como impuro.

Como mencionei no prelúdio, não quero sugerir que alguns pecados não sejam muito piores do que outros, ou que não haja valor em rotular alguns pecados como "abuso" ou "opressão", o último dos quais aparece na Bíblia. O interessante sobre a Escritura, porém, é que ela usa as histórias mais extremas para denunciar a todos nós. A ascensão e queda da nação de Israel, narrada ao longo do Antigo Testamento, é uma história extrema. Deus chama um povo, mas eles o abandonam repetidamente, prostituindo-se com outros deuses e sacrificando seus filhos. É bem extremo. Contudo, Jesus usa essas histórias para denunciar todos nós. Ele diz: "Não evite apenas assassinar pessoas; nem sequer odeie. Não evite apenas o adultério; nem sequer olhe de forma cobiçosa para uma mulher. O ódio é apenas uma versão menos óbvia do assassinato, e a cobiça sexual, uma versão mais disfarçada do adultério. Por isso, não diga a si mesmo: 'Pelo menos eu não matei ninguém!' Se você odiou, então sim, seu coração é tão miserável e condenado quanto o de um assassino."

A história da ascensão e queda de Israel, em outras palavras, oferece à humanidade uma parábola (verdadeira). Da mesma forma, Rick oferece uma parábola (verdadeira) para todos nós. Pela graça restringente de Deus, poucos de nós já exercemos autoridade de forma tão terrivelmente abusiva quanto ele. Entretanto, todos somos cúmplices no ato de nos declararmos iguais a Deus. Todos roubamos transcendência. Todos desumanizamos os outros para o nosso próprio ganho. Todos mentimos para justificar nossos abusos de autoridade. Todos causamos danos aos outros. Rick é uma imagem de cada um de nós à parte da graça restringente de Deus: narcisistas autoiludidos que destroem tudo no caminho — até mesmo o que dizemos que mais amamos, como nosso cônjuge e nossos filhos — para obter o que queremos. As filosofias deste mundo estão certas em usar rótulos como "abusador" e "opressor". O problema é que elas não vão longe o suficiente. Elas falham em olhar para o coração de todos, ali onde todos somos considerados *culpados* e merecedores desse rótulo.

Conclusão

Já ouvi dezenas de vezes (literalmente) um velho amigo pastor advertir: o abuso de autoridade é um pecado especialmente odioso, pelo modo como deturpa a verdade sobre Deus e como usa a autoridade *dele* de forma distorcida.

De fato, poucos dias atrás, ouvi-o explicar novamente a alguém: "Se você quiser arruinar verdadeiramente uma pessoa, pegue a autoridade que você tem na vida dela e abuse dela. Será como se você se colocasse entre ela e Deus, falando em lugar de Deus da maneira mais enganosa e caluniosa possível." Ele prosseguiu, explicando que os casos em que os pastores provavelmente gastam mais tempo são com esposas que sofreram abusos: "Elas estão divididas entre seu amor por Deus e seu amor pelo marido. É extremamente confuso." A mesma situação se aplica a crianças abusadas, talvez até mais.

Reitero: você não terá compreendido o propósito deste capítulo se sair apenas refletindo sobre quão terríveis são as outras pessoas. Você e eu precisamos ser como o publicano, que batia no peito e clamava: "Ó Deus, sê propício a mim, pecador!" (Lc 18.13). Não queremos que nem sequer um fragmento, um til, uma partícula dessa impiedade atue em nossa cabeça, em nosso coração ou em nossas mãos enquanto lideramos os outros.

Em sua misericórdia, Deus usa até mesmo as autoridades más e egoístas para o bem neste mundo caído. Todavia, nosso objetivo constante deve ser o arrependimento de qualquer forma de maldade e o anseio por exercer autoridade à semelhança de Cristo. É para esse ponto que nos voltamos agora.

PERGUNTAS PARA REFLEXÃO

1. Que medidas uma igreja pode tomar para melhorar uma cultura como a descrita na página 57?

2. Que lições podemos aprender com a história de Rick e Amy?

3. Que exemplos vêm à sua mente de cristãos que abusam da autoridade e, assim, se colocam em pé de igualdade com Deus (p. 60-61)?

4. Qual das quatro presunções listadas nas páginas 60 e 61 parece mais significativa para você?

5. Usando a "sugestão importante para pastores" do autor (p. 64-65), dê um exemplo de como um agressor pode usar indevidamente um texto bíblico e, em seguida, dê um ou dois exemplos de como alertar outros contra esse uso indevido.

3

AUTORIDADE É A REIVINDICAÇÃO DE CRISTO PARA RESGATAR E REDIMIR

Autoridade conforme pretendida por Deus na Criação: BOA → Autoridade conforme experimentada depois da Queda: MÁ → Autoridade conforme restaurada na Redenção: BOA

Assim como Ângela e Amy, Tammy está na casa dos quarenta e é mãe de três filhos. Ela trabalha em uma escola cristã, é membro de uma igreja e tem um casamento feliz.

Entretanto, ouvir a história da infância de Tammy é como levar um soco no estômago, como se o ar fosse sugado de você. Sem descer aos mínimos detalhes, aqui estão alguns destaques: Tammy nasce de mãe solteira, de dezenove anos. Um homem se casa com a mamãe e se muda para casa, trazendo a amante e seus filhos. O padrasto ensina o valor do trabalho árduo mediante ameaças. Agride a esposa e a amante. Quebra o maxilar da mãe, porém a proíbe de ir ao hospital. Estupra regularmente a mãe e a amante, e espanca Tammy dos oito aos quinze anos. O tio e o avô (do lado do padrasto) abusam de Tammy sexualmente ao longo desses anos — quando ela tinha oito anos, por exemplo, o tio a força a se juntar a ele na cama com sua esposa. O padrasto a obriga a despir-se para espancá-la com vara. Amigos da escola veem cicatrizes no rosto de Tammy, já com quinze anos. A enfermeira da escola chora quando Tammy tira a blusa. Juízes advertem o padrasto, mas mandam Tammy de volta para casa. As surras continuam. Tammy descobre mais tarde que o padrasto não é seu pai biológico. E, assim por diante, as manchetes continuam.

Como eu disse, a história me deixou sem ar.

Ó Senhor, por quê?

Aos dezesseis anos, Tammy foi colocada em uma família acolhedora,[1] depois em outra família acolhedora, depois na casa de seu avô materno. Com tias, primos e namorados presentes, esse também era um ambiente sexualmente temerário, mas fisicamente seguro.

Por fim, ela se mudou para a casa de uma amiga do colégio, cujo pai era subcomissário de polícia. Esse era o homem que havia acionado os serviços de proteção à criança após ouvir da própria filha a respeito de Tammy. Ele e sua esposa não eram cristãos, mas ele foi um protetor fiel. Quando Tammy se mudou para a casa deles em seu último ano do ensino médio, ele a ensinou a dirigir, ajudou-a a se inscrever nos vestibulares e se tornou o pai que ela nunca tivera. "Ele me acolheu como uma de suas filhas", relembra Tammy. "Eu tinha muitos traumas emocionais e estava espiritualmente depravada, levando uma vida de promiscuidade sexual." Mesmo assim, ao recordar esse período, ela afirma: "Sou grata ao Senhor por sua graça soberana, que moveu o coração dele e de sua esposa para acolher uma jovem de dezesseis anos carregando tantos fardos."

Autoridade na Redenção

A proteção fornecida por esse subcomissário de polícia nos leva ao tópico deste capítulo: a *autoridade na Redenção*. Já consideramos quão vivificante é a *autoridade na Criação*, bem como quão degradante é a *autoridade na Queda*. A autoridade na Redenção oferece todo o bem da autoridade na Criação: ela também trabalha para criar vida em outros, é generosa e seu objetivo é fortalecer, equipar e capacitar. Também aspira atrair e elevar ao seu nível os que estão sob o seu cuidado, como uma professora que quer que seus alunos sejam tão inteligentes quanto ela, se não ainda mais.

Entretanto, o que torna única a autoridade na Redenção é que ela se inclina para alcançar um mundo de sofrimento e pecado. Esse é o seu trabalho e a sua contribuição para esta conversa. Ela deve se acomodar para lidar com a fraqueza, a fragilidade e

1 N.T.: Muito comum nos EUA (onde é denominado *foster care*), o acolhimento familiar é uma modalidade temporária e excepcional de proteção da criança ou adolescente, quando esta é abrigada em uma família que se voluntaria para o cuidado até que haja reintegração à família biológica ou adoção. No Brasil, o acolhimento familiar também está previsto no Estatuto da Criança e do Adolescente (ECA), embora seja mais comum o acolhimento institucional (isto é, em uma instituição especializada, em vez de em uma família voluntária). O acolhimento familiar não deve ser confundido com a adoção, justamente por sua natureza temporária e por não formar relação de paternidade e filiação.

a culpa, esperando arcar com alguns dos custos no processo de abaixar-se para alcançar. Este é um elemento crucial: arcar com um custo. A professora de uma criança com necessidades especiais arca com os custos do tempo extra. O empresário cujo funcionário faz um serviço malfeito arca com os custos de recursos e força de trabalho perdidos. O pai de um adolescente insolente arca com os custos de absorver um insulto sem retaliação. E, é claro, o Salvador do mundo arca com os custos do pecado de seu povo. No entanto, o custo em cada caso serve ao propósito de redenção, de reparação, de segundas chances, de crescimento renovado. A autoridade na Redenção emprega seus poderes — deixa-se gastar — para esses objetivos redentores.

Se a autoridade na Criação mistura transcendência e imanência e a autoridade na Queda se apoia de forma instável em uma transcendência usurpada, a autoridade na Redenção oferece uma dose extra de imanência. Ela se curva, pois não atua em um jardim edênico exuberante. Em vez disso, desce à cova dos leões com Daniel ou ao bordel com Gômer.

A autoridade na Criação supre; a autoridade da Queda rouba; a autoridade na Redenção se sacrifica.

A autoridade na Criação contempla pessoas belas e inocentes e lhes fornece recursos, direções e limites: "Você pode comer de todas as árvores do jardim, exceto uma. Agora vá e subjugue a terra."

A autoridade na Redenção, por outro lado, cavalga rumo à cidade torta e arruinada a leste do Éden. Seus olhos buscam libertar os oprimidos e seu coração transborda de compaixão pelos condenados. Ainda assim, ela sabe que o preço dessa missão será seu próprio sacrifício. O juiz da cidade pode ser corrupto, mas seus veredítos contra os cidadãos não são completamente infundados; os próprios cidadãos também são corruptos. "Todos são ao mesmo tempo vítimas e rebeldes", observou meu amigo Shai Linne. Assim, uma pena deve ser cumprida para que haja justiça de fato. A autoridade redentora, então, inicia sua obra amarrando o valente e atirando nas serpentes, mas também pagando o resgate de Gômer. Afinal, ela se entregou à prostituição, e não foi coagida a fazê-lo.

Figuras de autoridade que surgem com a bandeira da redenção também emergem dos lugares mais improváveis. São os heróis azarões, provavelmente porque Deus ama se revelar de forma inesperada quando parece que os bandidos vencerão. O Senhor usa as coisas fracas e tolas para envergonhar as sábias (1Co 1.27).

Esse pai da amiga de Tammy, o subcomissário de polícia, foi um dos primeiros agentes que Deus colocaria na vida de Tammy para começar seu trabalho de redenção. Esse homem assumiu a despesa e o drama de abrigar em sua casa uma garota problemática de dezesseis anos.

Quando o feitiço é quebrado na Bíblia

O rei Salomão nos oferece uma bela imagem da autoridade na Redenção no Salmo 72. Ele aponta para um rei messiânico que aplica as últimas palavras de Davi a um mundo de exploração e injustiça. Você se lembra das últimas palavras de Davi, que citei no Capítulo 1? Vale a pena repeti-las:

> Aquele que domina com justiça sobre os homens,
> que domina no temor de Deus,
> é como a luz da manhã, quando sai o sol,
> como manhã sem nuvens,
> cujo esplendor, depois da chuva, faz brotar da terra a erva. (2Sm 23.3-4)

Talvez Salomão tivesse as palavras de seu pai em mente quando escreveu o Salmo 72:

> Concede ao rei, ó Deus, os teus juízos
> e a tua justiça, ao filho do rei.
> Julgue ele com justiça o teu povo
> e os teus aflitos, com equidade.
> Os montes trarão paz ao povo,
> também as colinas a trarão, com justiça.
> Julgue ele os aflitos do povo,
> salve os filhos dos necessitados
> e esmague ao opressor. (vv. 1-4)

Aqui está um rei que exerce a obra régia de julgamento e justiça. Ele derruba o opressor e não apenas levanta os necessitados, mas também os “filhos dos necessitados” — os duplamente desesperados. Ele adentra o mundo deles, vê a violência, sente a angústia, tem compaixão e resgata. Seu povo lhe é precioso:

> Ele tem piedade do fraco e do necessitado
> e salva a alma aos indigentes.
> Redime a sua alma da opressão e da violência,
> e precioso lhe é o sangue deles. (vv. 13-14)

Notáveis também são os resultados do governo desse rei. Observe, em primeiro lugar, o florescimento e a prosperidade:

> Viverá, e se lhe dará do ouro de Sabá;
> e continuamente se fará por ele oração,
> e o bendirão todos os dias.
> Haja na terra abundância de cereais,
> que ondulem até aos cimos dos montes;
> seja a sua messe como o Líbano,
> e das cidades floresçam os habitantes como a erva da terra.
> Subsista para sempre o seu nome
> e prospere enquanto resplandecer o sol;
> nele sejam abençoados todos os homens,
> e as nações lhe chamem bem-aventurado. (vv. 15-17)

A grama cresce, as plantações florescem, os grãos se multiplicam. A colheita alcança até os cumes das montanhas — algo notável, já que grãos não costumam brotar nesses lugares. Os topos das montanhas são normalmente áridos, cobertos de pedra ou gelo. Contudo, tão poderoso é o governo desse rei que até ali os grãos prosperam. Ele é como o sol brilhando em uma manhã sem nuvens, como disse Davi, ou como a chuva que faz a grama brotar da terra.

A imagem nesses versos me lembra de um filme de princesa da Disney — a parte em que a maldição de uma bruxa má é quebrada, e um reino é restaurado. Naquele momento mágico, nuvens escuras se dispersam; o sol irrompe; espinhos murcham. Gárgulas grotescas em castelos encantados se transformam em estátuas de heróis a cavalo, e a verdadeira identidade do príncipe e da princesa é finalmente revelada. Esses versos nos oferecem o mesmo tipo de cena de feitiço quebrado. No entanto, qual é a mágica? A boa autoridade — um rei e seus juízos.

Observe, em segundo lugar, o louvor que é dedicado a esse rei e como isso é contracultural. O que levaria um rei tão poderoso quanto Salomão a dizer sobre outro rei: "Subsista para sempre o seu nome" e "se lhe dará do ouro de Sabá"? Queremos fazer um nome para nós mesmos, manter o ouro para nós. Contudo, o governo desse rei é tão bom e vivificante que Salomão declara: "Não quero meu ouro; deem a ele o meu ouro. Ele fará coisas melhores do que eu com essa riqueza."

Não só isso. É como se Salomão dissesse: "Não quero governar, mas quero que *ele* governe para todo o sempre." É possível que haja um rei cujo governo e autoridade sejam tão bons assim?

Pecado e culpa

A autoridade na Redenção não entra apenas no mundo dos vulneráveis, mas também no mundo dos culpados. Ela não vem apenas para os oprimidos, mas também para os opressores, visto que há um opressor em todos nós. Queremos um poder que não merecemos, e usamos o poder que possuímos à custa dos outros. Se você não está ciente disso a seu respeito, é porque ainda não conhece Jesus.

O evangelho de Jesus é a boa notícia de que o mocinho morre pelo bandido, o herói pela prostituta; e quem você acha que é nessa história?

De modo notável, o Rei-Messias de quem Salomão falou no Salmo 72 já veio. No entanto, observe como esse rei exerceu autoridade: ele não aprisionou seu povo sob seu domínio, antes, salvou-o do pecado.

> Mas Jesus, chamando-os para junto de si, disse-lhes: Sabeis que os que são considerados governadores dos povos têm-nos sob seu domínio, e sobre eles os seus maiorais exercem autoridade. Mas entre vós não é assim; pelo contrário, quem quiser tornar-se grande entre vós, será esse o que vos sirva; e quem quiser ser o primeiro entre vós será servo de todos. Pois o próprio Filho do Homem não veio para ser servido, mas para servir e dar a sua vida em resgate por muitos. (Mc 10.42-45)

Vale a pena pararmos um instante para considerarmos as palavras de Jesus. Ele se apresenta como um servo e nos chama fazer o mesmo. Mas será que isso significa que ele assumiu, de fato, as tarefas de um servo?

Não, pelo menos não de acordo com o registro de sua vida nos quatro Evangelhos. Em vez disso, ele assumiu as tarefas de um líder. Jesus dizia a homens e mulheres o que fazer. Dava ordens, como quando enviou seus discípulos para pregar ou quando disse aos demônios para entrarem em porcos. Ele estabelecia sua própria agenda e a de seus seguidores, decidindo quando era hora de viajar para uma ou outra cidade. Às vezes, ele dava às pessoas o que pediam, como quando um cego pediu para ver. Mas ele nunca recebia ordens, como um servo literal faria — nem mesmo de sua mãe (cf. Jo 2.3-5). Em vez disso, o Senhor desafiava autoridades religiosas e civis, demonstrando autoridade sobre pessoas, demônios, doenças, elementos da natureza e a própria morte. Ele ensinava "com autoridade", diziam seus ouvintes (Mc 1.22, 27). Então, ao entregar sua vida, fê-lo por sua "própria autoridade" (cf. Jo 10.18).

Frustra-me um pouco ver como os cristãos se referem a essa passagem em Marcos 10: igualam liderança com serviço, às vezes usam a popular expressão "líder-servo" e, então, param por aí. Falham em explicar o que realmente significa liderar ou usar autoridade, limitando-se a dizer que líderes devem ser servos. Eu concordo que líderes devem ser servos, mas *servos* devem ser servos também. Então, será que existe alguma diferença entre um líder-servo e um "servo-servo"?

Líderes-servos lideram. Exercem autoridade, tomam decisões, definem a agenda e tudo o mais. Eles dizem: "Façam isso", e as pessoas fazem. No entanto, líderes-servos lideram com o *propósito* correto e a *postura* correta de coração. Seu propósito é servir ao bem dos outros; sua postura é humildade. Eles não se "elevam acima" daqueles a quem lideram, como Deus exigiu de seus reis israelitas (Dt 17.20), porém sabem que precisam ouvir e aprender também. Exercem autoridade com graça e compaixão. Não desprezam a fraqueza.

Sem dúvida, a ideia de liderança-servil não pertence apenas à autoridade na Redenção; também se aplica à autoridade na Criação. Contudo, a razão pela qual Marcos 10 se encaixa neste capítulo em particular está no modo e na razão pela qual Jesus disse que serviria: ao dar sua vida em resgate por muitos. Aqui encontramos a imagem bíblica central da *autoridade na Redenção*. Jesus pagou o custo do pecado de seu povo, recebeu a penalidade que eles mereciam — a ira de Deus — e foi um substituto sacrificial, expiando o pecado de seu povo.

A verdade profunda que precisa entrar em nossa cabeça é esta: Jesus se submeteu e se sacrificou como *um ato de autoridade* — um ato de assumir o comando, dar ordens e declarar o que é o quê. Sua submissão e autoridade eram dois lados da mesma moeda. Ao se submeter à vontade de Deus e morrer na cruz, Jesus declarou: "Satanás, você não tem domínio sobre essas pessoas. Pessoas, vocês pertencem a mim, porque estou pagando seu resgate. Eu sou o rei." Sua obra na cruz foi *sacerdotal*, dizem os teólogos bíblicos. Todavia, ela também foi *régia*.[2]

A principal imagem de autoridade nas Escrituras é a de Jesus se entregando como sacrifício substitutivo pelos pecados. É por isso que a figura central de autoridade no Antigo Testamento — o rei de Israel — aponta para Jesus na promessa de que o rei sofreria pelos pecados do povo. Leia os Cânticos do Servo do profeta Isaías, em particular nos capítulos 52 e 53. As cartas do Novo Testamento também retornam a esse tema do sacrifício que Jesus fez de si mesmo, chegando a apresentá-lo como um modelo moral para nós (e.g., 1Pe 2.21).

Lembre-se: a autoridade na Redenção se inclina para alcançar um mundo de sofrimento e pecado e arca com o custo. Ela se curva, vai até onde as pessoas estão e as resgata. Foi precisamente isso que Jesus, o verdadeiro rei de Israel, fez. Ele se inclinou profundamente, até o domínio da ira de Deus e da morte, satisfez as exigências da justiça de Deus, derrotou todos os inimigos, ajuntou um povo e os trouxe de volta à luz. O rei veio, conquistou e trouxe seu povo para casa — *por meio de* um sacrifício sacerdotal.

Atualmente, muitas pessoas temem estar sob autoridade por receio de sofrer abusos. Contudo, a visão cristã da autoridade também pode nos ensinar a temer *ocupar* a posição de autoridade, por causa do abuso que receberemos, como sucedeu com Cristo — ao menos se estivermos agindo corretamente. Como veremos com mais profundidade no Capítulo 10, a boa autoridade muitas vezes se coloca na posição de maior vulnerabilidade.

O foco de Tammy: seu pecado

Como mencionei, ouvir a história de Tammy foi de doer o estômago, mas algo mais me golpeou. Sabe quando alguém começa a contar uma história mais

2 Cf. Jeremy R. Treat, *O Rei crucificado: Vitória por meio do sacrifício* (São José dos Campos, SP: Fiel: 2022).

devagar, com os olhos arregalados, sinalizando: "Preste atenção, esta é a parte crucial"? Foi exatamente isso que Tammy fez ao mover sua narrativa da adolescência para a vida adulta. Tammy tratou os horrores da infância como o pano de fundo para o que considerava a verdadeira história: a pessoa em que ela se transformou. A jovem que saiu daquela casa, contou ela, tornou-se uma mulher marcada por orgulho, ira, manipulação, um desejo idólatra de controle, bem como promiscuidade sexual. Se pecado gera pecado, em alguns aspectos ela se tornou como o seu padrasto. E Tammy se angustiava mais com o *seu* próprio pecado do que o dele.

Honestamente, a ênfase dela me deixou um pouco desorientado, já que não era a história que eu queria ouvir. Eu havia marcado a entrevista para escutar sobre o padrasto; os pecados dele eram muito piores, algo que ela mesma reconhecia. A autoridade dele era "demoníaca" — palavras dela. Tammy até me fez lembrar de como Jesus denunciou os fariseus por serem como o pai deles, o Diabo, por causa da maneira como exerciam autoridade. Aparentemente, ela estava chamando seu padrasto de filho do Diabo, e observou, ainda, que a autoridade demoníaca "não nutre, não dá vida. Faz promessas, mas conduz apenas à morte. Oprime e recorre à violência por amor si mesma. Há uma dureza de coração. A pessoa está além de qualquer sentimento."

Ainda assim, diante de tudo isso, você não pode controlar o Diabo. Só pode controlar a si mesmo. Era essa a preocupação de Tammy.

Como seu padrasto, ela se tornou uma trabalhadora esforçada. Formou-se no ensino médio com honras, prosperou academicamente na faculdade, começou a ganhar um bom dinheiro nos primeiros anos de sua carreira, e comprou sua primeira casa aos vinte e poucos anos. No entanto, ela também viveu (as palavras são dela) "uma vida maligna de rebelião". Tammy era "faminta" pela atenção de homens e "mentia, manipulava ou usava dinheiro" para obtê-la. Ela viveu em "um ambiente sexualmente pervertido" com um homem.

Nessa época, um ex-namorado que se tornara cristão a convidou para ir à igreja e ela aceitou. Mais cedo ou mais tarde, Tammy também se arrependeu de seu pecado e depositou sua confiança em Jesus. Ela se tornou cristã.

Seus primeiros dias como cristã foram desafiadores. Sua batalha contra a ira logo ficou evidente, assim como sua idolatria pela aprovação masculina e seus hábitos de manipulação. Ela passava rapidamente de um relacionamento para outro. Então, conheceu Tommy. Ele era diferente de todos os homens que ela havia conhecido até então:

> Em um evento para solteiros na igreja, compartilhei meu testemunho e contei o que havia acontecido comigo. Quando Tommy ouviu minha história, soube que queria ser um amigo próximo. Ele orou, pedindo a Deus que o ajudasse a ser um bom amigo — e assim fomos por cerca de três anos. Durante esse tempo, Tommy se dedicou a me conhecer de verdade. Depois, cortejamos por um ano. Ele tomou a iniciativa em tudo, o que era incomum para mim, já que eu costumava manipular as situações. Tommy também foi o primeiro homem a me tratar com honra e respeito. Nosso relacionamento não girava em torno de sexo. Muitos dos pastores e amigos dele o aconselharam a não se casar comigo, por causa da bagagem que eu carregava. Eles sabiam sobre meus relacionamentos passados. Mas Tommy disse que tinha certeza, afirmando confiar que o Senhor estaria conosco.

Enfim, eles se casaram, e as pessoas que tinham desencorajado o casamento não estavam totalmente erradas. Os primeiros dez anos foram muito difíceis:

> Eu não sabia como funcionar em um relacionamento com alguém como Tommy. Não sabia como viver nosso casamento do jeito planejado por Deus. Pela graça de Deus, Tommy foi extremamente paciente. Eu não sabia como me comunicar de forma piedosa e acabava me irritando com frequência. Também não sabia o que significava me submeter. No fundo, achava que ele acabaria me abandonando, como todos tinham feito.

O que Tommy fez que foi útil?

> Uma das mentiras que eu sempre ouvia de conselheiros e amigos desde o ensino médio era: "Você não fez nada de errado"; ou: "Você só precisa se preocupar com sua felicidade, conforto e proteção." Depois de me tornar cristã, essa maneira de pensar me deixou irada com Deus. Eu não entendia por que ele permitira que todas aquelas coisas terríveis acontecessem comigo.

> Então, culpei a Deus: "Por que não me resgataste?" Foi por isso que, em meus relacionamentos, eu me tornei daquele jeito — o mundo chama de "codependente"; Deus chame de "idólatra". Eu me tornara muito carente e emocionalmente autoritária.
>
> Mas Tommy não permitiu que eu fizesse isso com ele. Não deixou que eu o idolatrasse, nem tampouco o nosso casamento. Ele me direcionava constantemente às Escrituras e orava por mim. Na época, enxergava essas atitudes como algo cruel. Mas ele estava me amando. Ele não me deixava manipulá-lo para conseguir o que eu queria.
>
> Lembro-me de acordar no início do casamento, mesmo durante a lua de mel, e vê-lo de joelhos, lendo a Bíblia e orando. Acredito que isso foi o que sustentou nosso casamento. A graça de Deus agindo por meio do Espírito de Deus e da Palavra de Deus — foi isso que nos sustentou.

A descrição de Tammy sobre seu marido me lembrou da história bíblica de Oseias. Oseias se casa com uma mulher chamada Gômer, que logo se vende para a prostituição. No entanto, o Senhor diz a Oseias para resgatar sua esposa e comprá-la de volta do bordel. Tommy, ao que me parece, desempenhou o papel do herói redentor.

O engraçado é que a versão de Tommy da história não deixa essa mesma impressão. Algumas semanas depois de entrevistar Tammy, sentei-me com Tommy para obter sua versão dos fatos. De modo semelhante à esposa, ele se concentrou mais em seu pecado, e obtive uma imagem ligeiramente diferente da dela. De fato, Deus o usou de maneira admirável, como Tammy havia contado. Mas Tommy trouxe seus próprios pecados e tolices para o casamento também — algo que ele fez questão de destacar. No fim das contas, parece mesmo que, como diz o ditado, Deus escreve certo por linhas tortas.

Uma igreja saudável

Nos primeiros anos de casados, Tommy e Tammy foram membros de algumas igrejas problemáticas. Com o passar do tempo, porém, passaram a fazer parte de uma igreja saudável e, depois, de outra. Em ambas, os líderes exerciam autoridade de forma responsável. Tammy, junto com seu marido, atribui aos pastores dessas duas igrejas um papel fundamental em ajudá-la a crescer e tornar-se a mulher que ela hoje é:

> Algo que nos chamou a atenção nas duas últimas igrejas que frequentamos foi a seriedade com que os presbíteros e pastores dessas igrejas lideram o corpo de Cristo, algo que Tommy e eu não tínhamos experimentado em igrejas anteriores. Estávamos acostumados com líderes egoístas e dominadores, que só se importavam em usar sua autoridade para servirem a si, não a Deus e aos outros. Eles diziam coisas como: "Eu sou o pastor; você precisa fazer o que eu digo"; ou: "Eu conheço a Bíblia melhor do que você, então você não pode questionar o que eu digo ou as decisões que eu tomo." Essa também era a atitude do meu padrasto. Ninguém nunca podia desafiá-lo sem consequências.
>
> O que era diferente nessas duas igrejas?
>
> Uma submissão genuína ao senhorio de Cristo entre os líderes. Esses homens levam a sério a obediência à Palavra de Deus. Tommy e eu ficamos chocados. Eles realmente se importaram conosco, e isso ficou evidente em seus repetidos atos de serviço à nossa família, muitas vezes à custa de seu próprio conforto ou conveniência.
>
> Lembro-me do pastor P., que ajustou sua agenda quando meu marido começou a trabalhar à noite e queríamos participar de um pequeno grupo. Lembro-me dele levando sua filha para a faculdade em outro estado e, logo após voltar, vindo prontamente nos ajudar com a mudança. Ele também me ajudou a entender que submissão bíblica não significa silêncio, mas usar minha voz para refletir Cristo ao apoiar e encorajar a liderança das autoridades sobre mim, como meu marido, pastor ou governo. Ele ainda dizia que qualquer líder que não escuta e valoriza as contribuições de quem lidera é, na verdade, um tolo.
>
> Lembro-me do pastor L., que conversou comigo sobre minhas dificuldades com a autoridade em meu casamento, guiando-me pelas Escrituras e me trazendo à memória que minha ira era insignificante quando comparada à ira de Deus.

> Lembro-me do pastor M., que esteve ao nosso lado quando meu avô materno faleceu. Ele esteve conosco em todo o processo, do início ao fim, sempre reafirmando que era nosso pastor e que sua missão era nos servir.
>
> Esses são apenas alguns exemplos, mas há mais. Esta é a liderança semelhante a Cristo: autoridade que busca nutrir, proteger, amar, servir e se sacrificar pelas pessoas a quem lidera, e tudo para a glória de Deus. Eles não dominam os outros, mas lideram e servem as pessoas voluntariamente, como um exemplo semelhante ao de Cristo.

Tammy concluiu:

> Embora seja verdade que o Senhor usou Tommy e sua liderança para me ajudar a passar por muita coisa, também é necessário apontar para a bondade do Senhor para conosco em nos conceder igrejas comprometidas com o ensino bíblico sólido, em exaltar Cristo e seu senhorio, e com uma liderança que exemplifica autoridade semelhante à de Cristo. É por causa desses meios de graça que eu e Tommy somos quem somos hoje.

Retratos do antes e do depois

Como mencionei, os primeiros anos de casamento de Tammy e Tommy foram desafiadores. A situação, porém, começou a mudar por volta dos dez anos. Tammy passou a confiar mais em seu marido e a confrontá-lo com menos frequência, desenvolvendo um controle cada vez maior da sua língua. Também passou a desejar ser gentil para com os filhos, ao passo que antes era "verbalmente abusiva". Tammy tem amadurecido na graça e se transformou na mulher que eu e minha esposa conhecemos hoje: piedosa, confiante, humilde, sempre pronta a oferecer uma palavra bíblica de encorajamento. Pedi-lhe que descrevesse algumas imagens de "antes" e "depois", e ela compartilhou várias:

> Antes, eu não confiava na liderança e autoridade de Tommy. Hoje, tendo aprendido sobre a soberania de Deus, confio mais nas decisões de Tommy.
>
> Antes, era muito iracunda. Esperava que os líderes dissessem: "O líder aqui sou eu; fique quieta!"; e, por isso, começava as conversas de forma combativa.

Contudo, Tommy não é esse tipo de líder. Hoje, começo os diálogos de forma respeitosa, não buscando meu próprio ganho, mas procurando ser uma voz para o meu marido e deixando Deus determinar se Tommy a escuta ou não.

Antes, eu era muito competitiva com Tommy. Hoje, procuro complementar e encorajar sua liderança.

Antes, eu era verbalmente abusiva com meus filhos. Eles têm memórias disso. Hoje, sou muito cuidadosa na forma como me comunico. Tento não deixar nenhuma palavra prejudicial sair da minha boca, mas falo apenas para transmitir graça. Recentemente, um sermão me convenceu de um pecado. Minha filha se inclinou e tentou me encorajar, dizendo: "Você não é mais como costumava ser". O que aprendi é que meus filhos não precisam ver uma mãe perfeita, mas uma mãe crescendo na graça e no poder do evangelho. Eles não precisam ver minha perfeição, mas minha direção.

Antes, eu tinha uma postura crítica e julgadora. Hoje, embora ainda não seja uma grande encorajadora e tenha facilidade em perceber e apontar o que está errado, esforço-me para agir com graça e oferecer palavras de ânimo. Procuro não retribuir o mal com o mal, mas responder com uma bênção.

Antes, eu criava meus filhos com o objetivo único de fazer com que eles me obedecessem e me respeitassem. Hoje, quero que eles aprendam a amar a Deus e se submeter à sua autoridade — isso inclui me obedecer, sim, mas ele é o foco, e não eu.

Antes, meu relacionamento com minha filha mais velha era complicado, pois eu mesma nunca tive uma conexão real com minha mãe. Às vezes, minha filha queria um abraço, e eu respondia de forma fria e automática, porque eu mesma não conhecia o calor do afeto materno. Hoje, ela entende essa parte da minha história e me trata com muita graça. Ela gosta de atividades mais femininas; eu não. Mesmo assim, lá vamos nós: fazer compras, experimentar maquiagem! Eu gosto de vê-la aproveitando experiências que eu mesma não tive na infância.

Verdade e justiça, misericórdia e graça

O desafio de se exercer *autoridade na Redenção* é que devemos sempre trabalhar para acomodar dois conjuntos de demandas: as demandas da verdade e da justiça, por um lado, e as demandas da misericórdia e da compaixão, por outro (cf. Mt 6.12; 7.2). Precisamos de um equilíbrio astuto entre a transcendência e a imanência, entre corrigir uma pessoa com uma postura mais firme e se aproximar dela com graça. Às vezes, a justiça exige que você discipline a criança ou demita o funcionário. Outras vezes, porém, a graça o chama a mostrar compaixão; você não pune nem demite, mas ignora, tolera, passa por cima, até mesmo encoraja. Sem dúvida, é difícil saber quando as demandas da verdade e da justiça devem vencer e quando a misericórdia e a graça devem prevalecer. Precisamos de sabedoria.

Muitas vezes, minha esposa e eu nos perguntamos se deveríamos impor uma penalidade dura, uma leve, ou até mesmo nenhuma penalidade, quando os filhos desobedeciam. Diferente da autoridade na Criação, a autoridade na Redenção precisa constantemente fazer esse tipo de pergunta à luz do projeto redentor mais amplo. Ela sempre busca acomodar ambos os conjuntos de deveres, mas cada um na medida apropriada para cada momento. Além disso, redenção não significa apenas perdoar alguém e se aproximar. Significa fazê-lo de forma a não comprometer as regras da verdade e da justiça, já que a redenção inclui, em última análise, viver acordo com essas regras.

Aqui está uma dinâmica trágica e irônica que percebi na busca por verdade ou justiça: é comum negligenciarmos a necessidade de doses maiores de imanência ao corrigirmos os outros. Com isso, facilmente caímos em uma postura severa, até abusiva, em nossa autoridade ou ação. Nossos motivos podem até ser redentores, ao menos no início. Pessoas movidas pela verdade enxergam a força destrutiva da falsidade e têm uma chama por conduzir os outros ao verdadeiro. Pessoas movidas pela justiça veem a força destrutiva da opressão e do abuso e se inflamam para proteger as vítimas de sofrerem novas injustiças. Contudo, muitas vezes, essa "chama" significa que não há nenhuma briga na qual deixemos de entrar e nenhuma injustiça que deixemos de abordar. Tornamo-nos o pai ou mãe que corrige cada erro concebível e não tolera nenhuma fraqueza. Batemos o martelo com toda a força da lei. Chicoteamos verbalmente os filhos com uma recitação imaculada da Palavra de Deus. Menosprezamos adversários políticos com clamores justos por equidade.

Assumimos uma postura de excessiva e profusa transcendência e deixamos pouca ou nenhuma margem para a imanência. É quase como se tivéssemos nos tornado Deus — mas um deus que não demonstra nenhuma misericórdia e nunca se aproxima com compaixão. Não oferecemos concessões; nunca dizemos: "Entendo por que você se sente assim"; "Reconheço que poderia ter sido mais claro nas minhas instruções"; "Sei que sua semana foi difícil"; ou: "Também já errei nisso." Em vez disso, nós nos tornamos fariseus e, com isso, até mesmo nossas verdades biblicamente corretas e nossas reivindicações legítimas por justiça acabam exalando o cheiro amargo da justiça própria e do desdém.

Tal é o marido que aponta para o versículo bíblico ao mesmo tempo que desmerece a esposa; a mãe que sabe exatamente o que dizer para fazer seus filhos se sentirem terrivelmente culpados; o professor universitário cristão nas mídias sociais cujas palavras transbordam um senso de superioridade ao mesmo tempo que ele se levanta para falar em nome da justiça; o chefe que demite o funcionário, esquecendo-se de que já cometeu os mesmos erros; o pastor que se recusa a ser questionado só por ser o pastor.

As mídias sociais, em particular, fomentam esse farisaísmo, uma vez que as estruturas desse meio de comunicação impedem relacionamentos significativos (imanência), mas oferecem todos os incentivos algorítmicos para falarmos como se estivéssemos *sobre* as pessoas (transcendência).

Deixe-me ilustrar a diferença entre uma correção farisaica e uma correção redentora. Imagine que seu filho adolescente lhe diga um xingamento. Entre várias opções, você pode corrigi-los de uma dessas duas maneiras:

> Não acredito que você falou assim *comigo*! Estou pessoalmente ofendido. Como você ousa? Vou puni-lo e insultá-lo em igual medida porque você não me honrou. Vou fazer você me tratar como eu sei que mereço ser tratado.

Ou você poderia dizer:

> Você não me honrou, embora Deus tenha me colocado em sua vida para liderá-lo. Entendo o quão difícil isso pode ser, porque eu também falho em honrar aqueles que Deus colocou sobre mim. No entanto, o Senhor merece a sua

> obediência — e a minha. Portanto, quero ajudá-lo a ser o que ele o chama para ser: um filho que honra seu pai. Vou levar em consideração as dificuldades pelas quais você tem passado e mostrar compaixão como puder. Mas eu não estaria o amando como um pai se não impusesse consequências também.

A primeira resposta vem de uma postura de pura transcendência, que equivale a uma transcendência roubada e acaba sendo deformada. A busca pela verdade e justiça, tragicamente, acaba degenerando naquele tipo de *autoridade da Queda*.

A segunda postura combina transcendência e imanência. É propriamente humana. Não estou dizendo que ela contém a linguagem ou o equilíbrio certos para toda e qualquer ocasião. Às vezes, o julgamento deve ser mais rápido e severo do que o que é ilustrado aqui. Ainda assim, a autoridade na Redenção se inclina; ela tolera e demonstra compaixão. Ela sabe que vai se deparar com problemas, alguns dos quais devem ser corrigidos imediatamente, outros os quais devem ser ignorados por um tempo.

Como podemos combinar verdade e justiça com misericórdia e graça na forma como usamos autoridade? Não há uma resposta fácil. Precisamos conhecer o evangelho, reconhecer nossa dependência pessoal do evangelho e, então, pedir ao Senhor sabedoria para sabermos como dar tanto justiça como misericórdia aos outros.

Conclusão

Tammy cresceu em um lar terrível. Ela precisava de resgate — e Deus enviou uma agência governamental e o pai de uma amiga. Precisava também de salvação e perdão — e Deus enviou um evangelista. Precisava ainda de treinamento e crescimento na piedade — e Deus enviou um marido, duas igrejas e alguns pastores. Hoje, Tammy é mais um exemplo do minucioso trabalho de Deus, criada para realizar boas obras e exibir a glória dele.

A vida dela nos ensina que a solução para a má autoridade não é *nenhuma* autoridade, mas uma *boa* autoridade. Essa também é a lição do evangelho, uma palavra que significa “boas-novas”. Refere-se às boas-novas de Jesus, o qual morreu na cruz pelos pecadores e ressuscitou para a nossa salvação. A questão é que os cristãos pensam no evangelho como bom, mas na submissão como ruim; pelo menos esse é, em geral, nosso instinto.

Tammy, que experimentou o terror da má autoridade como poucos, sabe que isso não faz sentido. O evangelho de Jesus Cristo envolve autoridade e submissão do começo ao fim. Ela me escreveu o seguinte em um e-mail:

> Acredito que minha falta de entendimento sobre autoridade e submissão não foi resultado de maus exemplos da infância, mas de eu não entender o evangelho.
>
> O evangelho de Jesus Cristo, em sua essência, envolve submissão do começo ao fim. Jesus Cristo é Senhor e Mestre, ao passo que eu sou pecadora, ordenada por Deus a virar as costas para o meu pecado e a me submeter ao seu Filho, Jesus Cristo, como Senhor, seguindo-o fielmente e obedecendo à sua Palavra no poder do Espírito. Sou uma escrava da justiça de Jesus Cristo.
>
> É por isso que acredito que muitos têm dificuldade de crer no evangelho — porque seres humanos pecadores não têm nenhum desejo, à parte da graça de Deus, de se submeter a Deus. Gostamos de dar as cartas. Mas Jesus chama pecadores a se humilharem e se negarem, colocando os outros à frente de si mesmo, para a glória e exaltação do Senhor.
>
> Dessa forma, uma compreensão correta da autoridade e da submissão bíblica está enraizada em uma compreensão correta do evangelho. Alguém que segue um evangelho falso, ou mesmo uma versão diluída do evangelho, não vai refletir — nem mesmo poderá refletir — a verdadeira autoridade e submissão bíblica. Um querido pastor me disse: "Submissão é a canção do amor"; ao que eu respondi: "Esta é uma canção que quero aprender a cantar bem, para o Senhor."

É difícil pensar em uma conclusão melhor para este capítulo.

PERGUNTAS PARA REFLEXÃO

1. De que maneiras você já viu a "autoridade na redenção" em ação (p. 72-74)?

2. O que se destaca para você na discussão do Salmo 72 (p. 74-76)?

3. Como você reage ao comentário de que "há um opressor em todos nós" (p. 76)?

4. O autor diz que "a descrição de Tammy sobre seu marido me lembrou da história bíblica de Oseias" (p. 81). Você consegue pensar em outras histórias bíblicas em que alguém "desempenhou o papel do herói redentor"?

5. Como você resumiria o argumento principal deste capítulo?

PARTE II

O QUE É SUBMISSÃO?

4

SUBMISSÃO É O CAMINHO PARA O CRESCIMENTO, A AUTORIDADE E A SEMELHANÇA COM O DEUS-HOMEM

Em algum momento antes do ensino médio, percebi o quanto meu cérebro se inclinava para a não-conformidade. O pessoal do grupo de jovens estava discutindo uma questão política, e eu me vi defendendo uma posição na qual não acreditava, simplesmente porque algo em mim sentia a necessidade de se opor ao consenso da turma.

Acredito que parte dessa necessidade de se opor está na forma como meu cérebro processa a informação. Até hoje, penso dialeticamente. Olho para um lado de uma questão, depois para outro, e então procuro uma síntese. Mas outra parte desse instinto se resume apenas a velhos conhecidos: a imaturidade e o pecado. Algo dentro de mim gostava de estar isolado e em oposição. Acho que meu coração encontrava um senso de propósito e valor ao pensar em mim mesmo como corajoso nessas posições. Então, se eu estivesse em uma sala de cheia de pessoas de um espectro político, argumentaria como do outro. Sem dúvida, essa tendência não-conformista me ajudou academicamente no ensino médio, na faculdade e na pós-graduação. Escrevi bons trabalhos. Felizmente, também tive pais pacientes.

No começo dos meus vinte anos, mudei-me para Washington, D.C., e, pela primeira vez na vida, tornei-me membro de uma igreja. Ainda assim, eu era *aquele cara* — o cara que fazia perguntas capciosas no estudo bíblico; o cara que importunava o pastor com um "e se" após outro; o cara que sempre achava que sabia mais. Eu tinha uma opinião elevada de mim mesmo, pois ia bem na escola.

Na verdade, o amigo que me contou sobre aquela igreja em Washington mencionou que ela tinha um pastor brilhante, e eu disse a mim mesmo (sinceramente, é constrangedor admitir): "É o que nós vamos ver".

"Confie em mim"

Um ou dois anos depois de me tornar membro, a igreja votou para eleger um grupo de novos presbíteros que haviam sido todos indicados por esse mesmo pastor, Mark. A constituição exigia 75% de aprovação da congregação. No entanto, todos os cinco candidatos receberam algo entre 69 e 74% dos votos, o que significa que nenhum foi eleito. A congregação ficou chocada. Perguntávamo-nos o que o pastor faria em seguida. Duas semanas depois, descobrimos: ele anunciou que estava indicando mais uma vez os mesmos cinco homens.

"O quê?! Está brincando comigo?!" Essa foi minha reação interna. "A congregação votou, amigão. Você perdeu. E foi você quem me ensinou a ser um congregacional. Agora você quer uma revanche, só porque não obteve o resultado que queria? Desculpe, camarada. De jeito nenhum!"

Meus instintos não-conformistas estavam a todo vapor. Da primeira vez, eu tinha votado a favor de três dos cinco candidatos, mas agora eu votaria contra todos eles, e sob protesto. Esse pastor Mark era um babaca e um tirano!

Logo após o anúncio, Mark organizou um momento de perguntas e respostas sobre sua renovação das indicações, em uma tarde de domingo. Eu compareci. Ele disse que, diante de Deus e na condição de nosso único pastor, não poderia colocar diante de nós, em boa consciência, outra lista de indicados. Portanto, ele fez uma oferta: "Estou lhes pedindo que confiem em mim." Mark disse isso de forma mansa e gentil, mas, ao mesmo tempo, clara e direta.

Talvez você imagine que, naquele instante, meu coração tenha disparado em intensa rebelião. Porém, por alguma razão, e de alguma maneira, isso não aconteceu. O pedido dele... fazia sentido. A ideia pousou com leveza no meu coração. Ele é meu pastor, pensei. Devo confiar nele.

Talvez você possa chamar essa minha atitude de "momento do jovem rico". Não tinha muito dinheiro do qual abrir mão, mas possuía uma opinião elevadíssima a meu respeito. Naquele instante, senti o Senhor Jesus me dizendo: "Jonathan, se você quer me seguir, siga o pastor Mark." No entanto, ao contrário do jovem rico do Novo Testamento, eu me rendi e segui. O Espírito de Deus estava operando. Uma ou duas semanas depois, votei a favor de todos os cinco homens. E pessoas suficientes se juntaram a mim para que todos os cinco passassem do quórum de 75% e fossem confirmados como presbíteros.

Não apenas isso: minha vida também começou a mudar. Mudei de não-conformista para alguém que joga em equipe; de rebelde para discípulo; de alguém que "levanta a mão para assustar o pastor" para alguém que "levanta a mão para fazer uma pergunta que pode ajudar o grupo". Comecei a crescer na fé — lutando contra o pecado, lendo a Bíblia, querendo fazer o bem na vida dos outros membros da minha igreja. Às vezes me pergunto se foi no meio de toda aquela celeuma que, de fato, eu me tornei cristão.

Algo mais mudou. Pouco a pouco, comecei a receber oportunidades de liderar na igreja. Primeiro, conduzir um estudo bíblico com outros homens solteiros. Depois, ensinar uma classe da escola dominical ao lado de outro professor. Em seguida, tornei-me um "diácono de cuidado aos membros", encarregado de visitar membros mais idosos e administrar o fundo de benevolência da igreja. Por fim, fui chamado para ser um assistente pastoral, enviado ao seminário com todos os custos cobertos pela igreja — e, após concluir os estudos, tornei-me presbítero naquela mesma congregação!

Antes de ir para o seminário, lembro-me de refletir sobre o que Deus havia feito em minha vida nos anos anteriores. O seguinte pensamento me ocorreu: a submissão a Mark e a outros homens em minha vida havia impulsionado meu crescimento. Mais que isso, percebi que ninguém jamais havia me falado sobre o quanto a submissão pode ser poderosa para o amadurecimento espiritual. Por que nunca ouvira uma pregação sobre esse tema? "Os cristãos evangélicos dos Estados Unidos estão perdendo essa dádiva extraordinária", concluí.

Para compreender essa reação, é importante você saber que eu não cresci em nada que se aproximasse de igrejas autoritárias. Cresci em uma corrente do evangelicalismo que, pelo contrário, errava na direção da permissividade. Então, embora eu ainda acredite que muitos evangélicos não reconhecem o poder da submissão, também reconheço que alguns cristãos cresceram em igrejas nas quais o chamado à submissão é uma questão prioritária, um assunto de todos os domingos, algo que causa dano as pessoas.

Outra interpretação

Por falar em dano, o que lhe dei foi minha interpretação daqueles anos. Alguém poderia oferecer outra interpretação. Rebobine a fita para aquela reunião de domingo à tarde e conte a história assim:

> O pastor Mark é um homem que ama o controle, a ponto de indicar cinco homens os quais ele sabia que o ajudariam a manter controle — aquele tipo de gente que só balança a cabeça, concordando. Quando todos os cinco foram rejeitados na primeira votação, o pastor percebeu que precisava ser mais incisivo. Então, convocou uma reunião da igreja, na qual empregou todo o seu poder intelectual e carisma para manipular emocionalmente os membros. "Confiem em mim", pediu ele. "Vocês não sabem que sou o pastor de vocês? Que sou representante de Deus? Não percebem que, se me obrigarem a escolher outro grupo de homens, me levarão ao pecado? E vocês não querem isso, querem?" Então Jonathan, coitado, engoliu cegamente a ideia. Foi sugado para dentro do sistema. Mas não sinta pena de Jonathan; ele escolheu se alinhar. Aceitou apenas balançar a cabeça e foi recompensado por isso. Talvez, em algum momento, ele tenha sido um não-conformista, mas logo descobriu um caminho mais fácil para alcançar o poder: dançar conforme a música. Então, ele passou a fazer tudo o que lhe mandavam e começou a subir as escadas da hierarquia, pois os líderes sabiam que podiam contar com sua lealdade. Jonathan se aliou ao partido dos opressores, exploradores e abusadores — e, agora, escreve livros para eles.

Você pode olhar para todos os dados que lhe dei e oferecer essa interpretação. É uma interpretação inteligente e com coerência interna. Mais do que isso: ela retrata com precisão muitos pastores, igrejas e jovens em formação, ao menos se estivermos atentos aos alertas da própria Escritura. Ezequiel repreende os pastores corruptos que lideravam "com rigor e dureza", alimentando a si mesmos em vez de cuidar das ovelhas (Ez 34.2, 4, 8). Pedro também alerta sobre falsos mestres que, "movidos por avareza farão comércio de vós, com palavras fictícias", prometendo "liberdade", embora sejam "escravos da corrupção" (2Pe 2.3, 19). Esses indivíduos existem. Estão por aí.

Entretanto, para os nossos propósitos aqui, não faz diferença se você conclui que minha história se explica melhor na primeira ou na segunda interpretação — se você nos absolve ou condena. O que realmente importa é você perceber que ambas as leituras são hipoteticamente possíveis. Em outras palavras, você entende que as pessoas às vezes amadurecem pela submissão, e aprendem a ser bons líderes por meio da submissão; e todo esse processo é saudável.

Você sabe disso se já teve um bom treinador, professor, chefe, superior militar ou pai. Você aprendeu que se submeter a eles o tornava mais forte, mais rápido, mais inteligente e melhor, mesmo quando a submissão era inicialmente uma pílula difícil de engolir. Hoje, você agradece a Deus por essa pessoa. Você ri e conta histórias sobre como ela "pegava pesado", mas também reconhece que sempre soube do seu amor por você e que se tornou alguém melhor por causa dela.

Ou podemos pensar na história bíblica de José. Ele se submeteu a Potifar e acabou governando sua casa; submeteu-se ao carcereiro e acabou governando a prisão; submeteu-se a Faraó e acabou governando um reino. No projeto de Deus, a submissão é o caminho para a autoridade.

Reconheço que a palavra "submissão" pode soar assustadora, até desumanizante. O que você pensa, por exemplo, sobre o mandamento bíblico de que as esposas devem se submeter aos maridos? Isso lhe soa como algo que desumaniza as mulheres? Você sente vontade de reinterpretar esse tipo de mandamento? No Capítulo 1, defendi a ideia de que nos assemelhamos a Deus quando exercemos autoridade. Sendo assim, pode parecer que conceder autoridade apenas aos homens, no contexto do casamento, acaba diminuindo a humanidade da mulher, certo?

Autoridade e submissão são dois lados da mesma moeda, e entender uma coisa nos ajuda a entender a outra. Como a maior parte deste livro é dedicada à autoridade, vale a pena dedicar alguns capítulos para meditar sobre o outro lado da moeda. Este capítulo descreverá a submissão no plano ideal. No próximo, consideraremos os limites da submissão.

De acordo com o projeto de Deus para o mundo, todos se submetem, principalmente se pretendem governar. Nós simplesmente ocupamos posições diferentes.

Submissão envolve acatar a decisão de outra pessoa

Neste livro, definirei submissão como algo que envolve dois aspectos: o primeiro é *acatar*, por constrição moral, a decisão de outra pessoa; o segundo é *aplicar* seus recursos para realizar aquilo que essa pessoa decidiu. Exploremos esses aspectos separadamente.

Uma garotinha está brincando no balanço do quintal. Ela ouve a porta dos fundos se abrir e a mãe gritar: "Querida, hora de entrar." Isso a deixa um pouco triste, porque ela preferiria continuar se balançando. No entanto, ela reconhece a autoridade da mãe e, portanto, como um ato de submissão ou obediência, ela acata a decisão da mãe, por constrição moral, e corre para dentro.

O que estamos fazendo quando "nos submetemos" ou "obedecemos"? Estamos acatando, por constrição moral, as decisões de uma figura de autoridade, mesmo que não concordemos imediatamente com essas decisões.

Quando concordei em votar a favor de todos os cinco candidatos a presbíteros, estava acatando, por constrição moral, a avaliação do pastor Mark. Estava me submetendo.

Você deve ter percebido que continuo falando em "constrição moral". Uma constrição moral, obviamente, é diferente de uma constrição física. Submissão, conforme a defino aqui, envolve nossa livre agência. Ninguém o força fisicamente a acatar. Você escolhe acatar — mesmo que essa escolha venha acompanhada de pressões externas, como o risco de sofrer consequências. Uma placa de limite de velocidade, por exemplo, determina que eu dirija a oitenta quilômetros por hora. Sei que posso ser multado se ultrapassar esse limite. Ainda assim, tenho a opção de obedecer ou desobedecer. Possuo a capacidade de escolha. Possuo *agência*. Se, contudo, eu fosse algemado e jogado na parte de trás do carro da polícia por dirigir a cem quilômetros por hora, perderia a capacidade de me submeter, pois perderia a minha agência. Ser forçado a fazer algo, em outras palavras, é diferente de escolher se submeter — pelo menos da maneira uso o termo neste livro. Nesse sentido, a submissão também envolve um ato de julgamento ou decisão. Quando a filha escolhe entrar ao ouvir o chamado da mãe, julga que ouvir a mãe é *melhor*, à luz da natureza moral do comando materno, do que continuar a fazer o que ela inicialmente preferia.

Uma vez que a submissão envolve decisões escolhidas livremente — não forçadas —, a oportunidade de se submeter é uma oportunidade de treinar. A submissão treina nossas faculdades de julgamento a fim de julgarmos e decidirmos melhor. Você ainda está fazendo *escolhas*, mas está praticando a arte de fazer escolhas com base em um padrão, uma régua. É como aprender a manejar um taco de golfe. Na primeira tentativa, seus braços, ombros e quadris se movem de forma desajeitada e sem coordenação. Porém, o que acontece quando você submete seu corpo às instruções de um jogador de golfe profissional? Pouco a pouco, seus braços, ombros e quadris começam a se mover com mais naturalidade. O mesmo acontece quando um filho acata as decisões dos pais. Ao se submeter, a criança aprende a exercitar sua consciência, seus desejos e sua capacidade de tomar decisões de maneira mais refinada — com autocontrole, senso moral e amor ao próximo.

Na medida em que a submissão envolve nossas decisões livremente escolhidas, o ato de se submeter também envolve fazer uma declaração. Quando nos submetemos, declaramos: "Isto é melhor" ou "Isto é digno, justo ou verdadeiro." Assim é quando nos submetemos à lei de Deus. Declaramos que ele e sua lei são bons. Nas palavras do salmista: "Terei prazer nos teus mandamentos, os quais eu amo" (Sl 119.47).

Quando nos submetemos a Deus, somos treinados a fazer algo "semelhante a Deus". Não é certo dizer que Deus "se submete", pois ele nunca acata as decisões de outra pessoa. No entanto, ele se submete à lei de sua própria natureza, e é isso que quero dizer quando afirmo que estamos fazendo algo "semelhante a Deus" ao nos submetermos a ele. Assim como Deus está sujeito à lei de sua natureza, também nós devemos nos sujeitar à lei da natureza divina.

Além disso, o Filho encarnado se sujeitou à vontade de Deus. A natureza e a vontade humanas de Cristo se submeteram à natureza e vontade divinas. O Jesus encarnado julgava a vontade de Deus como possuindo a mais alta dignidade, e foi por isso que ele observou: "A minha comida consiste em fazer a vontade daquele que me enviou e realizar a sua obra" (Jo 4.34; cf. Fp 2.5-11). E esse ato de submissão começou com uma decisão ou julgamento: "O meu juízo é justo, porque não procuro a minha própria vontade, e sim a daquele que me enviou" (Jo 5.30).

Submeter-se a Deus significa prezar e valorizar a justiça, o amor e a glória de Deus acima de tudo o mais, assim como Deus preza supremamente sua justiça, amor e glória acima de tudo o mais. Ironicamente, somos mais semelhantes a Deus e a Cristo quando nos submetemos totalmente a ele, pois isso nos envolve na obra que ele mesmo faz: governar em submissão ao seu caráter e natureza.

Submissão envolve aplicar recursos pessoais

Então, a submissão envolve acatar a decisão de outra pessoa, mas também envolve aplicar nossos próprios recursos para esse mesmo fim. Certa vez, ouvi um pregador — não me lembro onde ou quando — ilustrar a palavra "submissão" com a imagem de tropas em um campo de batalha. Um pelotão está sob fogo pesado; outro pelotão se desloca para dar reforço ao primeiro, submetendo-se a eles por ordem de um oficial comandante. É uma boa imagem do que acontece quando nos submetemos: nós nos deslocamos e aplicamos nossa força e recursos para reforçar um ponto de fraqueza na linha de batalha.

Não se engane: mover-se para oferecer reforço exige força. Meu amigo Jeff, que é pastor e professor universitário, contou uma história que ilustra bem esse fato — esse tipo de reforço no campo de batalha. Jeff estava no meio de um doutorado em Antigo Testamento. Após alguns anos difíceis e desmotivadores, ele chegou ao limite e decidiu desistir. Quando contou sua decisão à esposa, como ela reagiu? "As crianças e eu o acompanhamos até esta escola. Nós nos entregamos por você e confiamos em você. Você precisa terminar." A esposa também o lembrou de sua responsabilidade de sustentar a família e honrar os compromissos assumidos.

Jeff, então, resumiu a moral da história: "Você diria que minha esposa estava se submetendo? Pode apostar que sim; e isso exigiu força da parte dela. Ela me carregou nas costas e me ajudou a ser o homem que eu nunca poderia ser sozinho — o melhor homem que eu poderia ser."

A história de Jeff me fez pensar em Deus criando Eva para ser uma "ajudadora" para Adão em seu projeto conjunto de governar a terra (Gn 2.18).

Jeff prosseguiu: "O fato de minha esposa ter me desafiado assim foi o que permitiu que a primeira igreja que pastoreei se tornasse o que se tornou. A mesma coisa vale para a segunda igreja e para os 9% de membros que enviamos para o campo missionário. Naquele momento, minha esposa me ajudou a me tornar o homem que eu precisava ser, o que, por sua vez, impactou muitas outras pessoas."

Submissão envolve aplicar nossos recursos e força para reforçar uma fraqueza na linha de batalha. Se uma empresa precisa de ajuda em seu departamento de TI, examina currículos para determinar qual treinamento e experiência fornecerão a melhor ajuda necessária. Em seguida, a pessoa que a empresa contrata se submete à direção, autoridade e necessidade da empresa. Os pais ensinam os filhos a trabalharem duro, para que esses filhos submetam seu trabalho duro à manutenção da casa. Um pastor instrui um jovem a pedir perdão a outro membro por um comentário insensível. O jovem se submete, dando atenção cuidadosa ao pedido de perdão, para que possa reconstruir o que derrubou.

O treinamento e as operações vivificantes da submissão funcionam até mesmo quando uma autoridade formal não está presente. Por exemplo, com exceção das redes sociais, raramente publico uma palavra sem primeiro mostrar a alguns amigos o que escrevi e pedir-lhes seu feedback. Aliás, sempre que percebo que uma postagem nas mídias sociais pode ser controversa, eu a compartilho primeiro também. Então, tanto quanto possível, acato os julgamentos dos meus amigos, para que possa aplicar minha escrita com sabedoria.

A submissão sempre segue a fé

Também é interessante como, na Bíblia, as ideias de submissão e fé estão intimamente relacionadas.

Vemos essa conexão no encontro de um centurião romano com Jesus. A história começa com um centurião fazendo um pedido direto a Jesus para curar seu servo: "Manda com uma palavra, e o meu rapaz será curado."

Em seguida, o centurião ilustra exatamente o que temos falado — como autoridade e submissão envolvem acatar decisões e aplicar recursos: "Porque também eu sou homem sujeito à autoridade, e tenho soldados às minhas ordens, e digo a este: vai, e ele vai; e a outro: vem, e ele vem; e ao meu servo: faze isto, e ele o faz." Assim, seguindo sua própria lição, o centurião se submete a Cristo. Ele sabe que o Senhor também tem autoridade para deslocar suas tropas pelo campo de batalha. Jesus pode consertar o que precisa ser consertado, incluindo um servo doente.

O impressionante é que Jesus então descreve a submissão do centurião como um exemplo de *fé*: "Ouvidas estas palavras, admirou-se Jesus dele e, voltando-se para o povo que o acompanhava, disse: Afirmo-vos que nem mesmo em

Israel achei fé como esta." Em seguida, Jesus cura o servo do centurião (Lc 7.7-10). Percebe isso? Jesus chama a submissão do centurião de fé.

Submeter-se à autoridade de alguém — acatar suas decisões — exige fé. Se a fé é uma postura de confiança, essa confiança se mostra, de modo inevitável e necessário, em um ato de submissão. A fé vem primeiro, mas a fé sempre vem com a submissão. Se você não vê submissão, sabe que não há fé.

Ao me submeter às indicações do pastor Mark para presbíteros, exercitei fé em Mark — ou, mais precisamente, exercitei fé no Deus que me chama a me submeter aos meus pastores.

Contudo, voltemos à questão: será que a submissão é desumanizante? Só se você achar que a *fé* é desumanizante.

A submissão é desumanizante?

Há mais algumas razões para resistirmos à acusação de que a submissão é inevitavelmente desumanizante: submissão envolve agência; submissão é o caminho para o crescimento; submissão é o caminho para a autoridade, já que toda boa autoridade envolve sujeição.

Em primeiro lugar, submissão envolve agência, o que talvez seja o bem mais valioso entre os seres humanos, como já mencionamos. Tirar totalmente a agência de alguém pode, de fato, ser uma forma de desumanização. Por exemplo: há algo de sub-humano em uma cela de prisão, ainda que, por vezes, seja inevitável. No entanto, o chamado à submissão não anula a agência.

Em segundo lugar, submissão envolve treinamento e é o caminho para o crescimento. O que acontece quando um treinador pede a um atleta para se sujeitar a um exercício, ou um pai pede a uma criança para se comportar à mesa? A figura de autoridade está pedindo um exercício de agência, mas uma agência que está sendo treinada em uma direção específica — como uma estaca de madeira que segura uma muda ou um aparelho ortodôntico que corrige os dentes. Sem dúvida, a natureza moral do comando aplica pressão sobre a escolha do indivíduo, porém essa pressão, em termos ideais, possui uma função de treinamento e modelagem. Se você não acha que as pessoas precisam de treinamento ou crescimento, ou se não há padrões de bondade e verdade, então, tudo bem, as pessoas nunca devem se submeter. Não é surpreendente, portanto, em uma cultura na qual toda a verdade e todos os padrões de retidão são contestados, que a ideia de submissão pareça nos infantilizar, na melhor das hipóteses, e, na pior, nos desumanizar. Se, porém, há espaço para as pessoas crescerem, e se há padrões de verdade e bondade, então a submissão não é apenas boa: é necessária. Ao me submeter ao pastor Mark, eu cresci. Ao se submeter ao pai, a Ângela, do Capítulo 1 cresceu para se tornar como seu pai — uma mulher que teme ao Senhor, ama a Palavra de Deus e instrui e disciplina seus próprios filhos como seu pai primeiro fez por ela. Ao se submeter ao marido, uma esposa, que talvez seja mais competente e espiritualmente madura que o marido, cresce na confiança em Deus, mesmo quando o cabeça terreno a decepciona.

Em terceiro lugar, submissão é o caminho para o governo ou a autoridade. Foi isto que a serpente do jardim nunca quis que víssemos: que obedecer a Deus é compartilhar seu governo. Andar nos caminhos de Deus, para Adão e Eva, significava governar a terra com uma coroa de glória (cf. Sl 8). Ao se submeter ao Pai celestial, Jesus, ironicamente, assumiu a autoridade do Pai. "Para estar *em* autoridade", observou o teólogo Oliver O'Donovan, "você tem de estar *sob* ela e, ao estar sob ela, você está nela."[1]

As pessoas devem aprender a se submeter antes de poderem governar, e os melhores líderes são os que melhor se submetem. Diferente de um narcisista, um bom líder reconhece a realidade além de si mesmo — incluindo as forças e estruturas às quais deve prestar contas. Isso o capacita a liderar com empatia e discernimento. Ele sabe que não é nem onisciente nem onipotente. Já os narcisistas, em contrapartida, atendem apenas às vozes internas e se submetem unicamente às próprias vontades.

Uma das coisas que mais aprecio no pastor Mark é que ele sempre distribui autoridade. Entre outras coisas, foi por isso que ele estava tão determinado a nomear cinco outros presbíteros. E ele queria homens em quem pudesse confiar, porque sabia que também seria chamado a se submeter a eles. Até hoje, Mark perde algumas votações em quase todas as reuniões de presbíteros. Quando isso acontece, ele observa: "Eu simplesmente suponho que a maioria está me mostrando a vontade de Deus."

---

1 Oliver O'Donovan, *Desire of the Nations: Rediscovering the Root of Political Theology* (Cambridge: Cambridge University Press, 1999), p. 90, grifo original.

Pela mesma razão, um dos critérios que os presbíteros de minha igreja consideram ao decidir se devem nomear outro homem para o presbiterato é se ele demonstra um padrão de submissão aos presbíteros. Ele é ensinável? É tratável e aceita ser corrigido? É capaz de recuar, mudar de ideia, ou pelo menos de acatar com alegria o julgamento dos outros?

A lição maior aqui é que você não pode liderar se não puder se submeter; e que a rebelião não é a única maneira de se obter autoridade — a submissão também é. Ao se colocar sob autoridade e imitá-la, você participa dessa autoridade. O caminho para a liderança ou autoridade como Deus pretendia na Criação é por meio da submissão e da obediência. Avançando no enredo da Bíblia, Jesus obedeceu perfeitamente ao Pai celestial enquanto estava neste mundo, e toda autoridade no céu e na terra lhe foi dada como resultado (Mt 28.18).

A submissão não é desumanizante — ao menos, não necessariamente —, visto que obedecer leva à liderança. E todo líder humano deve, ao mesmo tempo em que lidera, submeter-se àquele que o colocou em uma posição de autoridade.

Submissão depende de uma obrigação moral para com Deus, somente Deus

Isso nos leva ao último ponto que precisamos abordar neste capítulo, que é dissecar o ingrediente da obrigação moral já mencionado. De onde vem essa obrigação moral?

Comecemos dizendo de onde ela *não* vem. Nenhum ser humano possui autoridade inerente — o direito moral de exercer poder — sobre outro ser humano. Nenhuma pessoa pode se aproximar de outra — jovem ou idosa, rica ou pobre, educada ou não — e simplesmente emitir um comando que tenha qualquer obrigação moral. Experimente mandar um estranho na rua comprar um refrigerante para você e veja o que acontece. Em vez disso, todo ser humano, como Adão no jardim, possui, por direito de criação, o que John Locke chamou de "autoridade executiva". É como se todos nós, se ainda vivêssemos no jardim, fôssemos todos presidentes de nossos próprios países. O mandamento de encher, subjugar e governar a terra pertence a todos.

O que cria uma obrigação moral entre duas criaturas iguais nada mais é do que uma palavra do Criador. Somente o Criador pode criar obrigações morais, pois, como tal, ele possui tanto o direito moral quanto o poder para fazê-lo.

Além disso, ele pode criar uma obrigação moral de submissão de modo direto ou indireto. Diretamente, Deus nos dá mandamentos claros, como: "Não matarás". Indiretamente, ele pode designar alguém para ocupar uma posição de autoridade, com certas prerrogativas e direitos de governar, o que chamamos de *ofício*. Foi assim que Deus instituiu ofícios como os de mãe, pai, marido e governante, assim como o da congregação e o dos pastores ou presbíteros.

Em outras palavras, toda autoridade humana vem de Deus, e somente dele. Paulo tem autoridades civis em mente quando diz: "Não há autoridade que não proceda de Deus; e as autoridades que existem foram por ele instituídas. De modo que aquele que se opõe à autoridade resiste à ordenação de Deus; e os que resistem trarão sobre si mesmos condenação" (Rm 13.1-2). No entanto, o ponto se aplica a todo tipo de autoridade estabelecida por Deus. A autoridade vem de Deus e, à parte de Deus, nenhuma autoridade existe.

Normalmente, lemos esse texto e consideramos o fardo que ele coloca sobre homens e mulheres que se encontram *sob* autoridade, que é de fato o significado principal de Paulo. No entanto, quase tão rapidamente, uma segunda aplicação pode ser feita aos que se encontram *em* autoridade: a autoridade de determinado indivíduo não lhe pertence, mas pertence a Deus. Somos meros mordomos ou despenseiros. Sendo assim, o chamado geral à submissão não se aplica apenas aos que estão *debaixo* de autoridade, mas também aos que estão *em* autoridade. Devemos governar somente e precisamente como Deus quer que governemos, em plena e total submissão a ele, para que não atraiamos seu juízo sobre nós. Os maridos não estão menos obrigados que as esposas a se submeter — nem os pais, menos que os filhos, ou os pastores, menos que os membros, ou os governos, menos que os cidadãos. Se alguém reclama: "Não é justo que eu tenha de me submeter!", a resposta é: "Mas a submissão também não se aplica aos que estão em posição de autoridade sobre você?!" A má autoridade existe sempre que uma figura de autoridade insiste em tomar contas dos outros, mas se recusa a prestar contas a alguém. Pode ser o marido que domina a esposa, mas recusa a prestar contas de sua vida à igreja, ou o fundador de uma organização que cria um conselho que não pode mantê-lo sob controle. Esse pecado de omissão logo leva a pecados de comissão.

Em suma, ser *humano* — uma criatura feita à imagem de outro — significa somos mais verdadeiros e autênticos quando, em submissão, refletimos a imagem desse Criador da Imagem, quer a nossa tarefa específica seja a de liderar ou a de seguir a liderança. A submissão só seria desumanizante, em outras palavras, caso também fosse desumanizante ser plenamente humano.

Às vezes, as pessoas dizem coisas como: "Não é o ofício que eu respeito e sigo, porém o homem por trás do ofício." Já ouvi membros de igreja dizerem isso a respeito de seus pastores, por exemplo. Compreendo a intenção por trás dessa fala: o pastor deve demonstrar, por meio de seu caráter e competência, que realmente é qualificado para o ofício que ocupa; e, como explicarei no Capítulo 11, há algo de verdadeiro nisso. Porém, ironicamente, essa observação despretensiosa acaba tratando a autoridade como se ela estivesse enraizada no indivíduo, e não em Deus. A verdade é que nossa submissão não deve ser à pessoa em si, mas ao ofício — pois, ao nos submetermos ao ofício, submetemo-nos ao Deus que o instituiu.

Conclusão

É difícil aos pecadores reconhecerem isto, especialmente quando desejam ser "como Deus" do modo como a serpente tentou Eva (Gn 3.5); no entanto, a submissão é, de fato, algo bom. Ela contribui para o nosso crescimento e nos ensina a governar. E não apenas isso: ela ajuda os outros a crescerem e governarem.

A submissão, assim como a autoridade, toca o âmago do que significa ser uma criatura humana. Fomos criados à imagem de Deus para nos conformarmos à imagem do amor e da justiça de Deus. Quando sujeitamos nossa vida ao padrão do seu amor e justiça, fazemos uma declaração e tomamos uma decisão: "Deus é infinitamente digno!" Quando nos submetermos a Deus e àqueles que ele colocou sobre nós, tornamo-nos mais semelhantes ao Deus-homem.

PERGUNTAS PARA REFLEXÃO

1. Você já desconfiou quando alguém em posição de autoridade disse: "Estou lhes pedindo que confiem em mim" (p. 94)? Como você já lidou com um pedido como esse de forma piedosa? Como você aconselharia alguém que está tendo dificuldades com esse pedido de confiança?

____

____

____

____

____

____

2. O que torna a submissão uma parte poderosa do crescimento espiritual (p. 95)?

____

____

____

____

____

____

3. O autor afirma que a submissão envolve tanto "um ato de julgamento" quanto "fazer uma declaração" (p. 98). O que você deve fazer se pessoas sob sua autoridade regularmente julgam e declaram que discordam das decisões que você toma? Por outro lado, o que você deve fazer se perceber que está julgando e declarando que discorda das autoridades que estão acima de você?

____

____

____

____

____

4. Quais são algumas opções piedosas para o cristão que está sob uma figura de autoridade que "insiste em tomar contas dos outros, mas se recusa a prestar contas a alguém" (p. 105)?

5

SUBMISSÃO NUNCA É ABSOLUTA E SEMPRE TEM LIMITES

O conteúdo deste capítulo começou como uma série de parágrafos do final do Capítulo 2. Eu estava ansioso para explicar imediatamente todas as maneiras pelas quais uma mulher como Amy *não* deveria se submeter a um marido e pastor abusivo como Rick. Porém, à medida que mais e mais parágrafos começavam a se acumular, tive de me submeter às exigências do assunto: precisava de um capítulo inteiro sobre os limites da submissão.

Será que Amy deveria ter se submetido a um marido tão perverso? Filhos devem se submeter a pais abusivos? Quando os cidadãos devem se rebelar contra um governo opressor? Você deveria trabalhar para um chefe ou uma empresa terrível? Quando o uso errado da autoridade pastoral justifica sair de uma igreja? Perguntas desse tipo se acumulam. No capítulo anterior, defini submissão como algo que conduz ao crescimento e até mesmo à autoridade; contudo, em nome da simplicidade, assumi a presença de uma boa autoridade. Mas e se você estiver debaixo de uma autoridade genuinamente má?

Felizmente, pessoas crescem até mesmo sob autoridades más, pois Deus pode usar o mal para o bem. Você ainda pode aprender muito ao se submeter a alguém que não tem em vista seu bem-estar.

Entretanto, a questão limitada que quero perguntar neste capítulo é: quais são os limites da obrigação moral de nos submetermos quando alguém possui uma autoridade ostensivamente legítima sobre nós, como um pai sobre um filho?

Sem dúvida, há limites. Lembre-se: nenhuma autoridade humana é absoluta. Qualquer autoridade é sempre relativa à tarefa dada pelo Doador da Autoridade. Quando Paulo diz "Não há autoridade que não proceda de Deus" e "aquele que se opõe à autoridade resiste à ordenação de Deus" (Rm 13.1, 2), não quer dizer que a autoridade humana é ilimitada, que toda ação de toda autoridade é moralmente legítima e que todo ato de resistência é moralmente ilegítimo. Em vez disso, Paulo está descrevendo as atribuições do governo e apresentando vários princípios básicos: a autoridade humana vem de Deus; não podemos aleatoriamente impor autoridade uns sobre os outros; em geral, devemos nos submeter. Mas isso não significa que tudo o que uma autoridade humana diz ou faz, sem exceção, deve ser obedecido. Toda autoridade dada por Deus tem limites, e o fato de que a autoridade tem limites significa que nosso chamado para nos submeter à autoridade também tem limites. Os limites da autoridade e da submissão são correlatos. Às vezes, portanto, podemos dizer "não" de forma legítima a uma figura de autoridade, como outras passagens das Escrituras ensinam.

Sendo assim, o chamado para a sujeição a figuras de autoridade estabelecidas por Deus é sempre *prima facie* (à primeira vista), nunca *ultima facie* (como uma consideração definitiva).[1] Trata-se de uma forma concisa de se dizer em latim: nosso dever e inclinação iniciais devem ser os de submissão àqueles que Deus estabeleceu sobre nós, mas esse dever nunca é absoluto nem definitivo.

Deus está interessado em ser Deus e nos proíbe de pensar que somos Deus. Desse modo, ele é sempre um opositor da opressão, seja quem for o opressor. Quando os egípcios oprimiram seu povo, ele ouviu o clamor dos israelitas: "Também vejo a opressão com que os egípcios os estão oprimindo" (Êx 3.9). Então, puniu os egípcios com uma fúria de dez pragas. No entanto, quando seu próprio povo se voltou para participar da opressão, Deus também voltou sua fúria contra eles: "Porque assim diz o Senhor dos Exércitos: Cortai árvores e levantai tranqueiras contra Jerusalém. Esta é a cidade que há de ser punida; só opressão há no meio dela" (Jr 6.6; cf. 9.6; 22.17).

Enquanto isso, Deus ergue os oprimidos, conforme vimos no Capítulo 3. O rei messiânico se importa não apenas com os necessitados, mas com os filhos dos necessitados: "Redime a sua alma da opressão e da violência, e precioso lhe é o sangue deles" (Sl 72.14 [cf. v. 4]; cf. Sl 10.18; 82.3; 140.12). Em outro lugar, o

---

1 Nicholas Wolterstorff, *The Mighty and the Almighty: An Essay in Political Theology* (Nova York: Cambridge University Press, 2012), 61; cf. Abraham Kuyper, *Lectures on Calvinism* (Grand Rapids, MI: Eerdmans, 1931), 61 [edição em português: *Calvinismo*, 2ª ed. (São Paulo: Cultura Cristã, 2019)].

Senhor declara: "Ai dos que decretam leis injustas, dos que escrevem leis de opressão" (Is 10.1).

Se quisermos ser como Deus, portanto, devemos ter um coração disposto a se opor aos opressores, erguer os oprimidos e proteger os vulneráveis. Isso significa que os cristãos devem estar muito interessados em uma conversa sobre os limites da autoridade e da submissão.

Aqui estão três limites em nosso chamado para nos submetermos às figuras de autoridade designadas por Deus.

Limite um: quando uma autoridade exige o pecado

O limite mais fácil de ser discernido: não precisamos nos submeter quando *uma figura de autoridade exige que pequemos.*

Deus elogiou as parteiras hebreias por não obedecerem à ordem de Faraó de matar os meninos (Êx 1.15-22); resgatou Sadraque, Mesaque e Abede-Nego quando se recusaram a adorar a imagem de Nabucodonosor (Dn 3); e, quando o Sinédrio ordenou aos apóstolos Pedro e João que parassem de pregar Cristo, ambos responderam: "Julgai se é justo diante de Deus ouvir-vos antes a vós outros do que a Deus" (At 4.19). A resposta à pergunta retórica deles é: claro que não!

É algo bastante incontroverso entre os cristãos que devemos desobedecer quando ordenados a pecar. Esse ponto aparece com destaque em conversas sobre desobediência civil contra o governo.

Limite dois: quando uma autoridade dirige fora das faixas estabelecidas por Deus

A segunda razão pode ser um pouco mais controversa, mas defendo que não somos obrigados a obedecer *quando uma figura de autoridade exige que façamos algo que o próprio Deus não autorizou aquela autoridade específica a exigir*. Podemos chamar esse caso de dirigir fora das faixas, ou seja, ultrapassar os limites da sua jurisdição.

Igrejas não devem empunhar a espada; governos não devem decidir quem deve ser batizado; políticos normalmente não devem dizer aos pastores quais doutrinas afirmar; pais normalmente não devem proibir os filhos de buscarem um tratamento médico moralmente legítimo e necessário; escolas normalmente não devem minar a autoridade dos pais sobre o que ensinar aos filhos.

"Normalmente" é uma palavra importante em cada uma dessas declarações, visto que quase sempre podemos imaginar certas exceções.

Não possuo um texto-prova simples que comprove biblicamente essa segunda categoria de justificativas para a desobediência, mas creio que ela é sugerida em diversas passagens das Escrituras. Por exemplo, nenhuma punição sobrevém a Jônatas por comer mel quando o tolo Saul, seu pai, promete juízo divino sobre qualquer um que o fizesse (1Sm 14.44-45). Ou pense em Ester indo ao rei para implorar por seu povo, o que era contra a lei (Et 4.11), atitude que foi essencial para a salvação dos judeus. Talvez pudéssemos até considerar Jesus, quando diz aos discípulos que eram livres para comer espigas de grãos do campo, embora os fariseus declarassem que aquilo era ilegal no sábado (Mc 2.23-28). Em cada um desses casos, uma lei humana foi desobedecida. Nenhuma dessas leis ordenava que as pessoas debaixo dela pecassem: comer ou não comer os grãos de uma espiga ao andar pelo campo, por exemplo, não é pecado. Contudo, os fariseus não possuíam autoridade dada por Deus para impor aquela proibição, de modo que os discípulos tinham liberdade para lhes desobedecer.

A história de Roboão também pode exemplificar este segundo limite (1Re 12). Sob uma perspectiva, o povo está propriamente sujeito ao seu rei e deve se submeter a ele. Todavia, Roboão claramente rejeita sua responsabilidade régia de cuidar da nação e unificá-la, insistindo, em vez disso, que o povo seja seu escravo. Israel o abandona, e Deus nunca condena Israel por fazê-lo.[2]

Se esses estudos de caso da Bíblia se encaixam perfeitamente ou não, admito que o argumento aqui é mais teológico do que estritamente exegético, pois é construído com base em inferências. Mas o argumento teológico é que Deus não dá a nenhum ser humano autoridade ilimitada para ordenar o que quiser. Pais não podem exigir o que bem entendem de seus filhos, e o mesmo princípio vale para pastores, príncipes ou policiais em suas respectivas áreas. Deus dá às pessoas uma autoridade estritamente definida que serve a propósitos específicos. Qualquer ordem dada fora da autorização de Deus é, estritamente falando, não-autorizada. Dizer que posso exigir algo de você, quando Deus não me autorizou a fazê-lo, é tornar minha autoridade absoluta, porque agora estou "autorizando" a mim mesmo.

---

2 Agradeço a Samuel James por esse exemplo.

Essa justificativa básica para a desobediência aparece na declaração de fé da Southern Baptist Convention [a Convenção Batista do Sul dos EUA]. O Artigo XVII diz: "Somente Deus é Senhor da consciência, e ele a deixou livre de doutrinas e mandamentos dos homens que são contrários à sua Palavra ou não estão contidos nela".[3] Ou seja: nossa consciência está livre de um fardo moral quando ordens são contrárias à Palavra de Deus (limite um), mas também de mandamentos que não estão contidos em sua Palavra, o que presumivelmente inclui aquelas ordens que estão fora da jurisdição de uma autoridade (limite dois).

Nem sempre é fácil discernir se algo está dentro ou fora da jurisdição de uma autoridade. O governo tem o direito de exigir certos tipos de vestimenta de seus cidadãos? Se esse cidadão for um soldado, sim. Mas o Talibã tem o direito de exigir que as mulheres usem burcas? Um cristão amigo meu diz que sim; eu digo que não. Se eu fosse um missionário no Afeganistão e minha filha me perguntasse se ela poderia tirar a burca para uma cerimônia secreta de casamento cristão, e eu tivesse certeza de que ela não seria pega, responderia: "Claro que pode!" A despeito do que você pense sobre o exemplo da burca, não acho que seja difícil ver que há, em algum lugar, uma linha, uma fronteira onde toda base de autoridade simplesmente chega ao fim.

Limite três: quando alguém se protege de um dano injusto

Relacionado a essa segunda razão para desobedecer, há uma terceira: *não somos obrigados a nos submeter a uma autoridade que age injustamente para nos causar dano.*

É verdade que a palavra "dano" precisa ser esclarecida. Por que me refiro a "dano injusto" e não apenas a "dano"? Porque há um sentido em que qualquer ato de disciplina causa "dano" em algum sentido vago da palavra. Quando castigo minha filha adolescente, "danifico" seus planos para o fim de semana. No entanto, em algum lugar existe uma linha entre um ato legítimo de disciplina e um ato ilegítimo. É possível que minha disciplina "exaspere" ou até seja abusivo contra minha filha (cf. Ef 6.4), e isso é pecado. Não precisamos debater onde, exatamente, está a linha entre disciplina legítima e disciplina ilegítima para cada figura de autoridade; o debate exigiria volumes de casuística. O ponto é que todos nós sabemos que

3 *Baptist Faith and Message*, 2000.

essa linha existe. O que quero dizer é que ninguém é moralmente obrigado a se submeter a um ato de disciplina que cruza essa linha — algo que seja pecaminosamente excessivo ou indevidamente severo. Se um pai tenta dar um soco em um filho teimoso, o filho deve se esquivar, correr e encontrar ajuda, mesmo que tenha falado algo para provocar o pai. Dois erros não fazem um acerto.

É certo que um cristão pode decidir submeter-se a um dano injusto — por exemplo, uma decisão de suportar perseguições para testemunhar de sua fé. Mas o cristão também é livre para não fazer isso, caso exista uma forma de escapar da situação. Em outras palavras, penso que os seres humanos têm o direito à autodefesa, mesmo contra alguém que Deus tenha colocado em posição de autoridade sobre eles.

Um texto bíblico que talvez pareça enfraquecer meu argumento é 1 Pedro 2.18-19:

> Servos, sede submissos, com todo o temor ao vosso senhor, não somente se for bom e cordato, mas também ao perverso; porque isto é grato, que alguém suporte tristezas, sofrendo injustamente, por motivo de sua consciência para com Deus.

Será que Pedro está dizendo que devemos nos submeter ao dano? Não se pudermos escapar dele. Em vez disso, Pedro está imaginando uma situação em que os escravos estão "encurralados" (palavra que Thomas Schreiner, o erudito da teologia bíblica, usou comigo em conversa ao telefone)[4] e não têm escolha quanto a suportar ou não o tratamento injusto. Ou, como Schreiner explica em seu comentário: "Os crentes não tinham a opção de se esquivar de obedecer a senhores perversos e desonrosos." "Ordinariamente", escreve Schreiner, escravos que estão encurralados devem "fazer o que seus senhores ditam." Em outras palavras, ainda que o senhor peque contra o escravo regularmente, o escravo deve continuar se esforçando para servi-lo bem. É isso que Pedro quer dizer com "sede submissos". Dito isso, Pedro não está afirmando que "senhores detêm autoridade absoluta sobre os escravos", nem que "escravos cristãos devem ser coparticipantes do mal

4 N.T.: A palavra usada por Schreiner, no original, é *stuck*, que coloquialmente descreve alguém preso, mas não literalmente, a uma determinada situação adversa.

ou seguir um senhor corrupto em práticas perversas." Em vez disso, Pedro está aconselhando pessoas nesse tipo de situação "encurralada" — algo extremamente comum no mundo antigo — e encorajando-as a olhar para o exemplo de Cristo, que se entregava "àquele que julga retamente", mesmo que o mundo ao redor as julgue sem retidão (v. 23).[5]

Ao mesmo tempo que Pedro aconselha pessoas que estão encurraladas, Paulo diz aos escravos para obterem sua liberdade, se puderem (1Co 7.21). Se alguém pode evitar o dano, certamente deve fazê-lo. Ninguém precisa se submeter ao abuso e ao dano se puder escapar deles. Moisés ordenou aos israelitas, de igual modo, que não devolvessem um escravo ao seu senhor quando ele escapasse (Dt 23.15-16). Davi fugiu de Saul repetidamente. Jesus perguntou a um oficial: "Por que me feres?" (Jo 18.23). E Paulo contestou seus açoites públicos e exigiu um pedido de desculpas (At 16.37, 39). Em cada um desses cenários, alguém — incluindo Jesus — está desafiando ou abandonando uma autoridade a princípio "legítima" por causa da violência física.

Conforme já mencionei, há momentos em que os cristãos escolherão se sujeitar e suportar danos ou perseguições por causa de seu testemunho do evangelho. Cipriano fugiu em busca de segurança durante a perseguição de Décio, em 250 d.C., porém decidiu permanecer durante a perseguição de Valeriano, em 256, e isso lhe custou a vida. Acredito que ambas foram decisões morais potencialmente legítimas, o que significa que ele estava livre para optar por qualquer uma delas. Há muitos outros exemplos de pessoas que se submeteram voluntariamente a danos por outras causas, e com grande efeito, como os manifestantes em prol dos direitos civis que se sujeitaram a porretes policiais na Ponte Edmund Pettus, em Selma, estado do Alabama, no "Domingo Sangrento" de março de 1965.[6]

Mesmo assim, tudo isso é bem diferente de dizer que indivíduos sob vários tipos de autoridades formalmente legítimas *devem* se submeter ao dano perpetrado por essas autoridades. Não creio que a Bíblia ensine isso.

---

5 Thomas R. Schreiner, *1 and 2 Peter and Jude*, Christian Standard Commentary (Nashville: Holman, 2020), p. 151.

6 N.T.: Episódio em que cerca de 600 ativistas foram violentamente atacados pela polícia enquanto tentavam atravessar a Ponte Edmundo Pettus, em Selma, Alabama. A violência, que foi transmitida pela televisão, gerou não só indignação nacional, mas também serviu de catalizadora para a aprovação da Lei dos Direitos de Voto de 1965, sancionada cinco meses depois pelo presidente Lyndon B. Johnson.

Não existe autoridade "definitiva" na terra

Dizer que há limites para o quanto devemos nos submeter às autoridades divinamente ordenadas sobre nós é dizer que não há autoridade "final" ou "definitiva" sobre a terra. Deus sempre é, sozinho, a nossa autoridade final.

Para ilustrar esse conceito nas aulas de seminário que ministro, às vezes questiono os alunos sobre quem detém a autoridade "final" sobre uma criança, os pais ou o Estado. É comum que eles não demorem a responder: "Os pais". Em seguida, pergunto: "Mas e se o pai estiver espancando a criança?" Então, após uma breve pausa e algumas cabeças inclinadas, alguém diz: "Nesse caso, acho que é o Estado." Exatamente. Deus concedeu aos governos a responsabilidade de proteger fisicamente seus cidadãos de outros cidadãos, o que significa que eles têm todo o direito de intervir se um pai estiver espancando um filho.

Entretanto, a lição não acabou. Eu passo a perguntar: "E se o Estado dissesse: 'Você não pode ensinar o cristianismo aos filhos'? Ou: 'Você deve afirmar o gênero escolhido pelo seu filho'?" Os alunos afirmam rapidamente que esse seria um Estado tirânico e que os pais estariam justificados em desobedecê-lo.

O ponto é que toda autoridade humana é, em certa medida, relativa, assim como nossa obrigação de obedecer. Apenas a autoridade de Deus é absoluta, o que significa que ele julgará todos os nossos atos de obediência e desobediência no último dia. Em algumas decisões que tomamos, Deus dirá: "Você deveria ter obedecido." Em outras, dirá: "Você deveria ter desobedecido." E, em certas ocasiões: "Você tinha liberdade para desobedecer, mas foi sábio não o ter feito." Em suma, o juízo final de Deus será sempre o padrão definitivo.

Como lidar com dilemas complexos

Muitas situações da vida real nos colocam nesses tipos de dilemas complexos, que não oferecem respostas fáceis. Quando a disciplina de um pai sobre um filho cruza a linha e se torna abuso? O que fazer quando duas autoridades legítimas diferentes recomendam cursos de ação opostos? Quais pecados devemos esperar e podemos ignorar em nossos pastores, e quais pecados devem nos fazer deixar a igreja? Entre os extremos de "usar um tom indelicado" e "ameaçar minha vida", onde, exatamente, está a linha entre algo que podemos ignorar e que não devemos ignorar?

As igrejas lutaram com esses dilemas complexos durante o surto da COVID-19. Quando as autoridades civis proibiram igrejas de se reunirem para retardar a propagação da doença, algumas responderam dizendo: "Cristo é Senhor, e não César." Afinal, a Bíblia ordena que as igrejas se reúnam. Outras igrejas responderam: "Sim, mas Cristo deu a César autoridade para proteger nossa vida, o que significa que desafiar César quando vidas estão em jogo é desafiar Cristo." Quem estava certo?

A maioria dos cristãos admitiria que a autoridade civil tem o direito de impedir o culto em uma igreja diante de uma ameaça iminente, como quando um agressor armado entra no prédio. A maioria dos cristãos também afirmaria que, em algum momento, o direito do governo de impedir ameaças físicas se estende demais e se torna uma usurpação da jurisdição da igreja. Basta perguntar aos cristãos na China ou no Irã que estão permanentemente impedidos de se reunir. Todos concordaríamos que eles têm o direito de se rebelar. No entanto, assim como na questão do dano, há um espectro considerável entre suspender o culto por uma semana e ser forçado a fechar de forma permanente. Devemos nos rebelar depois de duas semanas? Dez? Quando? E se a doença não for a COVID, mas a peste bubônica, e um em cada três membros morrer após cada culto? Daríamos ao governo mais espaço para proibir nossos cultos e reuniões?

O que fazer quando confrontado com essas complexidades em relação às autoridades que estão sobre você?

(1) *Mantenha os olhos fixos no Dia do Juízo*. Esse é o primeiro passo e o mais importante, pois o julgamento de Deus é quem avalia e decide todas as coisas. Temê-lo é o princípio da sabedoria.

(2) *Estude as Escrituras*. Deus nos julgará no último dia de acordo com os princípios que estabeleceu nas Escrituras. Mais especificamente, dedique-se a entender, a partir da Bíblia, que jurisdição Deus atribuiu a cada autoridade em jogo na situação em que você se encontra. A autoridade está pedindo que você faça algo que razoavelmente se enquadra na jurisdição dela?

(3) *Cuide de sua própria consciência*. Um assunto pode não estar claro nas Escrituras, mas Deus ainda deu a cada um de nós uma consciência, aquele senso ou juiz interior do que acreditamos ser certo e errado. Ao se deparar com reivindicações concorrentes de sua lealdade moral ou com uma questão ética difícil,

pergunte a si mesmo: "O que minha consciência me diz?" Fazer algo que sua consciência proíbe faz disso um pecado, mesmo que esse algo não seja inerentemente pecaminoso (Rm 14.23).

(4) *Informe sua consciência.* Ela pode estar equivocada, no fim das contas. Protestantes costumam repetir a célebre afirmação de Martinho Lutero: "Agir contra a consciência não é seguro nem correto." Contudo, será que elogiaríamos o herege Ário, que negou a divindade de Cristo, se ele tivesse apelado para a sua consciência, como Lutero? Claro que não! Admiramos Lutero não apenas por apelar à consciência, mas por ele estar certo. Em outras palavras, nossas consciências podem ser distorcidas, endurecidas ou estar simplesmente erradas, e é por isso que precisamos continuamente formá-las e reformá-las segundo a Palavra de Deus.

(5) *Busque o conselho de seus pastores e membros da sua igreja.* Além de reformar a consciência por meio da Palavra de Deus, busque o conselho dos que estão encarregados de lhe ensinar a Palavra de Deus: seus pastores ou presbíteros. Claro que seus pastores não possuem toda a sabedoria. Todos nós precisamos de todo o corpo da igreja, com suas muitas partes e diferentes dons (1Co 12). Outros membros piedosos e maduros da igreja também podem oferecer conselhos úteis.

(6) *Peça sabedoria ao Senhor.* Na Bíblia, sabedoria é a habilidade dada por Deus para entender o mundo ao nosso redor — um mundo caído, mas divinamente projetado —, discernindo o verdadeiro do falso, pesando as opções e fazendo boas escolhas. É a ferramenta que ele nos dá para as áreas cinzentas e para os tempos de incerteza.

A boa notícia é que Deus se deleita em dar sabedoria quando pedimos (Tg 1.5).

Dirigindo-se a um líder

A última ação que você pode realizar — o item 7 da nossa lista acima — é confrontar diretamente a pessoa em posição de autoridade ou trabalhar para que essa autoridade seja removida. Isso pode ser intimidador, e nem sempre é a atitude ideal, principalmente quando fazê-lo promete trazer mais prejuízos do que benefícios. Entretanto, também pode ser a coisa mais amorosa a ser feita, já que beneficia tanto o líder quanto todos os que estão sob sua responsabilidade.

Se você confrontar alguém acima de você, faça-o respeitosamente; trate essa pessoa como você gostaria de ser tratado. Lembrar que o líder é apenas um ser humano, e não Deus, ajuda a tirar um pouco do senso de intimidação, permitindo--lhe que fale com respeito em vez de pânico. Ironicamente, temer alguém de forma indevida pode levá-lo não apenas a falar baixo demais, mas também a falar em tom elevado, com raiva ou com agressividade, como um cão encurralado; e isso tende a endurecer o coração das pessoas.

E se você sentir que seus líderes não receberam suas críticas com humildade? Pode ser que seu conselho estava errado. Uma parte da boa liderança envolve discernir entre bons e maus conselhos, e os líderes talvez estejam certos em desconsiderar os seus.

Por outro lado, pode acontecer de o seu conselho ser razoável, mas você ter superestimado seu relacionamento com o líder. Francamente, não é razoável esperar que o líder de qualquer organização ouça a todos de modo igualitário, especialmente quanto maior a organização se torna. Líderes também são humanos e precisam de *alguma* margem para decidir a quem ouvir. Meu palpite é que você, da mesma maneira, não escuta todas as pessoas em sua vida de modo igualitário.

Contudo, e por fim, pode acontecer de um líder realmente ser incorrigível, vingativo ou orgulhoso. Sua posição e seus anos de experiência podem fazer de você a pessoa ideal para oferecer um questionamento amoroso, mas a pessoa não está disposta a ouvir correções. Talvez ele ou ela seja simplesmente tolo ou imaturo, o que significa que confrontar a pessoa resultará em uma reação negativa e potencialmente danosa. Confrontos sempre envolvem risco, e a sabedoria deve determinar seu curso de ação. Às vezes, você assume o risco. Outras vezes, percebe que o orgulho de um líder é inatacável, que nada além de dano virá de um questionamento, e que a melhor solução é se afastar da situação — ou fazer o que puder para ver esse líder removido. Pense em uma mulher em um casamento abusivo, para quem fugir é a única opção. Se você estiver em uma situação em que o líder é inatacável, repense suas perspectivas de longo prazo nesse contexto (cf. 1Co 7.21) ou trabalhe para removê-lo da posição.

Não posso oferecer conselhos para todas as situações, mas aqui está uma lição para cada um: conforme Deus nos permitir, todos devemos buscar ser membros de igrejas, trabalhar em organizações e, no caso das mulheres, unirem-se a cônjuges que tenham um entendimento saudável da autoridade — pessoas ou instituições que utilizem a liderança para nos fortalecer e edificar. É nessas igrejas, organizações, ministérios e casamentos que mais cresceremos e floresceremos. Se possível, é aí onde queremos estar.

No entanto, o que você faz se estiver genuinamente preso a um líder que só pensa em si mesmo? Peça a Deus para (1) mudar o coração do líder; (2) mudar suas circunstâncias; ou, se estiver encurralado na situação, (3) peça ao Senhor para fazer o que ele tão comumente faz em nossas provações: torná-lo mais e mais parecido com Jesus, que sofreu e foi, enfim, exaltado (Fp 2.5-11; 1Pe 2.18-25).

Conclusão

Em última análise, a submissão às pessoas que Deus colocou sobre nós é o caminho ordinário para a vida, crescimento, autoridade e até mesmo semelhança com Jesus Cristo, o Deus-homem. Todavia, nossa submissão nunca é, em última instância, devida a outro ser humano, mas única e exclusivamente a Deus. Devemos sujeição aos outros somente quando Deus diz que devemos. Isso significa que nossa submissão nunca deve ser absoluta, mas sempre relativa às atribuições de Deus; e as exigências particulares de cada atribuição precisarão ser entendidas e avaliadas caso a caso.

Lembrar que nossa submissão é devida de modo final e exclusivo a Deus deve neutralizar o que de outra forma temeríamos (cf. 1Pe 3.6). Também deve nos impedir de adorar ou elevar demais qualquer pessoa. Louvo a Deus porque, desde pequenas, minhas quatro filhas demonstraram uma facilidade aparentemente inata de me honrar (exceto quando não o faziam!). No entanto, uma das minhas principais responsabilidades como pai sempre foi ensiná-las que somente Deus merece toda a honra e esperança delas.

Semelhantemente, o livro de Hebreus diz aos cristãos para imitarem seus líderes e se submeterem a eles (Hb 13.7, 17). No entanto, no mesmo contexto, o escritor nos lembra de que Jesus é o mesmo ontem, hoje e para sempre (v. 8). Nossos pastores podem mudar, morrer, tropeçar ou ir para outro lugar; Jesus, não. Pastores merecem nossa submissão somente porque Cristo merece, o que significa que nossa sujeição a eles é sempre contingente. Mesmo assim, essa submissão aos líderes, quando apropriada, é um ato de adoração ao nosso Senhor.

Apêndice do capítulo: exemplos de insubmissão

Aqui estão dois exemplos históricos de pessoas que não se submeteram. O que me interessa aqui é quão lenta e criteriosamente chegaram à decisão de não se submeter. Eles deixaram um bom exemplo para nós.

Primeiro, Jeremiah Burroughs, um pastor congregacional do século XVII, explicou o espírito de oração e a relutância de alma que devem acompanhar a decisão de se deixar uma igreja à qual você não pode mais se submeter:

> Imagine que há alguns homens piedosos e criteriosos em uma igreja, mas que há na igreja certas práticas que eles creem estar em desacordo com a mente de Cristo. Após minucioso exame, oração e busca sincera por Deus, eles têm certeza de que tal não é a mente de Cristo e que estariam em pecado, caso se associassem a elas. Tais homens podem testificar diante de Deus, testemunhando-lhes a própria consciência, que de bom grado se uniriam à igreja em todas as formas do culto divino, mas que, desta e daquela maneira, não poderiam se unir à igreja sem pecar contra a própria consciência. Elas labutam para ser instruídos; procuram os presbíteros; vão em busca de outros membros, com toda a humildade, para mostrar suas dúvidas sobre o assunto. Depois de ouvirem o que têm a dizer, retiram-se e, com a consciência diante de Deus, examinam com Deus e consigo mesmos o que lhes foi dito e oram sobre a questão. Suplicam que Deus lhes revele essas coisas, se correspondem mesmo à mente do Senhor. Então, após todo esse processo, se tais homens ainda não concordam com a igreja, o que se espera que façam? Imagine que cem homens se encontram nessa situação: eles não devem comungar, contudo não devem se separar da congregação de imediato, mas aguardar um pouco para ver se Deus os convence. Então, após esgotarem todos os meios para encontrar uma mente comum, se ainda assim não puderam ser convencidos, será que esses homens devem viver sem as ordenanças da Ceia do Senhor pelo resto de sua vida? Será que Cristo amarra um membro a uma congregação de tal forma que ele jamais possa se unir a outra, mesmo quando permanecer na

> sua igreja o leve a crer que está pecando contra Cristo? Verdadeiramente, precisaria haver um respaldo bíblico inequívoco para alguém afirmar tal coisa.[7]

Segundo, em março de 1775, o famoso patriota americano Patrick Henry, então delegado da Segunda Convenção da Virgínia, fez seu famoso discurso "Give me Liberty or Give Me Death" [Dê-me a liberdade ou me dê a morte]. Embora essa famosa frase valorize a liberdade e a rebelião, o discurso em si faz questão de mostrar até que ponto ele e outros haviam ido para tentar resolver a questão pelas vias institucionais. A rebelião era o último recurso:

> Senhor, fizemos de tudo para evitar a tempestade que agora está chegando. Peticionamos, protestamos, suplicamos; prostramo-nos diante do trono e imploramos por sua interposição para prender as mãos tirânicas do ministério e do Parlamento. Nossas petições foram desprezadas; nossos protestos produziram violência e insultos adicionais; nossas súplicas foram desconsideradas. Fomos rejeitados com desprezo e expulsos de diante do trono. Depois de tudo isso, seria vão alimentarmos a esperança terna de paz e reconciliação. Não há mais espaço para a esperança. Se desejamos ser livres; se pretendemos preservar invioláveis os privilégios inestimáveis pelos quais há muito temos lutado; se não pretendemos abandonar de modo vil a nobre luta na qual há muito estamos engajados, e a qual juramos nunca abandonar até ver alcançado o glorioso objetivo de nossa disputa — devemos lutar! Repito, senhor, devemos lutar! Um apelo às armas e ao Deus dos Exércitos é tudo o que nos resta!

---

7 Jeremiah Burroughs, "The Difference between Independency and Presbytery", em *The Reformation of the Church: A Collection of Reformed and Puritan Documents on Church Issues*, ed. Iain H. Murray (Carlisle, PA: Banner of Truth, 1997 repr.), p. 287. Tentei simplificar a linguagem da citação em vários lugares.

PERGUNTAS PARA REFLEXÃO

1. O autor diz: "Nosso dever e inclinação iniciais devem ser os de submissão àqueles que Deus estabeleceu sobre nós" (p. 110). Como você aconselharia um membro da igreja ou colega de trabalho cuja inclinação é a oposta?

2. Este capítulo aborda "três limites em nosso chamado para nos submetermos às figuras de autoridade designadas por Deus" (p. 111). Por que esses limites são importantes? Qual desses três limites possivelmente é ignorado em sua vida? No seu ambiente de trabalho? Na sociedade em geral?

3. Às vezes, as pessoas suportam voluntariamente o sofrimento em prol de uma causa que consideram valiosa. O autor dá exemplos de Cipriano e dos manifestantes dos direitos civis (p. 115). Que outros exemplos você consegue lembrar, positivos ou negativos?

4. Ao enfrentar situações complexas impostas por autoridades, há pelo menos seis maneiras de responder (p. 117-118). Qual das seis você considera mais importante e por quê?

___

___

___

___

___

___

5. Uma opção adicional é "confrontar diretamente a pessoa em posição de autoridade ou trabalhar para que essa autoridade seja removida" (p. 118). Você já passou por essa situação? Que palavras de sabedoria você daria aos outros sobre como lidar com esse momento de forma piedosa?

___

___

___

___

___

___

PARTE III

COMO FUNCIONA A BOA AUTORIDADE? CINCO PRINCÍPIOS

6

NÃO SE RECUSA A PRESTAR CONTAS, MAS SE SUBMETE A UMA AUTORIDADE SUPERIOR

Então, exclamou Natanael: Mestre, tu és o Filho de Deus, tu és o Rei de Israel! (Jo 1.49)

O Filho nada pode fazer de si mesmo, senão somente aquilo que vir fazer o Pai; porque tudo o que este fizer, o Filho também semelhantemente o faz. (Jo 5.19)

Nada faço por mim mesmo, mas falo como o Pai me ensinou. (Jo 8.28)

Jesus é rei; Jesus obedece. Como unimos essas duas verdades? O que elas nos ensinam sobre qualquer autoridade que pessoalmente tenhamos recebido?

Passagens como essas três do evangelho de João nos oferecem muito mais do que meros "princípios de boa liderança". Devemos ter o cuidado de não extrair somente diretrizes morais de textos que enfatizam a identidade do Cristo encarnado e seu relacionamento com o Pai celestial. Ainda assim, os versículos citados nos proporcionam, sim, tais princípios. Por exemplo, a boa autoridade jamais se exerce sem prestação de contas, mas sempre se submete a uma autoridade superior.

Jesus, o Deus-homem, veio para ser declarado rei. No entanto, durante todo o seu ministério terreno, ele se sujeitou de modo perfeito ao seu Pai, que está nos céus. Jesus falava apenas o que o Pai celestial o ensinava a falar e fazia apenas o que o Pai celestial o ensinava a fazer. Ou, nas palavras de Paulo, "o cabeça de Cristo é Deus" (1Co 11.3, NVI).

Será que a submissão de Jesus Cristo o degrada? Somente se justiça e governo forem degradantes.

Como vimos, autoridade e submissão são dois lados da mesma moeda. Para estar *em* autoridade, você deve estar *debaixo* dela, e estar *debaixo* dela é estar *nela*.

Além disso, exercemos autoridade para promover algo que é justo ou verdadeiro e, quando nos submetemos, proferimos o julgamento de que aquele algo é justo ou verdadeiro.

A submissão de Jesus ao Pai celestial foi a demonstração de que Deus é justo e verdadeiro. Ademais, para que Jesus pudesse governar, ele tinha de se conformar perfeitamente ao governo do Pai celestial. Ele só poderia governar como Adão deveria ter governado caso se submetesse de uma forma que nem Adão nem Israel haviam se submetido. Ao se submeter, então, Cristo passou a governar com o Pai celestial em perfeita retidão.

Outra ilustração: uma orquestra sinfônica

Deixe-me oferecer uma ilustração menos exaltada de como uma boa autoridade sempre se submete a uma autoridade superior. Minha amiga Susan me deu o exemplo a seguir. Susan tocou viola erudita em várias orquestras ao longo dos anos. De modo geral, uma orquestra sinfônica padrão é composta por dez primeiros violinos, dez segundos violinos, dez violas, oito violoncelos e seis contrabaixos. Normalmente, o músico mais habilidoso de cada naipe ocupa a posição de "primeira estante" de cada seção, também chamada de "chefe de naipe", e todos na seção seguem esse líder. Todos os violistas seguem o chefe de naipe das violas; todos os violoncelistas, o chefe de naipe dos violoncelos; e assim por diante. Por sua vez, o chefe de cada naipe segue o primeiro violinista — também chamado de "concertino" ou *spalla* —, o qual segue o maestro. O *spalla* é responsável por afinar a orquestra inteira antes de um concerto e, em seguida, liderar todos os naipes de cordas em questões como tempo, estilos de arcadas etc..

Os instrumentistas de cordas podem ajustar suas arcadas de inúmeras maneiras, e cada uma delas confere à peça musical uma interpretação distinta. Quando o arco deve ir para cima? E para baixo? Em qual estilo? Com que força sobre as cordas? Com que leveza? Uma peça de Bach pode exigir um tipo de arcada; uma de Beethoven, outro; e uma de Debussy, ainda outro. Contudo, o essencial é que todos os instrumentos de cordas realizem as arcadas juntos, e cabe ao *spalla* tomar essa decisão, com base em sua percepção da condução do maestro. Os chefes de cada naipe seguem o *spalla*, e os músicos de cada naipe acompanham seus respectivos chefes.

Tudo em uma orquestra, de fato, funciona de acordo com essa hierarquia. Os músicos que ocupam as cadeiras pares (2, 4 e 6) viram as páginas para os das cadeiras ímpares (1, 3 e 5), que possuem uma posição hierárquica um pouco mais alta. Se o músico de uma posição inferior tem uma dúvida, não levanta a mão para perguntar ao maestro, mas se dirige ao músico que está à sua frente. Se essa pessoa não souber a resposta, a pergunta é passada adiante, músico por músico, até chegar ao chefe daquele naipe. A partir daí, a pergunta segue para o *spalla* e, caso, este não consiga respondê-la, somente então ela chega ao maestro.

Se uma orquestra tentasse operar como uma democracia, com todos os membros tendo sua própria opinião e escolhendo sua própria afinação, tempo e arcada, a música soaria terrível. Somente trabalhando dentro de uma hierarquia rígida uma orquestra soa unificada e gloriosa.

Susan se lembrou de um ensaio em que atuava como chefe de naipe das violas, e o músico sentado na cadeira de trás tocava suas notas sempre adiantado. Com linguagem corporal, ela tentou sinalizar o momento certo da entrada, mas ele não captou seus sinais. Finalmente, Susan se virou e lembrou ao seu naipe que todos deveriam observar seus gestos e entrar juntamente com ela. O apressado músico infrator replicou: "Mas é você que está entrando atrasada."

Susan respondeu: "Estou entrando junto com o *spalla*."

O homem replicou de novo: "O *spalla* também está entrando atrasado."

Susan então explicou: "Talvez você esteja certo, mas precisamos tocar juntos. Se quiser ser o chefe de naipe, eu cedo meu lugar e passarei a segui-lo. Mas enquanto eu estiver nesta cadeira, você precisa me seguir. Não pode continuar se impondo e tocando adiantado." Outro violista lhe agradeceu discretamente e, pouco depois, o próprio maestro disse algo semelhante para toda a orquestra.

Como chefe de naipe das violas, Susan tinha autoridade sobre os demais violistas e exerceu essa autoridade ao chamar aquele músico a prestar contas. Entretanto, ela também sabia que sua autoridade significava submeter-se ao *spalla,* o qual, por sua vez, se submetia ao maestro. A autoridade de Susan andava lado a lado com sua submissão, e é assim que as orquestras fazem belos concertos musicais.

Unindo as duas ilustrações

Correndo o risco de uma certa confusão, talvez possamos unir a ilustração do Pai divino e do Filho encarnado com a ilustração da orquestra. Suponhamos que a orquestra da humanidade estivesse incumbida de tocar uma sinfonia intitulada "O Amor e a Justiça de Deus". Na primeira tentativa, cada um de nós decidiu, por conta própria, assumir o papel de músico, *spalla*, maestro e até mesmo de compositor. Você pode imaginar o resultado: a música foi cacofônica e dissonante.

Então, suponhamos que o compositor envie seu filho para reger a peça. O filho sabe exatamente o que seu pai entende por amor e justiça e, por isso, submete completamente sua regência a esses valores. Ele irradia o amor e a justiça de seu pai e, assim, conduz a orquestra de acordo com esse amor e essa justiça. O *spalla*, por sua vez, se submete e lidera, assim como os chefes de cada naipe. E a orquestra, ao tocar as notas conforme a intenção do compositor e a condução do maestro, do *spalla* e dos chefes de naipe, partilha com o compositor da glória da música. Cada músico, até o da décima estante dos segundos violinos, demonstra por meio da submissão ser capaz de liderar outros, se for chamado a isso. Cada um conhece e sabe tocar as notas de amor e justiça escritas pelo compositor.

Sem dúvida, a ilustração de uma orquestra sinfônica tem seus limites para descrever o que Deus pretende para a humanidade. Deus não quer que todos nós toquemos a mesma sinfonia. De forma notável, sua intenção é que cada um de nós seja um compositor — alguns escrevendo música clássica, outros jazz, outros blues ou rock-and-roll. Sua intenção não é produzir uma uniformidade massificada. A aplicação da ilustração, no entanto, está no chamado para vivermos e praticarmos os princípios do amor e da justiça de Deus. Nesse aspecto, Jesus nos chama a ser perfeitos, como perfeito é o nosso Pai celestial (Mt 5.48). Devemos nos submeter como Jesus, o segundo Adão, se submeteu.

Autoridade que não presta contas

Consideremos agora o outro lado da moeda. Você consegue pensar em um líder que não presta contas? Talvez já tenha conhecido algum ou tenha estado sob a sua liderança.

Meu amigo Tony (nome fictício) integrava a equipe pastoral de uma megaigreja cujo pastor titular não prestava contas a ninguém — nem aos seus colegas presbíteros nem à congregação. Por meio de intimidação, zombaria e da força de sua personalidade, esse pastor conseguiu transformar os presbíteros em seus serviçais. Ensinava-os a cumprir cabalmente a vontade dele, sob pena de serem removidos. Em particular, esse líder gritava com as pessoas e as xingava. Quando alguns dos presbíteros tentaram impor limites e fazê-lo prestar contas, acabaram sendo denunciados publicamente perante a igreja.

Tony comentou: "Enquanto membros da equipe, aprendíamos que atitudes recebiam tapinhas nas costas e quais não recebiam. Quanto mais próximo alguém estivesse do centro do poder, maior era a expectativa de lealdade total a esse pastor, em todas as áreas."

"Mas a lealdade pode ser uma coisa boa", respondi. "Qual a diferença entre lealdade boa e lealdade ruim?"

"Com a lealdade doentia", respondeu Tony, "não podemos ser honestos e contestar a pessoa. O líder não recebe bem nem incentiva perguntas ou críticas. Bem ao contrário: pisamos em ovos, porque sabemos que ouviremos gritos, seremos ridicularizados ou demitidos. Além do mais, é muito difícil obter uma perspectiva direta de pessoas que estão mais próximas do centro do que você. Elas apenas lhe dão o discurso oficial." Tony resumiu: "Na equipe da igreja, havia uma cultura de medo, e em um ambiente assim somos treinados para ser mais leais à pessoa do que ao Senhor. Perguntávamos: 'O que agradará a este homem?' em vez de: 'O que agradará a Deus?'"

Um líder que não se enxerga como pertencendo a uma estrutura de prestação de contas se torna, na prática, uma lei para si mesmo. Ele ensina todos sob o seu comando a temê-lo, quando é somente a Deus que devemos temer.

Ser leal a um líder é algo bom, porém a boa lealdade consiste em ser fiel à liderança dele *sob* a autoridade de Deus e de qualquer pessoa sob a qual Deus o tenha colocado, como, por exemplo, outros presbíteros ou o corpo da congregação. A boa lealdade diz: "Estou firmemente comprometido com você e com seu êxito como líder, o que significa que *não posso* acompanhá-lo em ações insensatas ou injustas, pois elas prejudicam tanto você quanto todos nós."

Cada vez mais, esse pastor passou a usar a igreja para sua própria glória. Em uma ocasião, Tony se viu sentado com o pastor principal em um jato particular, retornando apressadamente à igreja após uma conferência. "Os dízimos caem muito se eu não estiver no púlpito", afirmou o pastor. "É por isso que os presbíteros disponibilizam este jato." Durante o trajeto, o pastor ainda ofereceu a Tony ingressos para um jogo profissional de hóquei, com assentos no camarote. "Vão servir carnes nobres!", exclamou o pastor. Tony pensava consigo mesmo: "Que universo alternativo é este?", e sentiu-se como se estivesse sendo subornado.

É imprescindível enfatizar: boas autoridades se submetem. Se você não consegue ouvir e seguir, não deve de forma alguma liderar. Cada pessoa na terra, da maior à menor, deve assumir uma postura de submissão a outras autoridades estabelecidas por Deus. Até mesmo o presidente dos Estados Unidos deve se submeter, informalmente, ao conselho de seu gabinete e, formalmente, a outros ramos do governo, aos eleitores e à Constituição.

Agir de outra forma é se fazer de si mesmo Deus, algo que tantos faraós egípcios e césares romanos fizeram explicitamente e que todos nós fazemos em graus variados. E os que se elevam ao patamar de Deus descartando toda forma de prestação de contas — caso permaneçam sem freios por tempo suficiente — acabam por destruir tudo o que lideram, seja uma família, uma empresa, uma escola, uma nação, um exército ou uma igreja. Além disso, colocam a si mesmos debaixo de um juízo terrível.

Submissão na disciplina

Aqui está outra ilustração que, a meu ver, ajuda a evidenciar a lição deste capítulo. Há alguns meses, um pastor de outra região do país me telefonou. Ele me contou que, em um acesso de raiva, uma mãe de sua igreja arremessara sua filha, uma jovem de treze anos conhecida por seu comportamento desafiador, em uma lareira de tijolos. A menina fugiu e foi buscar abrigo na casa de outro membro da igreja. Estava fisicamente bem, mas emocionalmente traumatizada. O pastor queria um conselho sobre como lidar com a situação.

Entre as muitas questões que analisamos, a minha sugestão mais relevante para o tópico que estamos discutindo é esta: o pastor precisava ajudar a mãe a compreender que, se quisesse ver sua filha voltar a respeitar sua autoridade e se recuperar emocionalmente do pecado do qual fora vítima, a filha precisaria ver sua mãe se submetendo voluntariamente às autoridades que estão acima *dela*, a mãe, mesmo que isso tivesse um custo. Será que a mãe se submeteria aos pastores da igreja à medida que lidassem com a violência dela contra a filha? Será que se submeteria ao conselho tutelar, se os pastores decidissem contatá-los? De modo nenhum estou sugerindo que possamos garantir que os pastores ou o conselho tutelar sempre exerçam uma boa autoridade. Contudo, espero que você entenda o meu ponto: se esperamos que confiem em nós e nos sigam, aqueles que estão "abaixo" de nós precisam nos ver submetendo-nos aos que estão "acima". Nossa submissão aos que estão "acima" de nós dá vida aos que estão "abaixo" de nós.

A lição a tirar dessa história é que as figuras de autoridade precisam se submeter até mesmo à sua própria disciplina. Se você não fizer isso, sua submissão não é genuína.

Pouco depois dessa conversa telefônica, em um momento de minha própria ira, levantei pecaminosamente a voz contra uma de minhas filhas adolescentes. No primeiro momento, senti-me justificado, mas você sabe como essas coisas são: a ira passa, e você sabe que precisa se desculpar. Refletindo sobre o conselho que havia dado àquele pastor, também entendi que seria importante para a minha filha que eu fizesse mais do que apenas me desculpar. Em primeiro lugar, seria importante eu confessar minha ira pecaminosa aos irmãos em Cristo com quem me encontro regularmente para prestar contas, homens que são presbíteros e que exercem uma forma de autoridade em minha vida. Isso lhes daria a oportunidade de me fazer perguntas difíceis — qual fora a gravidade do ocorrido, ou se aquilo fazia parte de um padrão de comportamento.

Em segundo lugar, seria importante eu comunicar à minha filha que havia confessado meu pecado a esses homens. Talvez ela se sentisse constrangida num primeiro momento, mas eu esperava que, no longo prazo, isso lhe desse a oportunidade de ver que também eu acolho a autoridade e submeto a ela até mesmo o que há de pior em mim.

Lembre-se do que eu disse no Capítulo 2: você sabe que está sob uma autoridade ruim quando sente uma dissonância entre o que ouve da boca dos que estão no topo e o que experimenta na prática, regularmente. É claro que isso cria problemas para qualquer pessoa em liderança, pois todos pecamos. Somos inconsistentes e não fazemos exatamente o que comunicamos que deve ser feito. Uma prática crucial para os que estão em liderança, então, é a confissão e a transparência. Quando líderes confessam e se submetem à disciplina, começam a reconstruir a confiança. Não estou dizendo que um líder deve confessar cada deficiência ou pecadilho; é necessário discernimento. No entanto, provavelmente precisamos confessar mais do que nossa carne deseja. A confissão força uma postura de imanência e igualdade quando nossa carne anseia erroneamente por transcendência e hierarquia.

E quanto a você?

Agora, vejamos como tudo isso se aplica a você. Primeiro, você deve meditar nas passagens das Escrituras no início deste capítulo e considerar o que elas ensinam sobre Jesus Cristo. Aquele que é, por natureza, da própria substância de Deus não considerou o ser igual a Deus algo a que devia apegar-se, antes, esvaziou-se e submeteu-se, até ao ponto da morte na cruz, para que outros tivessem vida (cf. Fp 2.5-7). Antes de extrairmos as lições morais desse ato, vale a pena meditar sobre a pessoa e o caráter de Cristo por si mesmos. Isso deveria impelir o seu coração à adoração. Há muitas razões para adorarmos Jesus, mas uma delas é por sua submissão a Deus Pai. Jesus se submeteu totalmente à justiça, ao amor e ao governo de Deus. Dessa forma, fez o que nenhum outro filho ou filha de Adão e Eva conseguiu: guardou a lei inteira e perfeitamente. Louvado seja o Senhor Jesus!

Mas há uma lição moral para você também. Onde Deus lhe deu autoridade? Liste todas as áreas. Você vê esses domínios como lugares onde tem controle absoluto? Ou você reconhece que, mesmo que seja a autoridade máxima naquela organização específica, deve viver de modo submisso a outras autoridades acima e ao redor de você, sejam elas formais ou informais?

Será que seu cônjuge ou amigos o caracterizariam como alguém que possui uma postura submissa e que sabe ouvir e reconsiderar, ou como alguém estridente, que está sempre certo e é incorrigível?

Parte de ser uma boa figura de autoridade é saber quando ignorar conselhos ou correções e prosseguir com seu plano original. No entanto, se esse for sempre o seu padrão, talvez não seja um líder tão bom quanto imagina. Você pode ser bom em fazer as coisas acontecerem no curto prazo, o que pode dar a impressão de que está construindo alguma coisa. Contudo, se não tomar cuidado, as pessoas boas ao seu redor irão embora ou murcharão, algo que você descobrirá — e da qual se arrependerá — apenas com o tempo.

Lembre-se do que eu disse no Capítulo 4: devemos aprender a nos submeter antes de poder governar, e os melhores líderes são os que melhor se submetem. É por isso que você deve sempre relutar em colocar em posição de autoridade alguém que não sabe como se submeter. Então, ore para que, à medida que cresce em autoridade, você também cresça na capacidade de ouvir, ponderar e se submeter.

PERGUNTAS PARA REFLEXÃO

1. Se você está pisando em ovos perto de alguém com autoridade, que medidas piedosas pode tomar para mudar essa dinâmica (p. 131)?

2. Se você ocupa uma posição de autoridade, de que maneiras você pratica e incentiva pessoalmente a confissão e a transparência (p. 134)? Se você ocupa principalmente uma posição de submissão à autoridade, de que maneiras você pode incentivar suas autoridades a atingirem esses objetivos?

3. Quais são alguns princípios que podem ajudar um líder a saber corretamente quando ele ou ela pode "ignorar conselhos ou correções" (p. 134)?

4. Como você resumiria o argumento principal deste capítulo?

7

CRIA VIDA, EM VEZ DE ROUBÁ-LA

Moisés*: E Deus os abençoou e lhes disse: Sede fecundos, multiplicai-vos, enchei a terra e sujeitai-a; dominai sobre os peixes do mar, sobre as aves dos céus e sobre todo animal que rasteja pela terra.* (Gn 1.28)

Paulo*: Se perseveramos, também com ele reinaremos.* (2Tm 2.12)

João*: [...] com o teu sangue compraste para Deus os que procedem de toda tribo, língua, povo e nação e para o nosso Deus os constituíste reino e sacerdotes; e reinarão sobre a terra.* (Ap 5.9b-10; cf. também Ap 22.5)

Deus criou Adão e Eva para serem um rei e uma rainha. Para governar. É isso que diz a primeira passagem bíblica acima.

No fim das contas, eles não exerceram o governo em nome de Deus como deveriam. Ainda assim, ao avançarmos para o final da Bíblia, descobrimos que, em algum ponto entre o mau início e o final feliz, Deus assegura que seu povo se transforme no tipo certo de reis e rainhas. É o que afirmam as duas últimas passagens acima.

A palavra grega traduzida como "reinar" nessas duas últimas passagens é a forma verbal da palavra para "rei". Uma tradução um pouco mais formal desses versículos seria: "também seremos reis com ele" e "serão reis sobre a terra".

Esses dois últimos textos bíblicos estão falando sobre os cristãos. Nos novos céus e na nova terra, os cristãos serão reis e rainhas juntamente com Cristo.

Se você é cristão, esse é o seu destino. Incrível, não?

O princípio a ser observado aqui é que a boa autoridade não rouba a vida; ela a cria. É um princípio que aprendemos ao olhar para o próprio Deus e como ele usa sua autoridade conosco. O Senhor nos criou para sermos reis e, depois de termos falhado, mesmo assim passou milhares de anos preparando nossa cerimônia de coroação. E então escreveu um livro sobre isso.

Passagens como 2 Samuel 23.3-4 e o Salmo 72, que examinamos detalhadamente nos Capítulos 1 e 3, articulam o princípio deste capítulo de forma ainda mais explícita. A boa autoridade, disse Davi, é como o sol e a chuva que fazem a grama crescer. Ela levanta o necessitado e esmaga o opressor, afirmou Salomão. O apóstolo Paulo também se referiu à "autoridade que o Senhor me conferiu para edificação e não para destruir" (2Co 13.10), e o salmista diz que Deus é quem "dá força e poder ao povo" (Sl 68.35).

No entanto, é difícil pensar em uma ilustração melhor desse princípio em ação do que ao examinarmos a estrutura da criação humana (ele nos criou reis!) e o objetivo da redenção (ele nos coroará novamente como reis!). A bondade vivificante da boa autoridade está entranhada em nossa existência, em nossa ontologia, o que, por sua vez, expõe quão intrínseca e abundantemente generoso Deus é.

Não apenas isso, mas o primeiro mandamento da Bíblia é uma ordem para usarmos nossa autoridade régia para criar vida: "Sede fecundos, multiplicai-vos", diz o Senhor. As pessoas em nossos dias reclamam da paternidade e da maternidade, porém a Bíblia apresenta o ato de gerar e criar filhos como uma imagem paradigmática do que é reinar como Deus.

Em tudo isso, é difícil de perscrutar a generosidade de Deus. Para começo de conversa, Deus faria um trabalho muito melhor de governar a criação, caso o fizesse sozinho. Ele jamais cometeria erros, nem daria um passo em falso, nem praticaria exploração ou abuso de pessoas. Muitas vezes nos perguntamos por que coisas ruins acontecem neste mundo. A resposta, em parte, é que Deus decidiu não fazer sozinho todo o trabalho de governá-lo. Em vez disso, ele delegou, compartilhou. E ele continuamente nos treina nessa obra, em meio a todos os nossos fracassos.

Contemplar a eternidade no horizonte nos mostra a mesma verdade: um Deus que compartilhará seu governo com o seu povo, pelos séculos dos séculos, para todo o sempre.

Deus é um doador, e sua autoridade é para doar. Ele diz: "Quero compartilhar minha glória; por isso, criarei um povo, o amarei e compartilharei com ele o meu governo, para que também ele desfrute dos prazeres da minha glória." Então, crie. Construa. Plante e cresça. Produza. Componha. Projete. Governe.

Não damos a Deus nada que ele já não possua. Pelo contrário: é ele quem nos dá todas as coisas. Sua autoridade é vivificante.

Roubando vida

Se você extrair apenas uma lição deste livro, espero que seja o ponto principal do capítulo anterior ou o ponto principal deste aqui. Não sei qual dos dois é mais importante. No último capítulo, aprendemos que qualquer autoridade que você tenha está sob a autoridade de Deus e de outras autoridades. Já neste capítulo aprendemos que qualquer autoridade que Deus lhe deu foi para que você, por sua vez, dê vida aos outros. Você tem filhos? Seu objetivo é treiná-los e edificá-los. Tem autoridade no trabalho? Sua tarefa é fortalecer os que estão abaixo e ao redor de você. Tem autoridade em uma igreja? A única razão pela qual você a tem é para dar vida aos outros.

Deixe-me começar com uma ilustração inversa, a do ex-presidente venezuelano Hugo Chávez. Após duas tentativas fracassadas de golpe, Chávez ganhou a presidência venezuelana em uma eleição democrática justa, em 1998. No entanto, de 1998 à sua morte por câncer, em 2013, Chávez conseguiu acumular para si poderes semelhantes aos de um ditador. O ex-presidente venezuelano convenceu os eleitores a aumentar o mandato presidencial para seis anos, expandir os poderes presidenciais, reduzir a Assembleia Nacional (o Congresso) de duas casas para uma e, com o tempo, remover completamente os limites do mandato presidencial. Seu partido aumentou o número de juízes na Suprema Corte e preencheu as vagas com seus aliados. Chávez tentou acabar com todos os partidos políticos, exceto o seu, e, quando parecia que seu partido perderia sua maioria de dois terços no congresso, este lhe concedeu o direito de governar por decreto por dezoito meses e redesenhou os distritos congressionais,[1] permitindo que seu partido mantivesse a maioria. Ele assumiu completo controle da empresa estatal de petróleo e nacionalizou ou expropriou diversas empresas nos ramos de energia elétrica, telecomunicações, alumínio,

1 N.T.: Em países que seguem o sistema distrital para a eleição de parlamentares, cada circunscrição eleitoral é dividida em um número de distritos que corresponda ao total de vagas a serem preenchidas naquela circunscrição. Assim, os candidatos de cada distrito concorrem apenas àquela vaga distrital.

cimento, ouro, ferro, aço, agricultura, transporte, produção de alimentos, papel e mídia. Expulsou a organização Human Rights Watch [Observatório dos Direitos Humanos] após esta denunciar que ele manipulava os tribunais do país e intimidava a mídia e os sindicatos. Chávez alternava entre favorecer e se opor às igrejas, dependendo de se elas aderiam ou não à sua "revolução socialista", chegando até mesmo a expulsar do país uma organização missionária americana.

Meu amigo Alejandro trabalhou na Venezuela, como supervisor em uma fábrica de cimento de propriedade mexicana, até 2008, quando Chávez expropriou e nacionalizou a indústria de cimento. "Da noite para o dia, virei um funcionário público", relatou. A empresa mexicana processou o governo, que respondeu enviando a esposa do ministro da infraestrutura para se encontrar com os supervisores de diferentes fábricas, levando consigo uma comitiva de soldados. Em uma reunião não programada e confidencial, ela disse basicamente o seguinte a Alejandro e a todos os outros supervisores: "Vocês devem dizer que o maquinário da fábrica não vale nada. Também devem dizer que andam sabotando a produção de cimento nos últimos anos e impedido o governo de construir casas para os pobres." Isso daria ao governo uma justificativa no tribunal para expropriar as fábricas. Alguns supervisores assinaram sua declaração. A maioria não assinou, incluindo meu amigo Alejandro, que por isso deixou seu emprego.

Como seu amigo Fidel Castro, Chávez defendia a causa de uma revolução socialista e prometia uma democratização radical. No entanto, apesar da retórica, ele nunca distribuiu o poder — ao contrário, o acumulou. Cada decisão e cada ano o deixavam com mais. Chávez não usou sua autoridade para criar vida, mas para roubá-la, como na fábrica de Alejandro, que hoje quase não produz cimento. Ao longo da presidência de Chávez, a inflação média foi de 23% ao ano e a taxa de homicídios quadruplicou. Ele minou a indústria do petróleo ao demitir 18 mil trabalhadores altamente qualificados, que não puderam ser substituídos, ao mesmo tempo em que tornou a economia mais dependente do petróleo do que nunca. Quando o preço do petróleo bruto caiu de 100 para 30 dólares por barril em 2014, a economia venezuelana entrou em colapso. Em 2018, a inflação atingiu 130.060%. A escassez de alimentos se tornou uma ocorrência regular com a imposição de controles de preços por Chávez. Um ano após sua morte, as taxas de escassez de alimentos atingiram um recorde de 28%, momento em que o governo parou de registrá-las.

Dando vida

Vamos comparar Chávez com outro líder mundial — que, aliás, morreu em 2013, como Chávez: Nelson Mandela.

Mandela assumiu a presidência sul-africana em 1994, mas a deixou após um mandato de cinco anos, embora pudesse ter concorrido à reeleição. Durante esses cinco anos, Mandela acreditava que sua principal tarefa era promover a reconciliação racial e levar a nação do *apartheid* para um sistema democrático não racial. Outras nações africanas pós-coloniais haviam iniciado guerras raciais e afugentado os brancos que possuíam riquezas e educação formal, destruindo suas economias. Mandela, então, se empenhou em construir pontes com a minoria branca e rica, mesmo comandando um governo predominantemente negro e que desmantelou as estruturas do *apartheid*. Por exemplo, convidou o ex-presidente branco F. W. de Klerk para ser vice-presidente; uniu negros e brancos na torcida pela seleção sul-africana de rúgbi na Copa do Mundo daquele esporte, embora a seleção de rúgbi representasse, para muitos negros, a autoridade branca. Também ajudou a iniciar a Comissão da Verdade e Reconciliação, que ofereceu a possibilidade de anistia em troca de relatos verdadeiros de crimes cometidos sob o *apartheid*.

Muitos, incluindo sua ex-esposa, acusaram Mandela de ceder demais aos brancos. No entanto, a maioria das pessoas considera sua ênfase no perdão algo que, naquela época, manteve o país unido e impediu o derramamento de sangue. Um amigo pastor em Joanesburgo, África do Sul, relembra o assassinato de um líder político negro, cometido por um branco extremista de direita, juntamente com um tumulto em um município próximo e que resultou em muitas mortes: "As pessoas estocaram mantimentos, esvaziaram as estradas e se refugiaram em suas casas", disse-me. "Minha esposa e minhas quatro filhas pequenas ficaram em casa enquanto eu ministrava no que era essencial. Lembro-me de, certo dia, dirigir pela estrada e pensar: 'Por que não há mais ninguém na estrada?'" Ao ouvir sobre ameaças contra as subestações de energia, comprou um fogão de campismo a gás, caso a eletricidade faltasse. Era como se a nação caminhasse à beira do caos, olhando para o desfiladeiro abaixo. No entanto, Mandela fez diversos pronunciamentos à nação e insistiu em buscar justiça por meio do sistema. Mais cedo ou mais tarde, a temperatura baixou e a África do Sul fez uma transição bem-sucedida para um governo verdadeiramente democrático. Meu amigo pastor concluiu:

"Mandela usou sua autoridade para promover o perdão. Tendo vivido aqui durante aqueles dias angustiantes, sou grato por isso."

A África do Sul continua a enfrentar um crescimento econômico lento e alta pobreza entre os negros, mas as estruturas constitucionais estão prontas para enfrentar esses desafios. Alguns dizem que é uma das melhores constituições do mundo. Ao contrário de Chávez, Mandela usou a autoridade que tinha para dar força e poder aos outros e trabalhou para ajudar o povo e a nação a crescerem.

Há outro aspecto digno de nota ao comparar esses dois personagens: ambos buscavam erguer uma subclasse — Chávez, os pobres; Mandela, os negros. Ambos buscavam desmantelar estruturas que perpetuavam hierarquias injustas e abusavam dessa subclasse. No entanto, a ideologia socialista e de esquerda de Chávez, chamada "chavismo", focava no poder. Seu objetivo era a "revolução", derrubar a hierarquia e destruir os opressores.

Mandela, por outro lado, enfrentou um cenário cultural indubitavelmente mais devastado por abusos sistêmicos de poder, porém seu foco não estava no poder, mas na dignidade humana. Seu trabalho e discursos eram menos imbuídos da retórica do marxismo e mais dos temas do cristianismo.

Vale a pena refletir sobre essas diferentes ênfases. Quando nosso foco está no poder, tratamos o poder como uma mercadoria escassa e um jogo de soma zero. Mais poder para você significa menos para mim; mais para um grupo significa menos para o outro. Temos mais probabilidade de demonizar nossos opositores. Não os tratamos como uma mistura de bondade e maldade — como são todos os portadores da imagem de Deus —, mas como seres totalmente maus — como demônios. Eles usam chapéus pretos; nós, chapéus brancos. Aplaudimos quando, do alto de seu cavalo, um membro de nosso grupo saca um revólver e atira em um membro do grupo opositor. Sua destruição parece justificada.

Por outro lado, quando nosso foco principal é a dignidade humana, ainda queremos abordar os desequilíbrios injustos de poder, mas agora o fazemos de modo a não prejudicar a dignidade de nossos opositores. Negar a dignidade deles significa minar a nossa. Portanto, nos movemos de forma mais cirúrgica, pisamos com mais cuidado. Lembramos que tanto eles quanto nós somos uma mistura do bem e do mal e, assim, nos restringimos às regras do devido processo, sempre desconfiados de nossa própria propensão à injustiça. Fazemos o que podemos para honrar a humanidade plena de nossos opositores, mesmo quando nos opomos às injustiças deles.

Desse modo, o ímpeto vivificante da boa autoridade é, em última instância, magnânimo. Não se embebe em amargura ou sonha com vinganças. Em vez disso, ama o inimigo. Está disposto a dar ao inimigo uma segunda chance e restaurar o poder do inimigo — se este for usá-lo para o bem, não para o mal. O ímpeto vivificante é um ímpeto redentor.

Algumas semanas após os trágicos acontecimentos de 11 de setembro de 2001, convidei uma amiga judia agnóstica para a igreja. Ela era alguém com quem eu costumava ter muitas conversas sinceras e amistosas sobre o evangelho. Contudo, naquele dia, ela respondeu: "Não, Jonathan, realmente não estou com vontade de discutir religião agora. Como você pode continuar a ser um amigo da religião depois do que ocorreu nas Torres Gêmeas?!"

Eu respondi: "Está bem. Eu entendo. Apenas tenha em mente que os terroristas naqueles aviões tiraram a vida de outros para que pudessem ganhar a sua própria, enquanto Jesus sacrificou a sua para que outros pudessem ganhar a deles." Quão diferentemente Jesus usou sua autoridade!

Boa autoridade autoriza e transmite o poder

Não é suficiente, porém, apenas dizer que uma boa autoridade dá vida. Mais precisamente, o ponto é que uma boa autoridade aspira a autorizar outros a exercer autoridade, mesmo que leve anos. Ela trabalha para transmitir poder.

"Uma boa autoridade sempre gera liberdade", afirmou meu amigo Stu, com isso se referindo à liberdade para liderar: "Uma boa autoridade", continuou, "abre espaço para novos líderes exercerem a autoridade que receberam, sem impor prescrições rígidas sobre como fazê-lo." Antes de se aposentar, Stu atuou como diretor administrativo da Accenture, então a maior empresa de consultoria do mundo em receita. Durante sua gestão, a região sob sua liderança passou de 2.300 funcionários para mais de 6.000. Aparentemente, Stu entende alguma coisa sobre como preparar líderes.

Stu sabe, por exemplo, que não é suficiente colocar pessoas em posições de autoridade. Você tem de fornecer a elas os recursos, as ferramentas e o treinamento de que precisam para ter sucesso. Ele observou:

> Colocar alguém em posição de autoridade sem o apoio e o equipamento necessários para desempenhar as funções é — numa perspectiva do mundo dos negócios — um pecado. Você está preparando a pessoa para o fracasso e gerando problemas futuros. Quem concede autoridade tem a responsabilidade de assegurar que ela seja outorgada de maneira adequada. Ao conferir autoridade a uma pessoa que não está preparada para lidar com ela, você já começa a batalha derrotado.

Preguiça e egoísmo colocam pessoas em posições de autoridade e as deixam sozinhas para darem conta de si mesmas. Bons líderes ensinam e fornecem recursos a outros líderes.

As lições aqui se aplicam a todos os domínios. Mais de uma década atrás, escrevi um artigo intitulado "How Pastor Mark Passes Out Power" [Como o pastor Mark transmite poder]. O que motivou aquele artigo foi ver um pastor cheio de dons, Mark Dever, fazer o oposto de Chávez — não acumular poder, mas transmiti-lo. Listei vinte maneiras pelas quais, ao longo de uma década, observei-o fazer o seguinte:

- Estabelecer uma pluralidade de presbíteros remunerados e não-remunerados, cada qual com direito a um voto nas reuniões, assim como ele.
- Limitar o número de vezes por ano em que ele é o pregador no culto principal da igreja, dando a outros homens a oportunidade de pregar.
- Criar mais espaços ou oportunidades para os homens pregarem ou ensinarem, como um vigoroso programa de escola dominical, sermões de domingo à noite e pequenos grupos.
- Dar aos jovens mestres a chance de cometer erros.
- Deixar que outros roubem as ideias dele.
- Estar disposto a perder votações na reunião de presbíteros.
- Ser lento para falar e falar com moderação nas reuniões de liderança.
- Pedir a outros homens para presidirem as reuniões de presbíteros e as assembleias de membros da igreja.
- Pedir a outros presbíteros para liderarem a congregação em casos difíceis nas assembleias de membros.

- Usar um "comitê de convites" para receber e avaliar seus convites para pregar ou palestrar fora da igreja, permitindo que esse comitê recuse convites se seus membros acharem adequado.
- Dedicar-se a apenas uma ou duas coisas na igreja (como pregar) e dar liberdade a outros em outras áreas.
- Evitar o microgerenciamento.
- Criar uma reunião semanal para revisar o culto, na qual ele dá feedback a outros envolvidos na pregação ou na condução da liturgia.
- Encorajar outros a opinarem sobre seus sermões e aceitar críticas.
- Orar por outras igrejas e denominações.
- Ser rápido em perdoar.
- Alegrar-se com a vitória dos outros.
- Trabalhar para edificar a igreja no evangelho, não em sua grande personalidade.

Quando o líder "no topo" é caracterizado por generosidade em dar autoridade aos seus presbíteros leigos e a outros na igreja, ele modela a cultura da igreja de maneiras maravilhosas. Ajuda a manter o evangelho em primeiro lugar, concentrando os olhos dos membros da igreja nos propósitos do evangelho, e não no próprio líder.

Transmitir poder promove relacionamentos "verdadeiros". Em um ambiente onde a autoridade é zelosamente guardada, os relacionamentos se caracterizam por política e estratégia. Todos permanecem em guarda, recusam-se a expor suas vulnerabilidades, e a transparência diminui. Todavia, quando o poder é transmitido, as pessoas ficam mais propensas a ser transparentes e honestas.

Transmitir poder impede uma igreja de tornar-se tribal. O homem que continuamente dá autoridade ensina pessoas ao seu redor que está mais interessado no sucesso do evangelho, independentemente de quem esteja liderando (cf. Fp 1.12).

Transmitir poder encoraja os membros da igreja a compartilharem recursos. Quando vejo que o líder não está interessado em si mesmo, também fico inclinado a dar aos outros.

Transmitir poder destrói hierarquias sociais naturais. Os membros interagem como iguais. Por quê? Porque o evangelho é mantido no centro. Somos todos pecadores salvos pela graça.

Transmitir poder cultiva a confiança. Quando vejo que o líder não está pensando em si mesmo, é mais fácil confiar em suas motivações, mesmo quando ele me pede para fazer um sacrifício.

Transmitir poder cultiva um coração ensinável e a disposição de receber críticas. Reitero: se eu confio no líder, fico mais disposto a ouvir suas críticas sobre mim. Confio que elas estão enraizadas no amor, não na busca por primazia.

Transmitir poder promove a disposição de perdoar. Quando o líder é rápido em perdoar as falhas dos outros, está mais disposto a confiar autoridade aos outros. Isso, por sua vez, ajuda os outros a fazerem o mesmo.

Transmitir poder incentiva a igreja a ter uma mentalidade de treinamento. Uma igreja que vê um pastor trabalhando continuamente para treinar e capacitar os outros terá dificuldade em não captar a visão e compartilhá-la. Eles verão os frutos.

Transmitir poder ajuda a igreja a focar em alcançar os de fora.

A mensagem para todos os leitores é: lições semelhantes se aplicam a todos os grupos e organizações.

Liderança de baixo para cima

A natureza vivificante da boa autoridade significa que ela não é apenas de cima para baixo, mas também de baixo para cima. O que quero dizer com isso?

Quando falamos sobre liderança, normalmente nos referimos à pessoa em autoridade como o indivíduo no "topo". Fala-se da autoridade "mais elevada", do "topo" da organização, do "pináculo" do poder, do "mandachuva", do "topo da cadeia alimentar", de alguém "subir" os degraus, estar "sobre" os outros e assim por diante. Enquanto isso, todos os outros são considerados "sob" autoridade. Há o "último da fila", a pessoa no "degrau mais baixo".

A Escritura também fala dessa maneira. "Deus reina sobre as nações" (Sl 47.8), seu trono é "alto e sublime" (Is 6.1; 52.13), e os presbíteros do Novo Testamento tem um rebanho "aos seus cuidados" (1Pe 5.2, NVI).

Usar essas metáforas espaciais de cima/baixo e elevado/reduzido para descrever liderança faz sentido. Para liderar, você precisa de uma visão da paisagem como um todo. Precisa ocupar o assento do juiz de cadeira, de onde pode ver, num jogo de tênis, se o sacador pisou na linha ou se a bola quicou para fora dos limites.

Mas aqui está o ponto em questão: ser um bom líder também significa aprender a liderar de baixo para cima. Significa ser uma *base*, um *suporte*, uma *plataforma* para a atividade dos outros. Você emprega a autoridade que lhe foi dada para permitir que outros corram, trabalhem, ministrem. Você se torna a plataforma na qual eles vivem, o palco no qual eles dançam.

Afinal, Deus não está apenas sobre nós; ele também se coloca sob nós. O Senhor é a nossa rocha e nos dá um lugar seguro para ficarmos em pé (Sl 18.31).

Da mesma forma, liderar não é correr atrás de todos os seus sonhos e ambições; muitas vezes é se abaixar e se apoiar sobre suas mãos e pés para fazer de sua vida um palco no qual aqueles que você ama podem ir em busca de suas ambições, esperanças e ministérios. Liderar envolve edificar tanto quanto ascender. Envolve equipar, habilitar e capacitar.

Ouça o que o salmista diz imediatamente após chamar Deus de sua rocha:

> E quem é rochedo, a não ser o nosso Deus?
> O Deus que me revestiu de força
> e aperfeiçoou o meu caminho,
> ele deu aos meus pés a ligeireza das corças
> e me firmou nas minhas alturas.
> Ele treinou as minhas mãos para o combate,
> tanto que os meus braços vergaram um arco de bronze.
> Também me deste o escudo da tua salvação;
> a tua mão direita me susteve,
> e a tua clemência me engrandeceu. (Sl 18.31-35, NAA).

Deus reveste. Deus treina. Deus firma em segurança. Deus sustém. Deus engrandece. Quão bondoso é o Senhor! Ele nos fornece um terreno firme para nos apoiarmos, como uma corça nas alturas. Concede-nos braços fortes, capazes de envergar um arco de bronze.

Quando minhas filhas eram pequenas, às vezes ficavam exaustas após um longo dia, incapazes de realizar tarefas simples como se arrumar para dormir.

Naqueles momentos, elas não precisavam de uma reação ansiosa e estridente de minha parte. Precisavam de minha serenidade, do meu equilíbrio e da minha convicção tranquila sobre onde se deve colocar o braço no pijama, como funciona uma escova de dentes ou onde elas podem encontrar seu bichinho de pelúcia.

Conforme foram crescendo, continuavam a precisar da mesma firmeza serena, mas direcionada a um domínio mais amplo. Elas já não buscavam ajuda para vestir o pijama, mas para assumir o banco do motorista de um carro. Durante o aprendizado, eu me via tentado a repreender cada pequena infração: "Você está perto demais da faixa... aquela curva foi executada rápido demais... reduza a velocidade... comece a frear antes... está conferindo os retrovisores?" Entretanto, correção excessiva pode ser opressora e, na verdade, prejudicá-las como motoristas. Elas precisavam de espaço para se autocorrigirem e evoluírem.

Lembro-me de ter feito um passeio de carro com uma de minhas filhas quando ela estava aprendendo a dirigir. Não foi um bom dia para ela. Tive de falar o nome dela três ou quatro vezes enquanto ela acelerava, aproximando-se do sinal sem perceber que a luz vermelha acendera. Mais tarde, em casa, comentei com minha esposa: "A garota *vai bater* nosso carro! Prepare-se!" Por um breve instante, questionamos se estávamos agindo de forma irresponsável ao deixá-la tirar a carteira. Contudo, rapidamente percebemos que é assim que se ajuda alguém a crescer. Você não pode prendê-los; é necessário correr riscos. Tem de estar disposto a se sacrificar (e, por vezes, sacrificar seu carro!) pelo desenvolvimento dos outros.

No entanto, é aqui que a liderança de cima para baixo e de baixo para cima se unem. Para ser uma plataforma, um palco, uma base na vida daqueles que o Senhor lhe deu, você precisa se colocar *acima* deles.

Você precisa definir os limites: "Dirija desse jeito, não daquele." "Ande por aqui, não por ali." "Confie nessas pessoas, não naquelas." "É assim que você segura a raquete, conjuga o verbo, foge do pecado, demonstra cuidado, investe dinheiro, projeta a placa de circuito, toca a escala musical, alerta o irmão, interpreta o texto, prepara o sermão." Você explica quais caminhos levam à vida e quais levam à morte.

Mesmo assim, você também fornece o espaço, a plataforma, a pista, o dinheiro para gasolina, o incentivo, o título do cargo, a oportunidade de liderar, para que a pessoa que você está liderando possa crescer e exercer sua própria liderança.

Você quer o sucesso dos outros; você se doa. Do começo ao fim, você ama.

Não sou um homem desprovido de ego ou de ambições ímpias. Contudo, quando minhas filhas ainda eram pequenas, dei-me conta de que, se haveria alguém neste mundo por quem eu me curvaria naturalmente e com alegria para que pudessem se erguer sobre minhas costas e reinar como rainhas, seria pelas minhas quatro filhas. De algum modo, a competitividade que às vezes surge em meu coração em relação às demais pessoas não se manifestava com elas. Aquela contenção não resultava de maturidade ou magnanimidade em mim. Acredito que Deus incutiu esse impulso na própria criação, para que todos os pais possam sentir o mesmo de vez em quando. Ele nos dá um vislumbre do que é a autoridade altruísta e vivificante, como a dele — e um vislumbre de como ele mesmo é.

O truque é pegar esse impulso, cultivá-lo e transpô-lo para outros domínios, em situações que se encontram além do amor natural de um pai por um filho ou uma filha.

E quanto a você?

Então, pergunto outra vez: que autoridade Deus lhe tem dado? Em casa? No trabalho? Na igreja? Em outro lugar? Pense cuidadosamente em cada domínio. Agora pergunte a si mesmo: como tenho buscado usar essa autoridade para criar vida em outros?

Você consegue se imaginar como uma plataforma para o crescimento e sucesso daqueles a quem lidera? Está disposto a sacrificar parte de sua própria ambição para vê-los ter sucesso?

Isso não significa que você desconsidera a missão de seu local de trabalho ou organização. Meu amigo Paul Miller, professor de ciência política na Georgetown University, ensina a seus alunos: "Um líder que ama a missão, mas não as tropas, é um tirano, enquanto um líder que ama as tropas, mas não a missão, é ineficaz." Trata-se de uma declaração sábia. Ainda assim, feita essa ressalva, será que seu objetivo é vencer a guerra, em parte, *promovendo* os outros? Se não, por que você acha que tem autoridade?

Aqui estão algumas perguntas de diagnóstico que podem ajudá-lo a verificar se você tem usado sua autoridade para promover os outros:

- As pessoas abaixo de você parecem relutantes em propor suas próprias ideias? (Não me refiro aos socialmente audaciosos, que sempre dizem a todos o que pensam, mas aos socialmente normais).
- Elas ficam tensas ao tomar qualquer pequena decisão sem seu aceno de cabeça, mesmo depois de você ter delegado autoridade? Recorrem a você repetidamente com perguntas ao receberem uma tarefa? Ou, em vez disso, demonstram uma medida saudável e equilibrada de independência ao realizá-la?
- Os que estão abaixo de você diriam que você os faz sentir confiantes e fortes?
- Se você fosse inesperadamente removido de seu ofício atual devido a um acidente ou imprevisto, a família, o grupo ou organização desmoronaria imediatamente? Ou as lições que você ensinou, a forma como os equipou e a força que implantou nos outros os capacitariam a continuar na batalha e concluir a tarefa iniciada?
- Quando não está presente, você supõe que as pessoas sob sua liderança gastam um tempo excessivo comentando sobre você ou, em vez disso, sobre o trabalho da família, do grupo ou da organização?
- Você encoraja as pessoas regularmente de forma verbal? "Fofoca" de forma positiva sobre as pessoas para os outros quando elas não estão por perto?
- Você dá às pessoas uma chance de fazerem o trabalho que você faz e, depois, oferece um feedback cuidadoso?
- Você comemora com elas quando são promovidas fora de sua jurisdição — por exemplo, se são contratadas para trabalhar para outra empresa em um cargo mais elevado?

O trabalho de cultivar seus liderados para serem seus iguais é inerentemente arriscado. Significa arriscar com a jovem inexperiente, dando-lhe o microfone ou deixando-a dirigir, mesmo sabendo que você poderia fazer um trabalho melhor e cometer menos erros. Você acertaria logo de cara; ela vai se atrapalhar pelo caminho e deixar uma bagunça no final.

Sim, você também deve ficar atento, mantendo um olhar criterioso para a imaturidade e a insensatez. Deve traçar limites e manter a situação sob controle para que não prejudiquem o coletivo. Ainda assim, como você pode dar-lhes o benefício da dúvida? Talvez seguindo o conselho de Paulo: considerando os outros superiores a si mesmo e cultivando essa postura de coração. Então, use sua posição de liderança para fazer o que Jesus ordenou: não procure ser servido, mas servir. Isso não significa que você não lidera; Jesus liderou. Significa não se agarrar à sua liderança com unhas e dentes. Em vez disso, você está sempre se preparando para entregá-la, para soltá-la, até à custa de sua vida. Você sabe que Deus o exaltará no devido tempo; portanto, enquanto isso, você se entrega completamente a cultivar os outros para que possam se igualar a você, ou até mesmo superá-lo.

PERGUNTAS PARA REFLEXÃO

1. Aqueles sob sua autoridade descreveriam o uso que você faz dela como um meio de "dar vida" aos outros (p. 139)? Como outros lhe serviram de exemplo nessa área?

2. O que chama sua atenção na comparação entre Hugo Chávez e Nelson Mandela (p. 141)?

3. Quem são alguns líderes que serviram de modelo da "transmissão de poder" a outros e de que maneiras eles fizeram isso (p. 143-144)?

4. De todos os benefícios de transmitir poder (p. 145-146), quais lhe parecem mais significativos ou benéficos?

5. Por que vale a pena enfrentar os riscos de "cultivar seus liderados para serem seus iguais" (p. 150)?

8

NÃO REJEITA O ENSINO, MAS BUSCA SABEDORIA

Os loucos desprezam a sabedoria e o ensino. (Pv 1.7)

O caminho do insensato aos seus próprios olhos parece reto,
mas o sábio dá ouvidos aos conselhos. (Pv 12.15)

O insensato despreza a instrução de seu pai,
mas o que atende à repreensão consegue a prudência. (Pv 15.5)

Faraó no tempo de José*: Faça isso Faraó, e ponha administradores sobre a terra,*
e tome a quinta parte dos frutos da terra do Egito nos sete anos de fartura [...]
O conselho foi agradável a Faraó e a todos os seus oficiais [...] Depois, disse Faraó a José:
Visto que Deus te fez saber tudo isto, ninguém há tão ajuizado e sábio como tu.
Administrarás a minha casa, e à tua palavra obedecerá todo o meu povo;
somente no trono eu serei maior do que tu. (Gn 41.34, 37, 39-40)

Faraó no tempo de Moisés*: E fizeram os magos o mesmo com suas ciências ocultas*
para produzirem piolhos, porém não o puderam; e havia piolhos nos homens e no gado.
Então, disseram os magos a Faraó: Isto é o dedo de Deus. Porém o coração de Faraó se
endureceu, e não os ouviu, como o Senhor tinha dito. (Êx 8.18-19)

Crescia Jesus em sabedoria, estatura e graça, diante de Deus e dos homens.
(Lc 2.52; cf. também Is 50.4)

Há muitas lições de liderança que podemos aprender comparando o faraó do tempo de José com o faraó no tempo de Moisés. Uma lição crucial é que um líder que busca sabedoria dá vida ao seu povo; o líder que não o faz destrói a si e ao seu povo.

O faraó de José não apenas deu ouvidos a um homem, mas a um homem que era um humilde prisioneiro e estrangeiro. O soberano egípcio reconheceu a sabedoria de Deus no conselho de José e se submeteu a esse conselho. Como resultado, tanto o Egito quanto as nações circunvizinhas foram salvos da fome que se seguiu. Não apenas isso: o povo de Deus e a linhagem de Cristo também foram preservados. Esse faraó era sábio.

Quatro séculos depois, o faraó de Moisés não deu ouvidos nem a Moisés, nem a seus próprios magos, nem ao Senhor. Sua vanglória inicial — "Quem é o Senhor para que lhe ouça eu a voz...?" — revelou a essência do homem (Êx 5.2): ele era sábio aos seus próprios olhos. Esse faraó acreditava possuir conhecimento superior. Era orgulhoso. Era a própria definição de um tolo — e poucas coisas são tão destrutivas quanto um tolo em posição de autoridade suprema. Mais cedo ou mais tarde, líderes assim devastarão tudo em seu caminho, assim como a terra de Faraó e o seu povo seriam devastados por uma praga após a outra. A cada praga, Moisés deu a Faraó uma oportunidade de ouvir; vez após vez, ele recusou. Não demoraria para que a terra ficasse dizimada. Seu filho e todos os outros primogênitos em seu reino estariam mortos. E ele e seu exército seriam engolidos pelo Mar Vermelho.

A má autoridade despreza a instrução; a boa autoridade a busca. É ensinável e, portanto, sábia. Até o jovem Jesus encarnado buscou sabedoria enquanto jovem e cresceu nela (Lc 2.52).

Lançando astronautas

Alguém que ilustra bem essa lição é um amigo (outrora éramos membros da mesma igreja) chamado Patrick, ou "Pat". Ele serviu por vários anos como chefe do departamento de astronautas da NASA. Embora o administrador geral da NASA seja escolhido por nomeação política, podendo ou não ter formação em engenharia, matemática ou voo espacial tripulado, o astronauta-chefe precisa ter essas credenciais. Ele administra o programa de astronautas e pode servir como uma interface entre o mundo político e o voo espacial tripulado. Seu trabalho é supervisionar os recursos e operações do departamento de astronautas. Ele faz atribuições de voo e garante que os astronautas sejam treinados e preparados.

Pat, formado em engenharia pela West Point, a academia militar dos Estados Unidos, foi piloto de testes do exército e voou em mais de 50 tipos de aeronaves.

Como astronauta, fez três viagens ao espaço, duas vezes no ônibus espacial Discovery e uma vez no Atlantis, cada qual para ajudar a construir a Estação Espacial Internacional. Passou mais de 39 dias no espaço e fez 4 caminhadas espaciais, a mais longa com sete horas, totalizando mais de 25 horas.

O aspecto mais peculiar de uma caminhada espacial, explica ele, é a sensação de estar constantemente caindo em direção à Terra. Ao orbitar ao redor do planeta a aproximadamente 28 mil quilômetros por hora, você realmente se encontra em um estado perpétuo de queda.

Sem dúvida, Pat é um especialista quando se trata de voo espacial. Se algum piloto ou astronauta tem o direito de pensar que "entende das coisas", esse alguém é Pat. Ainda assim, sua liderança se caracterizava por sua capacidade de ouvir:

> Eu fazia questão de compreender o ponto de vista de cada um. Queria que se sentissem ouvidos e valorizados. Estava sempre aberto a reavaliar minhas decisões. Lembro-me de ter dito a um astronauta: "Enquanto eu for o astronauta-chefe, provavelmente nunca o enviarei ao espaço. Mas venha e me convença do contrário." Meu intuito era oferecer mais do que uma política de portas abertas; procurava reconhecer que poderia estar errado. Talvez minha opinião sobre um assunto se baseasse em algum relato isolado que ouvira, e eu queria dar às pessoas a oportunidade de corrigir qualquer percepção equivocada minha.

Que benefícios você viu como resultado?

> Acredito que todos se sentiam ouvidos e valorizados. Desde os administradores até os secretários, cada pessoa se sentia reconhecida, pois eu sempre perguntava sobre elas e suas famílias. Às vezes, as pessoas me ligavam de suas casas aos prantos. Elas sabiam que eu realmente me importaria com o que quisessem compartilhar. Não que eu sempre atendesse a todos os desejos, mas me empenhava em explicar o porquê das coisas. Um ditado meu era: posso não conseguir te deixar feliz, mas você saberá o motivo pelo qual não está feliz. Eu me sentava e conversava o tempo que fosse necessário. A transparência era essencial em cada decisão que tomava.

Enquanto Pat explicava tudo isso, eu ficava impressionado com o quanto sua postura combinava transcendência e imanência. Aqui está um homem que não tem medo de tomar decisões difíceis e que causam ira, como impedir astronautas de voarem. Contudo, sua postura mais fundamental era de imanência: Pat tratava as pessoas como gostaria de ser tratado, ou seja, como iguais. Ele as honrava como imagens de Deus, trabalhando duro para ouvi-las e levar suas perspectivas em consideração em suas decisões.

Na mesma linha, Pat descreveu quão cuidadosamente a NASA conduziu suas Flight Readiness Reviews [Revisões de Prontidão de Voo — RPVs]. Os desastres da Challenger em 1986 e do ônibus espacial Columbia em 2003 humilharam a agência: "Antes do lançamento da Challenger, os engenheiros concluíram que os propulsores sólidos de foguetes no ônibus espacial não haviam sido projetados para as baixas temperaturas experimentadas no dia do lançamento, e disseram isso à liderança", observou Pat. "Uma tripulação morreu porque não ouvimos tão atentamente quanto deveríamos." A liderança, portanto, dedicou incontáveis horas para aprender com seus erros, o que incluía uma abordagem mais robusta para as RPVs:

> As RPVs podiam se estender por dias. Embora eu não as liderasse, fui copresidente de algumas delas. Cada líder de cada conselho que observei ou de que participei escutava todos os envolvidos *ad nauseam* antes de autorizar o lançamento de um foguete com um ser humano a bordo. Em certos momentos, sentia vontade de dizer: "Acho que já ouvimos o suficiente", porém o responsável pela reunião continuava ouvindo. A agência estava determinada a fazer a coisa certa. Certa vez, a tripulação pediu: "Precisamos de novos paraquedas". Então, o administrador da NASA insistiu na necessidade desses novos paraquedas e fez com que fossem adquiridos. Testemunhei muitas boas decisões sendo tomadas por pessoas que realmente ouviam. Todo o conceito da RPV se baseia na escuta atenta. Aprendemos essa lição da maneira mais difícil com a Challenger e a Columbia, mas também vi o processo de escuta evoluir.

Quando o objetivo da sua liderança é a autopromoção, você está menos interessado em ouvir e buscar sabedoria. Afinal, você já sabe o que quer e o que pensa. Por que fazer perguntas?

Se, porém, seu objetivo é o bem da agência, do escritório, da escola, da igreja, do lar ou da brigada e de todos os seus integrantes, você se sentirá na obrigação de fazer perguntas e buscar sabedoria. Você entenderá, de forma intuitiva, que aquilo que você lidera é maior do que você mesmo, pois se trata de algo composto por muitas partes e personalidades complexas. Você não presumirá ser um especialista em tudo, mas se colocará a serviço do sucesso daquilo que lidera e trabalhará arduamente para aprender o máximo possível.

Pensamento de longo prazo e gerenciamento de riscos

Pat era um exemplo de postura de servo e da busca por sabedoria, ao mesmo tempo que tentava ajudar outros a fazerem o mesmo. Colegas ficaram surpresos, por exemplo, quando Pat se tornou astronauta-chefe, mas não escolhia seus próprios voos: "Quando um astronauta se torna chefe, tem a prerrogativa de colocar a si mesmo nos melhores voos. Optei por não fazer isso", comentou. Por que não? "Meu objetivo sempre foi o bem do departamento de astronautas." Pat queria formar um quadro robusto de astronautas competentes, capazes de completar uma missão com sucesso. Para esse fim, geralmente escolhia um astronauta inexperiente e o colocava em dupla com um profissional experiente. "Experiência é a chave para a liderança no espaço", disse-me. "No entanto, como o sujeito experiente se torna esse sujeito experiente, se ninguém lhe dá uma chance?"

Enquanto ouvia Pat, um pensamento se tornou claro para mim: parte central do exercício da liderança e da autoridade é o gerenciamento de risco — bem como a diferença entre o pensamento de curto e longo prazo. É arriscado tomar decisões quando se está diante do lançamento iminente de um foguete, uma cota de produção de fim de ano ou uma batalha em tempos de guerra. Em momentos como esses, líderes egocêntricos geralmente buscam mitigar riscos, tentando controlar todos os aspectos da situação. É uma mentalidade de curto prazo, mas geralmente funciona, ao menos no momento: o foguete é lançado, a cota é cumprida, a batalha é vencida. "Sucesso!", exclamam todos.

O problema é que a organização como um todo fica um pouco mais enfraquecida, já que se torna um pouco mais dependente da habilidade e do conhecimento de uma única pessoa. Analistas quantitativos podem não notar essa mudança no curto prazo, mas os membros da organização terão sido condicionados a se acomodar, aprendendo que o "sucesso" depende do líder, não delas.

Líderes que focam nos outros gerenciam riscos adotando estratégias que podem não parecer vantajosas a curto prazo. No curto prazo, não faz sentido passar horas conversando com todos em sua agência — de astronautas a secretárias. De modo mais geral, não faz sentido confiar em pessoas menos qualificadas ou experientes do que você; você faz um trabalho melhor do que elas. Sou lembrado disso toda vez que um pastor mais velho sai do púlpito para deixar um homem mais jovem e inexperiente pregar. O jovem se atrapalha na pregação, e exige-se da congregação que exerça um pouco de paciência. No entanto, o que é melhor para a igreja, a organização ou a agência espacial no longo prazo, bem como para cada membro dela? O que um quadro de cooperadores mais robusto, trabalhadores mais comprometidos e estruturas mais fortes, capazes de sobreviver e prosperar, mesmo quando o líder se afasta?

Estes quatro fatores tendem a operar juntos: um interesse primário no bem de uma organização e de todos os seus membros; a convicção de que você não é a fonte de toda a sabedoria e competência, o que o leva a buscar sabedoria onde quer que a encontre; uma disposição para assumir riscos de curto prazo, colocando indivíduos menos experientes no assento do piloto ou copiloto; e uma perspectiva de longo prazo. Sem dúvida, fazer tudo isso bem exige bom julgamento e equilíbrio. Pat não encheu foguetes apenas com pilotos inexperientes, mas colocou os mais velhos em posição de discipularem os mais jovens.

Afinal, foi assim que ele havia aprendido: "Antes da minha primeira caminhada espacial, lembro-me de ter conversado com um astronauta experiente", afirmou Pat. "Pedi-lhe: 'Diga-me o que eu não sei. O que não me ensinaram no treinamento, na sala de aula ou no Laboratório de Flutuabilidade Neutra? O que eu ainda não sei?'" Essa é, sem dúvida, uma pergunta sensata a fazer quando se está prestes a pisar fora de uma estação espacial!

O risco da idade e experiência

Pat não é mais o jovem que buscava conselhos de um astronauta mais experiente. Quando se tornou o astronauta-chefe, ele havia acabado de completar sessenta anos; e é exatamente por isso que sou grato por sua dedicação em ouvir e buscar sabedoria.

Por um lado, a idade tem uma certa maneira de humilhar as pessoas, ensinando-as que elas não sabem tanto quanto pensavam saber. Por outro, porém, com o passar dos anos, manter essa postura de escuta torna-se mais difícil, pois é fácil demais deixar o orgulho tomar conta.

Quando você tem trinta anos e está no início da carreira, é relativamente simples pedir conselhos a colegas mais experientes; essa postura é socialmente aceita e traz pouca ameaça ao seu ego. Contudo, aos sessenta, espera-se que você seja o especialista. Além disso, você pode até se sentir como o especialista, pelo menos em seu pequeno campo de atuação. Ao longo dos anos, você aprendeu o que funciona e o que não funciona em sua área, bem como a antecipar as reações das pessoas. A distância para com os mais jovens aumenta a cada ano. Afinal, 21 anos serão sempre 21 anos, ao passo que o seu próprio relógio não para de avançar e as idas ao médico se tornam rotina. É como dizem: os jovens estão cada vez mais jovens.

Não apenas isso: você também pode ter crescido em status, especialmente se for bom no que faz. É mais fácil para você conseguir o que quer. As pessoas confiam em você, e com razão. Assim como os vales e cumes da topografia esculpidos pelo vento e pela água ao longo de décadas, os acúmulos naturais de influência e capital vão desaguando em você, aumentando ano após ano. Mais e mais, suas palavras prevalecem — porque você é você.

Esse acúmulo de influência não é de todo ruim; que o líder experimentado tome a frente! O que quero dizer é que, quanto mais se eleva sua montanha de influências — seja pela idade, pelo talento ou pela combinação de ambos —, mais fácil é o estabelecimento de um senso de privilégio ou merecimento, e mais difícil é manter uma postura de ouvir e aprender. Além do mais, você se encontra um pouco cansado, e é fácil conseguir o que quer com um aceno de mão. Você reflete: "Por que não ficar em casa, longe das batalhas neste verão?", como o velho rei Davi. Ou pense nos últimos anos do reinado bem-sucedido de Uzias: "Divulgou-se a sua fama até muito longe, porque foi maravilhosamente ajudado, até que se tornou forte. Mas, havendo-se já fortificado, exaltou-se o seu coração para a sua própria ruína" (2Cr 26.15-16).

Há uma lição a se tirar das quedas desses homens velhos: quanto mais alta for a montanha de influência, maior o esforço necessário para se manter humilde. Se, com quarenta anos, você precisava de dez litros de combustível para a humildade, aos sessenta deverá abastecer vinte. Afinal, você terá o dobro de autoridade e, se seu crescimento em humildade não acompanhar seu crescimento em autoridade, Satanás encontrará muito mais facilidade para derrubá-lo da montanha rumo ao abismo profundo, como fez com Uzias.

Aqui está meu argumento em forma de epigrama: quanto maior o talento de alguém, maior deve ser sua humildade; quanto mais longa sua jornada de serviço, mais perigoso se torna seu orgulho.

E quanto a você?

Outras batalhas na vida podem se tornar mais fáceis, enquanto outras realidades da idade podem fazê-lo desacelerar. Mas não a luta pela humildade. Se você se propõe a continuar liderando, sua luta não deve diminuir, mas aumentar. Não seja como Davi ou Uzias. Ambos eram homens piedosos e talentosos. Mas ambos se tornaram complacentes com a idade, em detrimento de sua nação.

Uma maneira de lutar pela humildade é fazer muitas perguntas, inclusive a pessoas "abaixo" de você. Trabalhe para ser ensinável. Você é? Uma maneira de evitar essa disposição de aprender é acusar quem o aconselha, dizendo que o conselho foi dado da forma errada — o que equivale a um tribunal anular um processo por uma mera tecnicalidade. Talvez a motivação do conselheiro estivesse mesmo errada ou seu tom de voz tenha sido inadequado. No entanto, o único que perde com esse tipo de atitude é você. Você deixará de colher qualquer fruto bom que poderia ter vindo do conselho deles, mesmo que dado por motivações erradas. Imagine Pat descartando a instrução do astronauta mais velho antes de sua primeira caminhada espacial, só porque o homem mais velho lhe lançou um olhar de desdém. Que tolice!

Em teoria, considero-me um homem ensinável — ou seja, reconheço minha necessidade de ser ensinável. Contudo, muitas vezes não o sou. Recentemente, um homem mais jovem me disse: "Sei que você já escreveu sobre o tema, mas realmente acredito que deveríamos ao menos dar ouvidos a esse grupo de escritores, pois eles podem perceber algo que não estamos vendo." Ele estava me corrigindo, e minha carne não gostou nem um pouco. Todavia, será que tenho algo a ganhar ao desconsiderar seu conselho? Só posso crescer ao recebê-lo.

Ainda assim, a batalha pela humildade e uma postura de escuta estão enraizadas em uma questão ainda mais profunda: de quem é a glória que buscamos?

PERGUNTAS PARA REFLEXÃO

1. Você consegue pensar em um ou dois exemplos de sua experiência ou da história da ideia de que "poucas coisas são tão destrutivas quanto um tolo em posição de autoridade suprema" (p. 156)?

____

____

____

____

____

____

2. Se você ocupa uma posição de autoridade, como está intencionalmente preparando sucessores para sua organização (p. 161)?

____

____

____

____

____

____

3. Dos quatro fatores que tendem a operar juntos (p. 160), qual chamou mais sua atenção?

____

____

____

____

____

____

____

4. Como você pode buscar ativamente desenvolver a humildade para ser ensinável quando as pessoas lhe derem conselhos (p. 162)?

9

NÃO É PERMISSIVA NEM AUTORITÁRIA, MAS EXERCE DISCIPLINA

***Para os pais**: O que retém a vara aborrece a seu filho, mas o que o ama, cedo, o disciplina.* (Pv 13.24)

***Para a igreja**: E, contudo, andais vós ensoberbecidos e não chegastes a lamentar, para que fosse tirado do vosso meio quem tamanho ultraje praticou?* (1Co 5.2)

***Para o governo**: Se fizeres o mal, teme; porque não é sem motivo que ela traz a espada; pois é ministro de Deus, vingador, para castigar o que pratica o mal.* (Rm 13.4)

***Sobre o Senhor**: Porque o Senhor corrige a quem ama e açoita a todo filho a quem recebe. É para disciplina que perseverais (Deus vos trata como filhos); pois que filho há que o pai não corrige? [...] Toda disciplina, com efeito, no momento não parece ser motivo de alegria, mas de tristeza; ao depois, entretanto, produz fruto pacífico aos que têm sido por ela exercitados, fruto de justiça.* (Hb 12.6-7, 11)

Sem o poder da disciplina, a autoridade é inofensiva, até mesmo insubstancial. Tire o poder de disciplina de alguém e, na prática, lhe tirará a autoridade.

Autoridade, lembre-se, é a licença moral para tomar decisões ou dar ordens. Essas decisões ou ordens têm pouco significado se a autoridade não puder tornar efetiva a decisão ou a ordem. A ameaça de disciplina dá à autoridade seu poder, suas "garras".

Pais que não disciplinam os filhos, por exemplo, esvaziam de poder sua própria autoridade. Se uma mãe diz ao seu filho de três anos: "Não toque naquele vaso", mas então, como um padrão recorrente, não faz nada quando a criança toca o objeto, a criança começa a ver essas ordens como sugestões de um colega. O notável dom dado por Deus para o crescimento da criança em direção à maturidade — a autoridade parental — terá sido desperdiçado.

Não é sem razão, portanto, que Provérbios observa: "O que retém a vara aborrece a seu filho, mas o que o ama, cedo, o disciplina" (Pv 13.24).

Mais de uma vez, a Bíblia conecta amor e disciplina dessa maneira. "O Senhor corrige a quem ama", declara Hebreus 12.6. Essa é uma verdade difícil de ser engolida no momento da disciplina. A disciplina nunca "parece ser motivo de alegria, mas de tristeza" (v. 11) Quem a deseja? No entanto, a toda evidência, a disciplina é um ato de amor; é como crescemos. Imagine um professor de matemática que ensina a lição, mas nunca corrige os erros do aluno; ou um médico que prescreve boas vitaminas, mas não elimina o câncer. Da mesma forma, a disciplina, quando praticada corretamente, é amorosa, pois age contra o que é mal e prejudicial e aponta para o que é bom, saudável e santo.

O autor de Hebreus explica ainda que a disciplina produz "fruto pacífico [...], fruto de justiça" (v.11). Como colher a maçã de uma árvore permite desfrutar de seu doce sabor, a disciplina na vida de uma pessoa produz o fruto da paz e da justiça; e a paz e a justiça têm um sabor ainda melhor do que maçãs.

O volume da disciplina pode ser reduzido a um ou elevado a dez. No volume um, o professor se inclina sobre o ombro de um aluno e, de forma gentil, comenta: "Veja, você se esqueceu de carregar o número três." No volume dez, um juiz declara: "Pelo crime de homicídio, sentencio o réu à pena de morte." Contudo, em todos os casos, a disciplina serve para afirmar ou reforçar o bom e o santo. Com sua correção, o professor reforça o bem da matemática; por sua punição, o juiz afirma a santa imagem de Deus na vítima do homicídio (Gn 9.6).

Há duas exceções à conexão intrínseca entre autoridade e disciplina: a autoridade de um marido e a de um pastor. Ambos possuem autoridade, mas Deus não deu a nenhum desses o poder da disciplina, reservando-a para si mesmo. Sem o poder da disciplina, a autoridade deles deve ser exercida de forma diferente. É uma autoridade puramente "espiritual." Consideraremos essa ideia de forma mais detalhada nos capítulos 11, 12 e 17.

O que mais tememos?

Disciplina é um tópico difícil de ser abordado, já que é fácil cairmos em extremos. A boa disciplina alcança o equilíbrio entre permissividade e autoritarismo, entre frouxidão moral e abuso. Contudo, o equilíbrio ideal varia de contexto para contexto. Corrigir um filho de três anos e um de treze é diferente. Contudo, em todas as situações, alcançar esse equilíbrio demanda amor e sabedoria, dois atributos escassos em todos nós.

A sabedoria, segundo a Bíblia, começa com o temor de Deus. Portanto, reflita sobre o que acontece quando o temor de homens motiva a nossa disciplina. Tendemos a errar na direção daquilo que mais tememos. Tememos sobretudo a frouxidão moral? Provavelmente cairemos no autoritarismo. Tememos sobretudo o abuso? É provável que caiamos na permissividade.

O problema da permissividade

Abuso e autoritarismo são problemas perenes. Devemos sempre nos proteger contra eles porque o abuso — o uso egoísta nossa autoridade de modo a causar dano aos outros — é algo natural demais para os seres humanos. Todavia, presumo que não preciso convencer a maioria dos leitores deste livro de que o abuso e o autoritarismo são ruins. Além disso, abordei essas questões nos capítulos 2 e 5 e em vários outros lugares.

Hoje, talvez o erro mais publicamente aceito no Ocidente seja a permissividade, ou seja, a falta de disciplina. Talvez alguns de nós tenhamos dificuldade em percebê-lo. Meu objetivo neste capítulo, portanto, é meditar sobre os danos causados pela falta de disciplina — e são, de fato, danos. Você se lembra da ilustração de abertura deste livro sobre a escola em Portland, que não conseguia controlar seus alunos? O problema era a permissividade. O mesmo problema estava por trás da atitude do poderoso casal de Washington, D.C., que não conseguia controlar o filho pequeno.

Na década de 1990, passei um ano ensinando a segunda série em uma escola pública em um bairro economicamente pobre de Washington, D.C. Um dos aspectos mais difíceis do meu trabalho era descobrir como implementar a disciplina em sala de aula sem nenhuma ferramenta real. Enviar bilhetes para os pais — em sua maioria, mães solteiras sobrecarregadas — não fazia diferença. Mandar a criança para a diretoria, também não. A diretora mantinha o aluno (era sempre um menino) por meia hora e depois o mandava de volta, sem qualquer consequência aparente. Na verdade, eu suspeitava que um ou dois de meus alunos gostavam de ter aquele "intervalo" no meio da aula. Tecnicamente, eu tinha "autoridade", mas aquela autoridade parecia inútil.

Parte do problema com a disciplina nas salas de aula das escolas públicas são algumas decisões da Suprema Corte que, embora possam ter feito algum bem, também minaram a capacidade do professor de disciplinar.[1] Outra parte do problema é a preferência do sistema educacional americano pela linguagem terapêutica em vez da linguagem moral. Certo programa instrui os professores a "reduzirem o comportamento impulsivo e agressivo em crianças, ensinar habilidades sociais e emocionais e construir autoestima." Incentiva o uso de jogos de RPG, exercícios respiratórios e técnicas de controle da raiva para ajudar os alunos a "identificar sentimentos" e "resolver problemas". Afirma que o mau comportamento está enraizado na falta de habilidades, não em más decisões morais.[2]

Quando a disciplina deixa a sala de aula, todos saem perdendo. O aluno problemático não aprende a ajustar seu comportamento e crescer; na verdade, o problema se agrava. Os demais alunos também sofrem: em vez de aprenderem matemática ou história, acabam assimilando comportamentos inadequados, e o ambiente de sala de aula se deteriora por completo.

Para esclarecer, não estou encorajando os professores a cultivarem um ambiente severo de disciplina e punição, como vemos em cenas de filmes, em que freiras de escolas católicas batem nas palmas das mãos dos alunos com réguas. A boa disciplina ocorre em um ambiente de encorajamento e afirmação.

Compare minha sala de aula de quase três décadas atrás com as turmas de segunda série e, atualmente, de primeira série que minha esposa leciona. Sem dúvida, ela já teve vários alunos indisciplinados. Entretanto, também conta com

---

1 O caso *Tinker v. Des Moines School District* (1969) reconheceu os direitos dos alunos à liberdade de expressão em classe, mesmo que isso perturbasse a ordem da sala de aula. *Goss v. Lopez* (1975) decidiu contra um diretor que testemunhou uma briga e expulsou os alunos, por ele não haver garantido aos alunos um procedimento equitativo, com direito a notificação prévia e apresentação de testemunhas. Cf. Kay S. Hymowitz, "Who Killed School Discipline?" (Spring 2000), https://www.city-journal.org/html/who-killed-school-discipline-11749.html.

2 Hymowitz, "Who Killed School Discipline?"

o apoio de um diretor e de pais que apoiam seus esforços para manter a disciplina em sala de aula. Eles dão "garras" à autoridade dela. Ao mesmo tempo, ela se esforça por demonstrar amor e consideração especiais a esses alunos, para que eles sintam que ela está *a favor* deles. Você precisa ver os abraços e cartões de agradecimento feitos à mão que ela recebe no final do ano letivo — dos alunos difíceis!

O problema da permissividade afeta não apenas as salas de aula, mas também os locais de trabalho. Rebecca, que comanda uma força-tarefa em um órgão de segurança federal, deparou-se com esse problema recentemente. Uma veterana de dezessete anos foi transferida de outro departamento para sua equipe. Rebecca logo descobriu que a mulher era insubordinada e fazia comentários racistas. Assim, começou a papelada para demiti-la, para então descobrir que os mesmos problemas haviam ocorrido várias vezes quando ela trabalhava em outros departamentos. Seus supervisores anteriores haviam tomado o caminho mais fácil, repassando o problema para outra pessoa. Como resultado, ela havia sido transferida de um departamento para outro, espalhando seu veneno para um número cada vez maior de pessoas. Rebecca admite simpatizar com o instinto de tomar o caminho mais fácil: "Minha vida seria muito menos estressante se eu não responsabilizasse as pessoas. Demitir alguém exige muita papelada e coragem, além de atrair antipatia. Ninguém quer ser responsabilizado ou responsabilizar os outros." No entanto, os cristãos devem "temer ao Senhor", continuou ela: "Você precisa se livrar do temor de homens e não varrer as coisas para debaixo do tapete."

Transferir aquela mulher para um departamento após o outro não prejudicou apenas cada departamento; eu diria que prejudicou a própria mulher. Cada vez que seus supervisores falharam em demiti-la por justa causa, ou mesmo falharam em ter uma conversa dura e confrontadora com ela, permitiram que seu pecado piorasse um pouco mais, que os padrões se aprofundassem um pouco mais, que sua consciência ficasse um pouco mais endurecida. Tiraram dela a oportunidade de se arrepender e crescer.

Infelizmente, já presenciei muitos casos assim. Um chefe, pai, pastor ou diretor de escola reluta em ter uma conversa difícil. Quem gosta de confrontos? Assim, optamos por evitá-los, deixando de lidar com o desordeiro. Consequentemente, o desordeiro perturba a ordem de cada vez mais pessoas. Todo o grupo acaba sofrendo, e tira-se do desordeiro a possibilidade de redenção. Ele prossegue em seus maus hábitos.

Conheço um grupo de estudo bíblico que decidiu parar de se reunir em vez de confrontar um único membro que dominava o grupo toda semana. A falha do líder em disciplinar um homem impediu uma dúzia de pessoas de estudar a Palavra de Deus e compartilhar suas vidas juntos.

A disciplina é parte crucial do discipulado. De fato, observe como "disciplina" e "discípulo" são primos etimológicos. Nós discipulamos, em parte, por meio da disciplina, como um professor de matemática que corrige erros ou um treinador que prepara um time por meio de exercícios. Essas correções e esses exercícios ensinam e fortalecem. Privar as pessoas de disciplina as enfraquece.

Uma nação dividida

Uma história na vida daquele herói de escola dominical, o rei Davi, ilustra o potencial destrutivo da permissividade. Davi ouviu que seu filho mais velho, Amnom, estuprara sua meia-irmã Tamar. Em seguida, o texto diz: "Ouvindo o rei Davi todas estas coisas, muito se lhe acendeu a ira" (2Sm 13.21).

E foi só. Davi ficou irado. E então... não fez nada.

A Septuaginta, tradução grega do Antigo Testamento, acrescenta uma frase que tenta preencher o que o hebraico original deixou sem declarar: "Mas não castigou seu filho Amnom porque o amava, pois ele era seu primeiro filho."[3]

Que erro terrível na administração da justiça!

Se deixarmos Provérbios 13.24 nos servir de guia, diríamos que Davi se absteve de disciplinar Amnom não porque o amava, mas porque o odiava! E o abandono de Tamar por Davi foi outra forma de comportamento odioso. O mínimo que podemos dizer sobre Davi é que ele era uma fonte turva: "Como fonte que foi turvada e manancial corrupto, assim é o justo que cede ao perverso" (Pv 25.26).

E o efeito dominó continuou. Outro filho de Davi, Absalão, preenche o vácuo de justiça deixado por seu pai, abriga Tamar em sua própria casa e depois mata seu irmão Amnom. Mais uma vez, Davi não toma nenhuma atitude decisiva.

---

3 N.T.: Tradução desse trecho da Septuaginta encontrada em nota a 2 Samuel 13.21 na *Bíblia de estudo Nova Versão Transformadora*, trad. Susana Klassen et. al., 1. ed. (São Paulo: Mundo Cristão, 2018), p. 523.

Encorajado, Absalão começa a oferecer justiça ao povo de Israel, abordando suas preocupações individuais. Ele faz o que o rei deveria estar fazendo e, com isso, conquista muitos corações. Encorajado ainda mais, Absalão lidera um golpe de Estado contra o seu pai, levando a uma guerra civil e, por fim, à sua própria morte.

Agora, dê um passo para trás e observe toda a sequência: Davi não disciplina seu filho nem protege sua filha, o que resulta em um assassinato motivado por vingança, seguido pela usurpação de seu próprio poder, depois por uma revolução, uma guerra civil e, por último, a morte de um segundo filho. Uma família e uma nação são dilaceradas.

Amor e justiça exigem disciplina. Quando a disciplina não vem, o vácuo é preenchido pela injustiça e pela destruição.

Mostrando bondade através de resultados previsíveis

A disciplina consistente também é bondosa, pois é um ato de bondade oferecer resultados previsíveis. Em outras palavras, manter o padrão de forma constante é um gesto bondoso, presumindo-se que esse padrão seja razoável.

No capítulo anterior, apresentei meu amigo Pat, que serviu como chefe do departamento de astronautas na NASA. Uma de suas funções era selecionar quem voaria nas missões espaciais e quem ficaria de fora. Durante seus primeiros anos como astronauta, o departamento não definia ou aplicava consistentemente regras e padrões éticos. Os membros da equipe sentiam que podiam ignorar várias regras da liderança ou protocolos de treinamento e ainda serem selecionados para voos espaciais, que são sempre oportunidades cobiçadas. Isso prejudicava o moral da liderança: "Os astronautas podiam passar anos treinando, seguindo as regras e esperando voar pelo espaço, mas então viam alguém que não seguia as regras ou concluía com sucesso todo o treinamento ser selecionado para um voo espacial, enquanto eles ficavam de fora", observou Pat. "Disse a mim mesmo que, se fosse chefe, faria diferente."

Na providência do Senhor, Pat se tornou chefe. Passou a aplicar as regras e o moral melhorou: "As pessoas começaram a entender: 'Sim, seguir as regras realmente importa. Vale a pena dar o meu melhor.'" Exercer disciplina é difícil e Pat não gostava de fazê-lo: "Era muito triste ter de tomar a difícil decisão de tirar pessoas de voos espaciais e mandá-las para casa por não cumprirem os padrões de treinamento ou quebrarem várias regras. No final, porém, o moral melhorou e as pessoas ficaram mais satisfeitas no ambiente de trabalho. Precisávamos de padrões de conduta. Sem eles, que tipo de organização seríamos?"

Ao definir um padrão de conduta e aplicá-lo de maneira consistente, você fortalece a agência ou protagonismo. A aplicação consistente torna previsíveis as estruturas de recompensa e disciplina, permitindo que as pessoas façam planos e os executem com uma previsão clara de quais resultados são esperados. Em contrapartida, se a aplicação for imprevisível, você mina o protagonismo das pessoas. Elas ouvem o recado: "Ainda que você faça seus planos e os leve a cabo, os resultados nem sempre corresponderão às suas ações."

Lembro-me de aprender essa lição ao tentar fazer minhas filhas entrarem no carro a tempo de chegarmos à escola. Minha esposa e eu tínhamos definido um horário de saída: sete da manhã. No entanto, não o cumpríamos de forma consistente. Como era de se esperar, elas começaram a entrar no carro às 7h02, depois às 7h05, depois às 7h07 e assim por diante. Lembro-me de ficar bravo com uma de minhas filhas, certa manhã, e dizer algo como: "Já disse 'sete horas' várias vezes! Por que você está sempre atrasada? Você só pensa em si mesma?"

Na verdade, eu havia passado semanas, talvez meses, deixando-as entrar no carro cada vez mais tarde. Falhei em demonstrar que minhas palavras e minha autoridade tinham integridade. Falhei em lhes dar um conjunto previsível de estruturas de incentivo e desincentivo pelas quais pudessem operar. E então, quando minhas falhas produziram o fruto previsível — entrar atrasadas no carro —, fiquei bravo com elas. Mas aquilo não era justo. Sim, elas tinham responsabilidade por suas ações, mas minhas falhas haviam facilitado as falhas delas. Nessa história toda, eu não havia sido bondoso. O mais bondoso teria sido garantir a efetividade das minhas instruções mais cedo e de forma consistente.

A disciplina aplicada de forma consistente é um ato de bondade. Isso não significa que você jamais deva abrir exceções, oferecer graça de vez em quando ou ser paciente diante de fraquezas. A pergunta a se fazer é: você está estabelecendo padrões gerais e consistentes para a disciplina?

Um ambiente de encorajamento e afirmação

Dissemos há pouco que uma boa disciplina ocorre em um ambiente de encorajamento e afirmação, o que nos leva ao último ponto no qual vale a pena meditar um pouco mais. A disciplina funciona melhor no tipo certo de ambiente, e o tipo certo de ambiente inclui pelo menos três elementos. Em primeiro lugar, inclui um líder que demonstra um padrão de disposição para ouvir correções, até mesmo de pessoas "abaixo" dele na hierarquia: é mais fácil confiar nas correções de alguém que, de modo geral, demonstra ser ele mesmo ensinável. Se, no entanto, você é refratário à correção, inadvertidamente acaba me ensinando também a nunca baixar a guarda. Você sinaliza que se importa mais com política interna e estar no topo do que com o crescimento genuíno. Você me ensina como entrar nesse jogo onde todos estamos competindo por poder, e não buscando autêntico discipulado e crescimento.

Em segundo lugar, um bom ambiente para a disciplina inclui uma ênfase maior em afirmação e encorajamento do que em correção. Isso talvez não seja sempre viável — como no caso do trabalho de um sargento instrutor em um campo de treinamento militar, que provavelmente não precisa distribuir muitas medalhas de participação. No entanto, o princípio se aplica à maioria dos ambientes organizacionais. Será mais fácil confiar em suas correções se eu souber que você me ama, porque você terá encontrado maneiras de afirmar os dons que Deus me deu e de me encorajar pelas coisas que fiz bem. Assim, eu saberei que você zela sinceramente por meus interesses e não está apenas se aproveitando de minhas habilidades e esforços para benefício próprio. Tenho um amigo que costuma dizer, com um leve sorriso, que abraça forte para poder bater forte.

Em terceiro lugar, unindo os dois elementos anteriores, um ambiente propício à disciplina é marcado por transparência, honestidade e amor. Consigo pensar em locais de trabalho, até mesmo em contextos cristãos, onde as pessoas não aprenderam a ser honestamente afetuosas. Por causa disso, elas se queixam umas das outras nas sombras e exibem sorrisos falsos sob a luz. Gradualmente, a amargura e a quebra de confiança se espalham silenciosamente pela organização, como mofo que se aloja nas paredes.

Em contrapartida, consigo pensar em um amigo pastor que faz uma reunião de "revisão de culto" com a sua equipe e todos que participaram do culto de domingo. O objetivo declarado da revisão é ajudar a melhorar os cultos.

Seu objetivo mais profundo e importante, porém, segundo ele, é treinar as pessoas para *dar* e *receber encorajamentos* e *críticas* piedosas. Todas essas quatro competências são difíceis e exigem maturidade e habilidade:

- É difícil *dar encorajamento*, e não apenas bajulação.
- É difícil *receber encorajamento* sem sucumbir ao orgulho.
- É difícil *fazer críticas* de modo a não irritar uma pessoa nem a desencorajar de maneira tola.
- É difícil *receber críticas* sem se tornar orgulhosamente desencorajado ou irritado.

Entretanto, aos poucos, sua equipe tem aprendido a ter essas conversas com amor e gentileza, em parte porque ele dá o exemplo ao receber com maturidade as críticas de sua equipe. Como resultado, a amargura e o ressentimento não apodrecem nas sombras. Em vez disso, os membros da equipe sabem como lidar com desavenças e mágoas quando elas ocorrem; também sabem como brincar uns com os outros e rir. Assim, uma cultura geral de confiança e afirmação permeia suas interações. Não apenas isso: essa maturidade e habilidade se espalham para a igreja, as reuniões de presbíteros, os pequenos grupos e entre amigos.

Em suma, a disciplina é crucial. No entanto, muito trabalho preliminar precisa ser feito no ambiente antes que possamos disciplinar bem. A cultura certa precisa estar em vigor, uma cultura que, a começar do topo, é marcada por humildade e afirmação, amor e transparência.

E quanto a você?

Há momentos para mostrarmos misericórdia quando a disciplina é devida. No entanto, negligenciar a disciplina por completo é dizer *sim* ao mal e à loucura. É uma atitude egoísta e mostra um tipo de ódio pela pessoa que requer disciplina, bem como por todos os afetados pelo indivíduo indisciplinado.

Normalmente, quando falhamos em disciplinar, é porque priorizamos a facilidade de curto prazo em vez da saúde de longo prazo. Talvez nossa intenção seja demonstrar compaixão, mas não estamos sendo compassivos; talvez seja não causar danos, mas é exatamente o que estamos causando. Na verdade, o que estamos fazendo é tentar nos proteger de problemas, de reações adversas, de possíveis repercussões. Com isso, porém, minamos nossa própria autoridade.

No entanto, a disciplina é amorosa, pelo menos em princípio. Sem dúvida, pode ser exercida de forma dura ou abusiva, mas isso não é motivo para abandonar a prática por completo. Fazê-lo seria jogar fora a água da banheira com o bebê dentro. Deus ama perfeitamente, e seu amor é em parte demonstrado por meio da disciplina.

Então, pense mais uma vez em qualquer lugar onde você possua autoridade. Como anda a sua disciplina — você apara as roseiras, arranca as ervas daninhas e mata as lesmas?

Você está disposto a dizer *não* aos seus filhos e oferecer consequências quando eles desobedecem? Está disposto a tirar oportunidades de pessoas abaixo de você, no trabalho, quando elas não seguem as diretrizes? Está disposto a confrontar as pessoas em seus pecados, caso seja um pastor?

Se o Senhor disciplina a quem ama, não devemos supor ser mais sábios e amorosos do que Deus.

PERGUNTAS PARA REFLEXÃO

1. De que maneiras você observa que a permissividade se tornou "o erro mais publicamente aceito" na cultura ocidental (p. 167)?

2. O autor menciona três elementos que criam o tipo de ambiente no qual a disciplina prosperará (p. 173). Qual desses elementos atenderia melhor ao seu contexto e como você pode criar esse ambiente na prática?

3. Se você é líder de uma igreja que não realiza uma "revisão de culto", que medidas você pode tomar para ajudar a mover sua igreja nessa direção (p. 173-174)?

4. Você acha mais fácil dar encorajamento ou fazer críticas? De que maneiras você pode fortalecer a área em que é mais fraco (p. 174-175)?

10

NÃO PROTEGE A SI MESMA, MAS ARCA COM OS CUSTOS

Então, disse Judá a seus irmãos: De que nos aproveita matar o nosso irmão e esconder-lhe o sangue? Vinde, vendamo-lo aos ismaelitas. (Gn 37.26-27)

Passados quase três meses, foi dito a Judá:
Tamar, tua nora, adulterou, pois está grávida. Então, disse Judá: Tirai-a fora para que seja queimada. Em tirando-a, mandou ela dizer a seu sogro: Do homem de quem são estas coisas eu concebi. E disse mais: Reconhece de quem é este selo, e este cordão, e este cajado. Reconheceu-os Judá e disse: Mais justa é ela do que eu. (Gn 38.24-26)

Com isto disse Judá a Israel, seu pai: Envia o jovem comigo, e nos levantaremos e iremos; para que vivamos e não morramos, nem nós, nem tu, nem os nossos filhinhos. Eu serei responsável por ele, da minha mão o requererás; se eu to não trouxer e não to puser à presença, serei culpado para contigo para sempre. (Gn 43.8-9)

Judá, teus irmãos te louvarão; a tua mão estará sobre a cerviz de teus inimigos; os filhos de teu pai se inclinarão a ti [...] O cetro não se arredará de Judá, nem o bastão de entre seus pés, até que venha Siló; e a ele obedecerão os povos. (Gn 49.8, 10)

Com todas as suas reviravoltas, todos gostamos da história de José no livro de Gênesis.

Os irmãos de José o vendem como escravo. No entanto, lá ele prospera e abençoa seu senhor.

José diz não às investidas sexuais de uma mulher e é condenado à prisão. No entanto, mostra-se milagrosamente capaz de interpretar os sonhos do rei e ascende ao segundo lugar na hierarquia de comando do Egito.

José esconde sua identidade de seus irmãos, e sua vingança parece iminente. Contudo, ele os abraça e os abençoa. Nesse ínterim, salva a terra do Egito e as nações circunvizinhas da fome.

É uma narrativa notável, e somos rápidos em apresentar José como um exemplo moral de confiança em Deus. Entretanto, verdade seja dita: José é um pouco difícil de se imitar. Sua história é um pouco única demais, um pouco milagrosa demais, e ele é um pouco perfeito demais. Sem dúvida, o José da vida real pecou, mas o propósito dessa narrativa é ajudar o leitor a vislumbrar na figura de José um ideal de semelhança a Cristo. Ele desce à cova, mas ressuscita; resiste à tentação e salva seu povo.

Enquanto isso, esgueirando-se pelo canto, nas sombras, está outro personagem: Judá. Quando somos apresentados a Judá em Gênesis 37 e 38, ele é o oposto de José. Judá não tenta salvar o povo de Deus, mas vende seu irmão como escravo. Não resiste à tentação, mas dorme com sua nora e depois tenta matá-la (leia as passagens na abertura do capítulo).

Judá é o oposto de José e se parece mais conosco. É um oportunista e rapidamente sucumbe à tentação. Porém, talvez seja por isso que sua história deve nos oferecer esperança. Mal conseguimos notá-lo no início da narrativa, já que José ocupa o centro do palco. Mas fique de olho nele enquanto a história prossegue: Judá emergirá das sombras para se tornar um herói à sua própria maneira.

Algo muda radicalmente na vida de Judá. Ele conclui o episódio com sua nora fazendo esta declaração: "Mais justa é ela do que eu" (Gn 38.26). É como se Judá tivesse sido convertido nesse momento, já que, a partir de então, cada aparição sua na história é positiva.

A evidência mais clara da conversão de Judá vem vários capítulos depois. Ele se oferece como substituto sacrificial para o seu irmão mais novo, Benjamim, primeiro para o seu pai (Gn 43.8-9) e, depois, quando mais importava, para José (Gn 44.32-33). E justamente nesse momento, Judá, o outrora terrível pecador, tão oposto a José, começa a apontar para Cristo, o qual seria, ele mesmo, um substituto para o seu povo.

O livro de Gênesis então termina com um foco mais claro em Judá, só que agora ele se tornou uma figura semelhante à de José. Seu pai o abençoa e lhe diz que seus irmãos se curvarão diante dele (Gn 43.8-9), assim como os irmãos antes se curvaram a José (cf. Gn 37.5-10). Seu pai lhe promete que todo governo e autoridade pertencerão a Judá, da mesma forma que antes pertenceram a José. Judá agora é José, e sua linhagem é a que levará a Cristo.[1]

Arcando com o custo

O objetivo deste capítulo é refletirmos sobre essa conexão entre a boa autoridade e arcar com os custos dos erros de outra pessoa ou absorver as consequências dos pecados de outra pessoa, como Judá faz. Sem dúvida, teria sido mais fácil e óbvio escolher Jesus para ilustrar esse ponto; o exemplo de Judá é mais confuso. Apesar de servir de substituto pelos pecados dos irmãos, Judá também se encontra na mesma situação por causa de seu próprio pecado. Assim, é evidente que Judá não é um sacrifício sem pecado, como Jesus.

Entretanto, é por isso que vale a pena meditar sobre Judá. Ele não é sem pecado, como você e eu também não somos. Por um momento, imagine-o vendendo seu irmão como escravo ou tentando matar sua nora depois de engravidá-la. Esse homem é um patife de primeira categoria!

Mesmo assim, Deus o transformou para que ele pudesse apontar para Cristo. É como se Deus dissesse: "Sou tão grande e poderoso que posso transformar qualquer um e ensiná-lo a ser como meu Filho — olhe para Judá. O sangue de meu Filho é tão infinitamente precioso que pode cobrir todo e qualquer pecado que você possa cometer — olhe para Judá."

Por essa razão, patifes como você e eu também podemos aprender a governar como Jesus governa, se nos arrependermos de nossos pecados, colocarmos nossa confiança em Cristo e o seguirmos. Uma parte vital de governar como Jesus governa, então, é estar disposto a arcar com os custos dos erros dos outros, intervindo para absorver as consequências de seus pecados ou simplesmente carregando seus fardos, mesmo quando não há uma dimensão moral. "Tende em vós o mesmo sentimento", exorta-nos Paulo, enquanto olha para o sacrifício de Jesus (Fp 2.5). Ou, de novo, observe Judá ao se oferecer em lugar de Benjamim; ou Moisés,

1 A comparação entre José e Judá foi extraída de conversas pessoais com Sam Emadi. Cf. também seu livro *From Prisoner to Prince: The Joseph Story in Biblical Theology* (Downers Grove, IL: IVP Academic, 2022), p. 57-64.

ao suportar a reprovação de seu povo; ou Davi, ao se colocar à frente dos inimigos do povo de Deus e enfrentar o próprio Golias.

Certamente, a obra de Jesus de pagar pelo pecado "de uma vez por todas" foi única e inteiramente eficaz nas cortes do céu (Hb 7.27; 9.12, 26; 10.10). Quando suportamos os custos dos erros de outra pessoa, absorvemos as consequências de seus pecados ou carregamos suas dificuldades de forma mais geral; não pagamos uma dívida na sala do trono celestial. Nenhuma borracha é aplicada a esses escritos contábeis.

Em vez disso, em primeiro lugar, oferecemos uma imagem do que Cristo fez, mesmo que não seja nada mais do que um desenho a lápis de cera (cf. Cl 1.24). Em segundo lugar, aprendemos a amar e reinar como Cristo ama e reina.

Em outras palavras, a Bíblia toma a obra única e irrepetível de Cristo na cruz e extrai dela várias lições morais (cf. 1Pe 2.21). A Escritura até mesmo conecta a obra substitutiva de Cristo ao modo como devemos nos sacrificar uns pelos outros: "Tende em vós o mesmo sentimento". Assim foi que Judá, sem saber que entrara em um novo treinamento de liderança, se colocou no lugar de Benjamim.

Algo semelhante acontece quando um membro humilha verbalmente o pastor, mas o pastor oferece uma palavra de apoio, rejeita o ressentimento em seu coração e nada mais fala sobre o assunto. Não fica emburrado nem reclama com seus amigos, sabendo que Cristo tem sido misericordioso com ele.

O mau comportamento de um adolescente custa aos pais uma oportunidade de trabalho, mas os pais respondem como o pastor, pensando em como Cristo pagou um preço muito maior.

Uma esposa negligencia ou repreende pecaminosamente seu marido, mas o marido renuncia à recriminação e vive com ela de forma compreensiva (1Pe 3.7), sabendo que Cristo recusou-se a recriminá-lo.

Um funcionário perde um arquivo importante. O gerente considera se esse é um padrão de conduta com o qual precisa lidar, mas, fora isso, não deixa a frustração atrapalhar seu propósito geral na vida daquele empregado: ajudá-lo a ser bem-sucedido. Assim, o gerente absorve o custo, assim como Cristo absorveu um custo por ele.

O policial recebe uma forte cotovelada no rosto quando alguém resiste à prisão, porém não explode em fúria. Permanece autocontrolado e usa a força mínima necessária para subjugar e algemar o infrator, sabendo que Cristo poderia tê-lo destruído imediatamente, mas, em vez disso, adiou o juízo.

É verdade que, nesses cenários, a oportunidade é uma via de mão dupla. Em diferentes graus, o membro tem a oportunidade de fazer o mesmo pelo pastor; o adolescente, pelo pai; a esposa, pelo marido; o funcionário, pelo chefe — até mesmo o infrator, pelo policial. Afinal, todos os que foram criados à imagem de Deus devem governar como Cristo governa. Ainda assim, Deus concede a certos indivíduos um cargo formal de autoridade precisamente para que eles demonstrem, ilustrem e incorporem a aparência de seu governo. Às vezes, seu governo envolve disciplina, como vimos no capítulo anterior; outras vezes, envolve arcar com o custo.

De fato, esses dois capítulos estão próximos um do outro porque ambos precisam um do outro. A solução para responder aos erros das pessoas nem sempre é a disciplina. Às vezes, é ser paciente, tolerante, mostrar compaixão e arcar com o custo. Uma boa autoridade sabe como fazer as duas coisas, porque ambas são essenciais para o exercício correto da autoridade.

A disciplina é essencial para o exercício correto da autoridade para fins de correção e treinamento. Contudo, por que arcar com o custo é essencial para uma boa autoridade?

Estar em posição de autoridade é possuir *mais* de alguma coisa — mais poder ou força, mais conexões e influência, mais recursos ou capital. E por que você tem mais? Não como um fim em si mesmo, nem para a sua própria glória e ganho; você tem mais para aplicar mais. Tem mais poder e recursos morais para poder gastá-los e empregá-los para o bem daqueles que têm menos. Esse é o trabalho. Isso significa que boa parte da tarefa é arcar com os custos incorridos por aqueles sobre quem você tem autoridade. De fato, Jesus, que tinha mais de tudo, gastou tudo por nós. "O próprio Filho do Homem não veio para ser servido, mas para servir e dar a sua vida em resgate por muitos" (Mc 10.45; cf. Fp 2.6-8).

Estar em posição de autoridade é saber que o bastão termina em suas mãos. Assim dizia a famosa placa na mesa do presidente Harry Truman: "Aqui para o bastão". A placa era a maneira de Truman dizer que não se isentaria da responsabilidade por quaisquer erros cometidos por sua administração. Aceitaria a culpa, mesmo que o erro ocorresse no escritório de algum administrador de nível inferior e ele nada soubesse a respeito quando o erro aconteceu.

É como se você fosse o pai da noiva com o cartão de crédito na mão: a conta final do casamento chega até você. A responsabilidade é sua. Espera-se que você tenha os recursos e que os gaste no grande dia de sua filha. As pessoas sentem um pouco de pena de você, mas *não muita*. Faz parte do trabalho.

Isso vale para qualquer cargo de autoridade que você ocupe: é você quem tem o cartão de crédito na mão. Você pode reclamar e tentar repassar os custos para outros, mas, ao fazê-lo, isso mostra que você não consegue enxergar a razão pela qual assumiu o cargo: para arcar com os custos pelos outros.

Se você já viu fotos dos presidentes da república ao assumirem o cargo e, depois, as comparou com fotos deles ao fim do mandato — o cabelo muito mais grisalho ou embranquecido, as rugas mais acentuadas, o sorriso abatido e a aparência exausta —, então já viu o que "segurar o bastão por último" faz com o corpo físico.

Como o bastão parou nas mãos de Tex

Se essa atitude de assumir a responsabilidade final era ou não habitual na época de Truman, Peggy Noonan argumenta no *Wall Street Journal* que é algo raro em nossos próprios dias. Ela observa que, durante a crise financeira de 2008–2009, nenhum credor hipotecário, regulador federal ou congressista se levantou para dizer: "A culpa é nossa!" Em vez disso, todos culparam todos os demais.[2]

Contudo, Noonan faz essa observação apenas como pano de fundo para o que realmente deseja contar: a história verídica de alguém, de fato, aceitou levar a culpa — e ninguém menos que um general de duas estrelas, cujo indicativo de chamada na aviação era "Tex".

A história começa no final da manhã de 8 de dezembro de 2008. Enquanto o F/A-18 Hornet de um piloto dos fuzileiros navais sobrevoava a costa de San Diego, seus dois motores pararam de funcionar, um após o outro. Enquanto o caça ainda voava com um motor, o controle de tráfego aéreo direcionou o piloto para a base aérea de Miramar, em vez de North Island, o que o levou a cair em um bairro de San Diego. O piloto ejetou pouco antes da queda e sobreviveu, mas sua aeronave atingiu duas casas, matando uma mulher de trinta e seis anos, suas duas filhas (uma de quinze meses e a outra, de dois) e sua sogra. O marido dela estava no trabalho.

2 Peggy Noonan, "A Tragedy of Errors, and an Accounting" [Uma tragédia de erros e uma prestação de contas] *Wall Street Journal*, 6 de março de 2009.

Direcionar uma aeronave avariada sobre uma área densamente povoada, em vez de sobre o oceano rumo a North Island, era, na verdade, o terceiro erro. O primeiro havia sido dos mecânicos, que sabiam há meses de um defeito no sistema de transferência de combustível da aeronave. O segundo havia sido do piloto, que não seguiu o protocolo de segurança durante a emergência.

Vários meses depois, o Major General Randolph "Tex" Alles, então comandante assistente da Terceira Ala de Aeronaves dos Fuzileiros Navais dos Estados Unidos, compareceu à imprensa e assumiu total responsabilidade pela tragédia em nome do Corpo de Fuzileiros Navais. O acidente "era claramente evitável" e resultara de "uma cadeia de decisões erradas", confessou ele à imprensa. O general Alles — ou, como eu o conheço, Randy — não mencionou que estava no Iraque no momento do incidente.

As pessoas ficaram surpresas com o fato de os fuzileiros navais terem falado de maneira tão franca. Um dos vizinhos, cuja casa quase havia sido atingida, comentou: "Os fuzileiros navais não tentaram se esconder nem se esquivar; engoliram o sapo." Um aviador naval que pilotava o mesmo tipo de avião disse estar impressionado com o contraste entre as observações de Alles e o "passa-bastão" típico do governo e de Wall Street: "Ainda há gente dentro do governo que leva a responsabilidade pessoal a sério."

A própria Noonan comentou o seguinte sobre as observações de Alles: "Aquilo não foi mero controle de danos, mas uma honesta assunção de responsabilidade. E, como tal, em se tratando de uma instituição americana moderna, foi algo surpreendente."

Minha primeira conversa significativa com Randy ocorreu nessa época, em uma cafeteria no Capitólio. Dessa vez, porém, era ele quem estava fazendo as perguntas: "Como anda o seu casamento e a criação de filhos? Com quais tentações você tem lutado? Por que deseja servir como presbítero?" Randy foi um dos presbíteros que se ofereceu para se encontrar comigo quando o conselho decidiu avaliar meu nome para o presbiterato. Tive, então, a oportunidade de servir ao lado desse homem de Deus por vários anos. Seu estilo de liderança é direto, simples e franco. Ele ouve bastante antes de dizer algo e, quando fala, diz apenas o necessário. Em nenhum momento se percebe qualquer traço de ego. Pelo contrário: Randy é alguém que, junto com a esposa, dedica longas horas ao cuidado de ovelhas feridas. Durante o período em que servi com ele, Randy foi nomeado vice-comissário da alfândega e do órgão de proteção de fronteiras dos Estados Unidos e, depois, diretor do Serviço Secreto.

Mais recentemente, perguntei a Randy sobre o incidente de San Diego. Com seu jeito franco, o general fez tudo parecer simples. Pessoas na sede do Corpo de Fuzileiros Navais e em seu escritório se perguntavam o que dizer à imprensa. Randy respondeu: "Como assim, o que vamos dizer à imprensa? Não há nada a dizer. A culpa é nossa. Só precisamos explicar como a culpa é nossa. E só. Revelaremos tudo o que aconteceu e simplesmente apresentaremos os fatos. E aguentaremos as pancadas."

Foi assim que Randy procedeu. E me apresentou os fatos desse mesmo modo:

> A manutenção da aeronave foi adiada. Houve más decisões por parte do comandante e do oficial em serviço na sala de prontidão do esquadrão. A aeronave não deveria ter sido reencaminhada para Miramar, mas ter pousado em North Island, pois assim o caça teria sobrevoado o mar o tempo todo. Se caísse, não machucaria ninguém. A seguir, explicamos as ações que tomamos: demitimos o comandante do esquadrão, o oficial de operações, o oficial de manutenção da aeronave e o oficial em serviço.

Como o público respondeu?

> O público e a mídia ficaram, de certa forma, desarmados, já que realmente não havia mais nada a ser feito. Não podíamos ser acusados de nada, pois tínhamos exposto basicamente tudo e assumido que a culpa era total e completamente nossa.

Sem rodeios. Simplesmente aguentar as pancadas pelos erros de outras pessoas.

Posso imaginar alguém reagindo a essa história, argumentando que os oficiais demitidos pagaram um preço mais alto do que Randy. De fato, eles também arcaram com os custos — e, nesse caso, custos maiores. No entanto, Randy se tornou o rosto e a voz de assumir a responsabilidade moral em nome do Corpo de Fuzileiros Navais por um erro terrível, com o qual não teve qualquer envolvimento. Randy estava no Iraque no momento do acidente, lembra?

O trabalho mais árduo

Aguentar as pancadas em lugar de outra pessoa não é o que jovens sonhadores consideram quando aspiram a posições de autoridade e liderança.

Penso em rapazes nas igrejas — ou em mim mesmo, dez anos atrás — que aspiram a ser presbíteros ou pastores. Talvez eles romantizem o serem contados entre os líderes da igreja. No entanto, após passarem vários anos servindo como presbíteros, eles rapidamente aprendem que, no final das contas, o trabalho não é tão glamoroso assim. Grande parte do pastorado ou do presbiterato envolve mergulhar nas provações e tentações das pessoas e arcar com a dor delas. Envolve ser culpado pelos delitos de outros sobre os quais não se tem controle. Significa levar um soco no peito, figurativamente falando, e não dizer nada, quando tudo em você quer contar às pessoas a história real para que elas entendam de quem realmente é culpa. Entretanto, você absorve a culpa. Se surge a oportunidade de um período sabático, você a agarra com avidez. E os outros presbíteros sorriem para você com uma inveja solidária.

Eis a lição mais ampla: a pessoa em posição de autoridade quase sempre terá o trabalho mais árduo, pelo menos se o exercer corretamente. É por isso que Andy Crouch está certo ao argumentar que uma boa autoridade se torna vulnerável.[3]

A tentação na liderança é usar o controle que possuímos para empurrar os custos para os de baixo. Eu e minha filha de oito anos estamos ambos confortavelmente sentados na sala de estar. Peço-lhe que me traga uma bebida da geladeira, pois sei que ela é dócil e — nessa idade — fica alegre em me servir. No entanto, observe o que estou fazendo: estou usando minha autoridade para empurrar para ela, na base da hierarquia, o levíssimo custo de me levantar da cadeira. Talvez você argumente que isso serve a um bom propósito em sua vida, ao ensiná-la a honrar seu pai. Contudo, seja isso verdade ou não, eu sei que naquele momento meu coração não busca o bem dela. Estou apenas sendo preguiçoso. Quero evitar o custo, então o repasso para ela.

Sem dúvida, parte de estar em posição de autoridade envolve distribuir os custos do trabalho entre os diferentes membros de um corpo ou organização.

3 Andy Crouch, *Quando sou fraco, sou forte: Um caminho surpreendente para a realização pessoal* (São Paulo: Mundo Cristão, 2022), cap. 2.

Bons líderes delegam. É por isso que o centurião romano diz a Jesus: "Pois também eu sou homem sujeito à autoridade, tenho soldados às minhas ordens e digo a este: vai, e ele vai; e a outro: vem, e ele vem; e ao meu servo: faze isto, e ele o faz" (Mt 8.9). Cada uma dessas idas e vindas tem um custo. Pense, em particular, no custo que um comandante impõe aos seus soldados quando lhes pede que corram em direção ao fogo inimigo e tomem uma colina. Esse é, de fato, um custo muito alto.

Ainda assim, há um sentido em que bons líderes buscam, da melhor forma possível, minimizar os custos para aqueles que estão abaixo deles, ao mesmo tempo em que absorvem os custos que podem puxar para si, inclusive aqueles decorrentes de falhas morais de outrem. Desejam poupar seus liderados dessas dificuldades e sofrimentos. Como disse, esse é o trabalho. É o que Deus pretende, porque isso o reflete. Todo pai que olha para o berço, com pena de seu filho doente contorcendo-se de dor, conhece este impulso: "Se pudesse carregar essa doença em seu lugar, eu o faria."

Nesse sentido, ser "o chefe" geralmente é — e deve ser — um dos trabalhos mais árduos em qualquer grupo. Com que frequência o diretor da escola é o primeiro a chegar e o último a sair do prédio escolar em um dia letivo? O mesmo acontece com a mãe trabalhadora. O mesmo acontece com o treinador.

Em uma igreja, empresa ou família saudável, é o líder que carrega a maior preocupação quando as finanças estão apertadas ou um cronograma não é cumprido. É por isso que a imprensa zomba, e com razão, quando grandes empresas ou instituições financeiras entram em colapso e o seu presidente escapa ileso, com um multimilionário "paraquedas dourado".

Paulo oferece um modelo bem diferente. Ele enumera as diversas e angustiantes provações que enfrentou: trabalhos bem mais árduos, prisões bem mais frequentes, levando incontáveis açoites e estando frequentemente à beira da morte. Foi fustigado com varas e, certa vez, apedrejado. Viveu em perigos de rios, em perigos de salteadores, em perigos entre seu próprio povo, em perigos entre gentios, em perigos na cidade, em perigos no deserto, em perigos no mar. Viveu em trabalhos e fadigas, atravessou noites sem dormir, passou fome e sede, frio e nudez (cf. 2Co 11.23-27). Então, conclui sua lista dessa forma: "Além das coisas exteriores, há o que pesa sobre mim diariamente, a preocupação com todas as igrejas.

Quem enfraquece, que também eu não enfraqueça? Quem se escandaliza, que eu não me inflame?" (vv. 28-29).

Eis uma figura de autoridade — um apóstolo — que absorveu os custos para si. Ele sentia as fraquezas das igrejas como se fossem suas. Identificava-se com as igrejas porque as amava. Aparentemente, Paulo se lembrava do que Jesus lhe dissera antes de sua própria conversão: "Saulo, Saulo, por que me persegues?" Jesus também se identificava com as igrejas. Persegui-las era o mesmo que persegui-lo. É isso que amor e boa autoridade fazem quando trabalham juntos.

Penso em meu amigo Michael, que também é pastor. Durante o primeiro ano da COVID, alguns membros da igreja se irritaram com as diversas exigências impostas pelo governo, com o modo como elas afetavam a igreja e com a politização em torno de todo aquele suplício. Michael me comentou: "Eles estão irritados. Os da esquerda [política] estão irritados; os da direita também. Felizmente, não expressam isso uns aos outros, mas a mim. E assim eu carrego a irritação deles. Não que estejam diretamente furiosos comigo, mas acabam me transferindo sua irritação. Querem que eu faça algo a respeito, e assim, de certa maneira, aquilo recai sobre mim." Em certo sentido, é injusto que as pessoas transfiram sua raiva para o pastor. Em outro sentido, esse é o trabalho para o qual você se candidata quando se torna pastor. Devemos carregar os fardos uns dos outros, e os pastores ficam particularmente à frente desse trabalho de carregar fardos. Portanto, agradeço a Deus pela disposição de Michael — e de cada pastor — de carregar a irritação de sua igreja.

Mudando para uma esfera diferente, penso em meu amigo Jeff, que administrava uma clínica de fisioterapia. Durante a COVID, muitos membros da equipe pediram demissão ou adoeceram, e sobrava para ele a tarefa de absorver seus turnos. A quantidade de turnos o desgastou, bem como sua família. No entanto, esse era o seu trabalho. Sou grato por Jeff.

Meu amigo Pat, que mencionei no capítulo anterior, acabou deixando o cargo de astronauta-chefe da NASA por incentivo de sua esposa. O cargo tinha prestígio, sem dúvida. Ele podia telefonar para os líderes de agências espaciais de todo o mundo, todos os quais adorariam enviar um de seus astronautas para o espaço. No entanto, muitos dias longos se acumularam. Tantas escutas, tantos fardos a carregar. Sua esposa sugeriu que ele permanecesse apenas se conseguisse encontrar mais equilíbrio na vida, mas Pat sabia que isso não seria possível.

Jesus personifica perfeitamente a ideia de um rei que se faz substituto e arca com o custo. Porém, como o casamento (essa instituição da graça comum) aponta para o amor redentor de Cristo por sua noiva, assim também toda boa autoridade (também instituída pela graça comum) tem a oportunidade de refletir essa autoridade redentora de Cristo, a qual arca com os custos.

Difícil para a nossa vaidade

Ao longo de nosso casamento, tenho dito à minha esposa, conforme os desafios vão surgindo: "Deixe-me carregar o fardo. Você não precisa se preocupar com isso." É uma oferta adorável de minha parte. O problema é que nem sempre tomo as medidas necessárias para torná-la realidade.

Das cinco qualidades de uma boa autoridade mencionadas na Parte III, a ideia de absorver os erros, pecados ou fardos dos outros é a mais difícil para mim, ainda que eu suponha que seja o melhor teste da boa autoridade. Você está disposto a se sacrificar? É relativamente fácil me submeter aos outros; concentrar-me em trabalhar para fortalecer os outros; buscar sabedoria nas pessoas ao meu redor; aspirar a administrar certa medida de disciplina. Mas e quanto a absorver as consequências dos erros ou pecados de outra pessoa? Assumir a culpa quando não sou eu quem a merece? Isso é difícil. Pode parecer injusto e ofender minha vaidade.

Imagine, por exemplo, que algo dê errado em minha casa e minha esposa me culpe. Suponhamos que essa seja uma daquelas situações em que não fiz nada para causar o problema. Naquele momento, vários pensamentos passam pela minha cabeça: "Posso me defender agora mesmo, explicando como ela ou as crianças são os responsáveis, ou posso ficar de boca fechada e começar a trabalhar para remediar a situação." A voz que me diz para ficar de boca fechada sabe que me defender tem menos a ver com realizar algo significativo e mais com proteger meu ego. Enquanto isso, a voz que pede uma defesa está gritando: "Isto é uma injustiça! É um ultraje!"

Ah, a vaidade!

Absorver o pecado ou arcar com o custo exige que você se sacrifique. Significa renunciar à vaidade, ao ego e aos seus próprios interesses, sejam quais forem. Envolve uma espécie de morte para si mesmo. A única razão para fazer algo assim é que você realmente ama a causa, a empresa ou as crianças que está liderando mais do que a si mesmo. Então, você se lançará sobre a granada pelo bem deles.

Certa vez, perguntei a um homem mais velho e piedoso como lidava com as frustrações de sua esposa em relação a ele. Ele respondeu: "Oh! A Alice [nome fictício] sabe que pode mastigar meu braço e eu ficarei bem." Com essa expressão pitoresca, o homem quis dizer que a esposa poderia vez ou outra descarregar erroneamente suas frustrações nele, porém ele não guardaria rancor dela, nem mesmo a corrigiria. Ele suportaria tudo com graça. Isso não é um conselho para todo e qualquer casamento. Um cônjuge caracteristicamente irritadiço ou crítico deve ser corrigido. No entanto, conhecendo meu amigo e sua esposa maravilhosa, fiquei impressionado com sua força, principalmente em comparação com minha própria frustração quando sou mal interpretado. Ele é humilde e imperturbável, e isso lhe permite ser bom em absorver pecados e carregar fardos, a fim de viver com sua esposa de forma compreensiva e amá-la com paciência e gentileza.

Difícil para o discernimento

Todavia, essa ilustração suscita outra razão pela qual essa última qualidade da boa autoridade é difícil de exercer: é preciso grande sabedoria para discernir quando se deve arcar com o custo de outra pessoa. Como já disse, a resposta do meu amigo não é o conselho certo para todos os momentos e todos os casamentos.

Às vezes, a disciplina é o melhor caminho. Retomando as ilustrações anteriores, a esposa que torna um hábito extravasar sua ira de modo inadequado precisa de correção. Não estou aqui encorajando as pessoas a adotarem um complexo de messias, a tal ponto de pensarem que devem cobrir todos os custos.

Às vezes, você é paciente com seu cônjuge e permanece de boca fechada; outras vezes, oferece uma palavra. Às vezes, você corrige o funcionário pelo erro cometido; outras vezes, você mesmo o conserta. A boa autoridade requer discernimento. Você pode decidir que é melhor para um funcionário arcar com as consequências de seus próprios erros para que ele possa crescer e aprender, ou então decidir que, devido a diversas circunstâncias, é melhor que você mesmo as suporte. Não há uma fórmula matemática fácil para dizer precisamente quando a disciplina é a melhor opção ou quando arcar com o custo é o mais adequado. Em cada circunstância, você tem de considerar os detalhes particulares do pecado ou do erro, o caráter da pessoa que o cometeu, as tendências gerais de seu crescimento e comportamento, como seu julgamento impactará outras pessoas e assim por diante. Sempre há muitas variáveis envolvidas, e devemos sempre pedir sabedoria ao Senhor para que possamos discernir o que é melhor.

O certo é que, se você não estiver buscando servir a si mesmo ou exaltar a própria importância, sua visão será mais límpida. Você estará em uma posição mais vantajosa para julgar o que é melhor em qualquer momento e o que será mais benéfico para o indivíduo — exercer a disciplina ou arcar com o custo.

O que atrapalha essa clareza de visão é nossa vaidade e nosso desejo de evitar a vulnerabilidade.

Tornar-se vulnerável e adequar-se à fraqueza

Minha amiga Amy, cuja história contei no Capítulo 2, me disse certa vez: "Mesmo depois de tudo o que aconteceu comigo, ainda creio no que a Bíblia fala sobre homens servindo como presbíteros e sendo os cabeças do lar. No entanto, quero que os pastores reconheçam como esse ensinamento pode tornar as mulheres vulneráveis a danos." Amy está certa. Esse ensinamento, de fato, coloca as mulheres em uma posição de vulnerabilidade.

Contudo, isso se aplica a toda autoridade, seja em casa, no local de trabalho, na igreja ou na nação. A autoridade parental torna as crianças vulneráveis; a autoridade policial torna os cidadãos vulneráveis; e assim por diante.

Poderíamos rapidamente argumentar que abandonar toda autoridade piora as coisas para crianças e pais, policiais e cidadãos — o que é verdade. Ainda assim, aqueles de nós que acreditam no bem da autoridade precisam encarar o desafio de Amy e reconhecê-lo.

A solução, então, é uma de duas: ou abandonamos completamente a ideia de autoridade ou passamos a compreendê-la e praticá-la melhor. Partindo do pressuposto de que não iremos abandoná-la, precisamos reconhecer que uma boa autoridade faz tudo o que pode para absorver a vulnerabilidade. O marido se coloca em risco para que sua esposa não tenha de fazê-lo; a mãe, para que os filhos não tenham de fazê-lo; o pastor, para que a congregação não tenha de fazê-lo. Cada líder deseja que as pessoas se sintam protegidas e seguras e, por isso, torna-se ele mesmo vulnerável.

Boas figuras de autoridade se tornam vulneráveis ao assumir o risco da liderança. Correm o risco de carregar o bastão por último; de ser culpadas por más decisões das quais não participaram; de levar pancadas por erros que não cometeram. Além disso, reitero: correm o risco de realmente tomar más decisões e viver com o arrependimento que vem a seguir; correm o risco da censura do mundo e de uma má reputação (e.g., 1Co 4.9). Correm o risco de críticas públicas, vergonha pública e fracasso público; de expor suas fraquezas e limitações diante do mundo que as observa, já que os desafios da liderança revelam mais rapidamente nossas limitações e pecados; de trabalhar mais arduamente do que nunca; de receberem flechadas ao lutarem para proteger os outros. E o mais assustador de tudo: correm o risco de uma medida extra de juízo divino (cf., e.g., Tg 3.1; Hb 13.17).

Quantas mulheres e homens têm sido treinados, como Amy, a ver figuras de autoridade com certo estremecimento, — quando o oposto deveria ser o caso, já que deveríamos nós mesmos assumir a posição de vulnerabilidade? Quantas vezes o salmista se refere a Deus como um abrigo? Por exemplo: "Pois, no dia da adversidade, ele me ocultará no seu pavilhão; no recôndito do seu tabernáculo, me acolherá; elevar-me-á sobre uma rocha" (Sl 27.5).

Maridos e pais, se eu puder exortá-los por um momento, será que sua esposa o descreveria como um abrigo? Diria que você se coloca na posição de vulnerabilidade? Seus filhos diriam o mesmo? Se não, você ouvirá a esse respeito no Dia do Juízo.

Pastores, será que sua congregação o consideraria dessa forma? Os membros estariam dispostos a compartilhar com você os aspectos mais difíceis de sua vida, sabendo que serão tratados com terno cuidado?

Gerentes, oficiais militares, empresários, policiais, treinadores, será que vocês se colocam em uma posição de vulnerabilidade? Se não, saibam que, sem dúvida, se tornarão vulneráveis mais tarde, a saber, diante do tribunal de Deus. Talvez lhes seja mais seguro pedirem demissão agora mesmo e darem seu cargo a alguém que aceite a vulnerabilidade inerente ao trabalho.

Muitas vezes tenho ponderado quão grato sou pelos homens piedosos que estão sobre mim. A palavra "guarda-chuva" me vem à mente. Eles têm servido como um guarda-chuva de proteção para mim e para a minha família. Absorvem o estresse, a preocupação, o cuidado, os desafios. Em várias ocasiões, vi um desafio surgir em um ministério ou organização — de dentro ou de fora — e tive o luxo de ir embora: "Está nas mãos de vocês; tenham um ótimo fim de semana! Estou indo para casa."

Parte de assumir na vulnerabilidade e absorver o custo significa adequar-se à fragilidade, à fraqueza e à realidade do pecado, como mencionei anteriormente. Pense em Jacó, diminuindo seu próprio ritmo para adequar-se ao ritmo dos rebanhos e de seus filhos (Gn 33.14).

Certa vez, um amigo se queixou comigo sobre como um líder, que ambos conhecíamos, tolerava os problemas de um de seus funcionários. "Por que ele aguenta isso?", questionou meu amigo. Na hora, pensei na maneira como aquele líder costumava demonstrar graça e conceder às pessoas o benefício da dúvida: "Porque ele sabe como dar oportunidades a pessoas que mancam", respondi, "mesmo que esse mancar nunca desapareça totalmente."

Pense ainda em uma professora da primeira série. Ela não trata as crianças como se estivessem na oitava série, mas como se estivessem na *primeira* série. A professora ajusta suas expectativas e é cuidadosa em suas exigências.

A boa liderança está sempre ciente de que lidera pecadores finitos e caídos. Ela se ajusta à fragilidade e, nesse sentido, também deve sempre absorver os efeitos do pecado, sem dar ao pecado sempre o que ele merece. Se você se sente compelido a sempre impor uma justiça imediata e exigente sobre aqueles que lidera, se nunca é capaz de permitir fraquezas e erros, acabará sendo um líder tirânico. Poucas das pessoas que você lidera crescerão; a maioria será esmagada ou irá embora.

Se são necessários dez passos para se chegar à maturidade ou competência, um bom líder normalmente pede apenas um ou dois de cada vez.

E quanto a você?

Em suma, bons líderes levam em consideração os pecados, fraquezas e erros das pessoas que lideram. Oferecem correções e, às vezes, mudam a direção, mas sempre absorvem a ofensa. Assumem a responsabilidade pelo pecado ou erro e não se deixam dominar por ele. Este é o trabalho. O líder recebe o bastão por último e o carrega até o fim. O modelo para isso, evidentemente, é Jesus, o qual morreu pelos pecados, em contraste com os governantes deste mundo, que se fazem dominadores dos outros.

Você já ouviu falar de uma revisão de 360 graus? Significa solicitar feedback de todas as direções: de seu chefe ou de seus gerentes, de seus colegas e dos que se reportam diretamente a você.

Se você nunca pediu esse tipo de avaliação, peça-o. Use o conteúdo deste e dos quatro capítulos anteriores. Pergunte aos que estão acima de você se eles o consideram submisso. Você torna o trabalho deles mais fácil ou mais difícil? Um deleite ou um desafio?

Pergunte aos que estão abaixo e ao redor de você se eles se sentem valorizados e fortalecidos. As pessoas que você serve desempenham melhor seus trabalhos e funções por sua causa?

Elas o consideram alguém aberto a sugestões? Você solicita o conselho delas?

Pergunte aos que estão acima e abaixo de você se você cumpre sua palavra. E, para os que se encontram abaixo de você, você lhes oferece um conjunto previsível de resultados com base no que realizam? Ou eles o consideram caprichoso e volúvel?

Por último, as pessoas sob sua liderança enxergam o seu ofício — seja como mãe, gerente ou outro — como um lugar de refúgio e descanso? Confiam que você não os fará absorver custos por mero egoísmo, mas apenas quando for indispensável para a missão ou, de algum modo, para o bem deles? Percebem que você age pensando no que é melhor para eles, ou que está, na verdade, buscando os próprios interesses?

Caso você solicite esse feedback, assegure às pessoas que não sofrerão nenhuma recriminação por respostas honestas — e, então, cumpra a promessa!

PERGUNTAS PARA REFLEXÃO

1. Como a realidade de que aqueles em autoridade devem "demonstrar, ilustrar e incorporar" o governo de Deus afeta a maneira como você pensa sobre os papéis que Deus lhe deu (p. 182)?

2. Que lições se destacam para você na história de Randy assumindo a responsabilidade (p. 185-186)?

3. De que maneiras os riscos de estar em posição de autoridade mudam sua visão de suas próprias responsabilidades (p. 192-193)?

4. Como você já teve que ajustar suas demandas às pessoas sob sua autoridade (p. 194-195)?

PARTE IV

COMO É A BOA AUTORIDADE EM AÇÃO?

11

DOIS TIPOS DE AUTORIDADE: COMANDO E CONSELHO

Autoridade, conforme argumentei no Capítulo 1, é o direito moral ou a licença para tomar decisões ou empregar poder para um propósito específico. É uma autorização para fazer algo. Note que eu disse *algo*, não *qualquer coisa* ou *tudo*. A abrangência desse algo — essa tarefa autorizada — ajuda a estabelecer os limites ou a jurisdição de uma autoridade. Portanto, precisamos sempre perguntar: "Qual é o propósito dessa autorização ou tarefa atribuída?" A resposta a essa pergunta nos ajudará a determinar os propósitos e limites de um ofício.

Como também disse no Capítulo 1, gosto da palavra "ofício" porque funciona como uma máquina de raio-X. Torna-nos conscientes do fato de que papéis como "mãe", "prefeito" ou "ministro" possuem um esqueleto invisível, uma estrutura institucional escondida sob a pele. Dar a Jane o título de "mãe" em relação a Molly, por exemplo, é dizer que Jane possui um conjunto particular de responsabilidades e poderes na vida de Molly, pelo menos até Molly atingir certa idade, ao mesmo tempo em que impõe a Molly certo tipo de obrigações para com Jane. Em outras palavras, Jane ocupa o ofício de mãe, e esse ofício dá uma forma ou estrutura moral ao relacionamento entre Jane e Molly.

As pessoas ouvem a palavra "autoridade" e pensam imediatamente em uma hierarquia unidimensional — superior ou inferior. Essa dimensão existe. No entanto, o quadro geral é o de ofício. Deus está muito menos preocupado do que nós mesmos com nossa posição ou status. Ele atribuiu a todos nós a mesma dignidade inestimável ao nos criar à sua imagem. Todo ser humano possui igual valor como imagem de Deus — desde o embrião no útero até o rei no trono. Nesse sentido, o cristianismo oferece um igualitarismo mais radical do que qualquer outra cosmovisão. Todavia, Deus nos dá vários trabalhos para fazer — alguns mais elevados, outros menos — em prol de seus propósitos em nossa vida, na igreja e na criação.

Além disso, Deus não impõe esses ofícios de forma arbitrária. O ofício de pai faz sentido à luz da natureza de uma criança, que ainda não está plenamente desenvolvida, mas em processo de maturação. O ofício de governo faz sentido à luz da necessidade de coordenação social entre seres humanos. O ofício de presbítero faz sentido à luz do fato de que cristãos mais novos precisam de cristãos mais velhos a quem imitar e seguir. O ofício de marido faz sentido à luz dos distintos dons físicos dados a homens e mulheres, particularmente no que se refere à procriação. Em outras palavras, o modo como Deus atribui ofícios jamais vão de encontro à criação conforme ele a projetou, como acontece quando você tenta forçar o encaixe de blocos de Lego com blocos de uma marca genérica, e eles não se encaixam direito. Em vez disso, os mandamentos e as autorizações de Deus se encaixam em seus padrões de projeto. A criação (e, com relação aos presbíteros, a nova criação) e a moralidade são adequadas uma à outra.

Vale a pena observar, então, que nossa primeira obrigação é amar o projeto da criação de Deus. Se não amarmos o projeto, ficaremos ressentidos com os ofícios.

Na medida em que estamos preocupados conosco e com nosso status, trabalhamos com propósitos em conflito com os propósitos mais elevados de Deus. Somos como o presunçoso funcionário recém-contratado que exige ser tratado como se estivesse na empresa há vinte anos. Ele tem seus próprios objetivos em mente, não os da empresa, além de um senso exagerado de sua própria importância. Alinhar-se aos objetivos de Deus significa estar disposto a ser o último em vez do primeiro, o mais baixo em vez do mais alto. É àquele que diz: "Senhor, estou contente em ocupar o lugar mais baixo" — é a este que Deus toma pela mão e diz: "Você é exatamente o tipo de trabalhador que eu procurava. Vou colocá-lo em primeiro lugar" (cf. Mt 20.16). Ainda assim, essa atitude é esperada de todos — dos que lideram e dos que seguem, dos pais e dos filhos, dos chefes e dos subordinados.

A pergunta central que cada um de nós deve fazer ao considerar os diversos ofícios ou atribuições de trabalho que Deus estabelece é: quais trabalhos Deus me atribuiu? Quais são os propósitos ou metas deles? E quais são os seus limites?

O propósito da Parte IV deste livro é explorar os ofícios mais básicos da Bíblia: marido, pai, governo, administrador, igreja e presbítero. Com exceção da função de administrador, procuro abordá-los na ordem em que aparecem nas Escrituras, que também é a ordem na qual tendemos a experimentá-los na vida.

Talvez alguns leitores discordem de mim em certos assuntos teológicos secundários abordados nesta seção. Por exemplo, minha convicção de que a Bíblia ensina o congregacionalismo liderado por presbíteros ficará evidente na forma como descrevo a autoridade da congregação em contraste com a de um presbítero. Presbiterianos, anglicanos e outros que defendem formas de governo presbiterial, em que os pastores ou presbíteros têm a palavra final dentro da igreja, talvez discordem de minha perspectiva. Do mesmo modo, por ser complementarista, creio que os maridos exercem um tipo específico de autoridade no lar, o que difere da perspectiva igualitarista. Ainda assim, espero que leitores com essas diferentes convicções possam aprender algo do que procuro apresentar.

Tato para sentir a textura bíblica

Nos próximos capítulos, examinaremos essas diferentes descrições de trabalho, uma por uma. Neste capítulo, porém, meu objetivo é oferecer um panorama de todas elas em conjunto. Como já mencionei, tendemos a pensar em autoridade como sendo de um tipo só: alguns a têm, outros não, ponto final. No entanto, a Escritura não trata a autoridade de forma tão simples. Aborda cada ofício de maneira específica, e uma breve comparação entre eles, lado a lado, pode ser esclarecedora.

Para trocar de metáfora, podemos dizer que os diferentes tipos de autoridade possuem texturas distintas: uma se assemelha ao algodão; outra, à seda; outra, ainda, à estopa. Além disso, esses materiais variados não apenas produzem sensações diferentes ao toque, mas também cumprem funções diferentes — um serve para proteger contra a neve e outro, para carregar os tomates em um carrinho de compras.

Compare, por exemplo, a autoridade ou o ofício de um marido e de um pastor. Será que ambos são iguais? Bem, membros de igreja e esposo são ambos chamados à "submissão" — então, possuem algo em comum. Ainda assim, a Bíblia instrui os presbíteros a "ordenarem" aquilo que ensinam (cf. 1Tm 4.11), mas nunca diz aos maridos que "deem ordens" às esposas. Em vez disso, manda que os maridos "amem" cada um a sua esposa como a seu próprio corpo.

Imagine a cena: chegou o Dia do Juízo. Ao lidar com um pastor, Jesus abre a Bíblia e diz: "Certo. Bem aqui em 1 Timóteo 4.11, eu o instruí a 'ordenar e ensinar.' Como você acha que se saiu?" Essas são as palavras escritas pelas quais o pastor tem dever de prestar contas.

Mas então Jesus diz: "Agora, vamos falar sobre o seu casamento." Em seguida, abre a Bíblia em Efésios 5, passa o dedo pela página, aponta para um versículo e diz: "Vejamos, bem aqui, eu o mandei 'amar' sua esposa. Você acha que fez um bom trabalho?"

Duas conversas, dois tipos de tecido, cada um com sua própria textura.

Ou compare a textura das descrições bíblicas para o governo e para os pais. A governança de Israel era patriarcal, o que significa que as autoridades civis e familiares se entrelaçavam. Em determinado ponto, Davi chama o rei Saul de "meu pai" (1Sm 24.11). Isaías antecipa um dia em que "reis serão os seus padrastos" e "rainhas serão as suas amas de leite" (Is 49.23, NVI; cf. Nm 11.12). Ainda assim, Paulo descreve um rei como "ministro de Deus, vingador, para castigar o que pratica o mal" (Rm 13.4), enquanto instrui os pais a não provocarem os filhos à ira (Ef 6.4). Em outras palavras, não se trata do mesmo ofício.

A lição aqui é que, embora possamos traçar paralelos entre diferentes ofícios, devemos ser cautelosos ao tentar sobrepor um ao outro de forma exata demais — como quando pais se veem como reis de seus pequenos castelos e, então, passam a tratar a família como monarcas. Ou, pensando pelo outro lado, embora eu nunca tenha conversado com Xi Jinping, o Secretário-Geral do Partido Comunista Chinês, suspeito que ele adore quando os cidadãos chineses se referem a ele como "Papai Xi".[1] O apelido sedutoramente suaviza e personaliza seu governo opressivo e tirânico, como bem escreveu George Orwell sobre o infame e totalitário governo que se autointitula "Grande Irmão".[2]

---

1 Cf. https:// www.nytimes.com/2022/10/28/briefing/xi-jin ping-china-authoritarian.html.

2 Cf. George Orwell, *1984*. A Confissão de Westminster, a Plataforma de Cambridge e muitos dos reformadores magisteriais geralmente apontavam para a promessa profética de Isaías, mencionada acima, para justificar designar o magistrado civil como um "pai solícito" e uma "mãe solícita". Mas será que aquela promessa profética se cumpre hoje no Estado-nação ou na Igreja (cf. 1Ts 2.7)? Não estou convencido de que esses sejam os melhores rótulos para se usar para o governo civil (cf. Confissão de Westminster, 23.3; Plataforma de Cambridge, 11.4.).

Em suma, precisamos prestar atenção tanto ao que a Bíblia diz como ao que ela deixa de dizer. Sobre quem a Escritura põe o fardo moral — sobre quem exerce autoridade ou sobre quem está sob autoridade?

Dois tipos de autoridade: comando e conselho

Talvez a diferença categórica mais significativa que encontramos nas páginas da Escritura seja se ela concede a uma autoridade o poder de disciplina, ou seja, um mecanismo para impor de forma unilateral o que é ordenado.

No Capítulo 9, argumentei que a autoridade é inofensiva, até vazia, sem o poder da disciplina. Tire de alguém o poder de disciplina e você, na prática, tirará sua autoridade. No entanto, agora é hora de complicar a história. A Bíblia apresenta dois tipos de autoridade: uma com poder de disciplina e outra sem esse poder. Podemos denominar a primeira de autoridade de comando; a segunda, de autoridade de conselho.[3]

Como você pode ver no sumário e nos títulos dos capítulos 12 a 17, creio que a Bíblia ensina que pais de crianças pequenas, o Estado, uma igreja e um administrador de empresa possuem uma autoridade de comando. Maridos e presbíteros, por sua vez, possuem uma autoridade de conselho. Entender a diferença nos ajudará a exercer nossa autoridade de forma correta.

Tanto a autoridade de comando quanto a autoridade de conselho devem ser consideradas verdadeiras autoridades, visto que Deus deu a seus detentores o direito moral de emitir diretivas que vinculam a consciência. A diferença é que alguém com autoridade de comando também tem o direito de impor o que é ordenado por meio do poder da disciplina. Trata-se de uma autoridade unilateralmente eficaz, pois pode impor ou fazer algo acontecer contra a vontade dos que são ordenados. Com a autoridade de conselho, porém, o poder da disciplina é drasticamente reduzido, se não totalmente eliminado. Não possui a mesma eficácia unilateral.

Considere estes três diferentes ofícios bíblicos, todos os quais ilustram uma autoridade de comando:

---

3 A distinção é adaptada, com algumas modificações, de Oliver O'Donovan, *Resurrection and Moral Order: An Outline for Evangelical Ethics*, 2ª ed. (Grand Rapids, MI: Eerdmans, 1994), p. 170-75.

- *Pais de filhos que residem no mesmo lar*. Os pais podem exigir e impor obediência: "Vá agora para a cama!" A Bíblia resume esse poder de imposição com uma palavra: a "vara" (Pv 13.24; 22.15).
- *Estado ou governo civil*. O Estado também pode exigir e impor obediência: "Você está preso!" A Bíblia também descreve seu mecanismo de imposição com uma palavra: a "espada".
- *Igrejas ou congregações*. A igreja ou congregação como um todo pode unilateralmente tornar sua vontade eficaz: "A igreja votou para excluí-lo do rol de membros como um ato de disciplina." Uma só palavra: as "chaves" (Mt 16.19; cf. 18.18).

Mas voltemo-nos agora para os ofícios de marido e presbítero. Ambos possuem autoridade de conselho, o que significa que suas diretrizes devem vincular a consciência, mas seu poder de disciplina é drasticamente reduzido, se não totalmente eliminado:

- *Maridos*. A Bíblia chama as esposas a se "submeterem" a seus maridos, da mesma forma que a igreja se submete a Cristo (Ef 5.22, 24). Portanto, a esposa deve tratar a instrução do marido como algo que vincula a consciência. Diante de Deus, a mulher deve sentir esse peso. Dito isso, será que a Bíblia dá ao marido algum mecanismo divinamente estabelecido para disciplinar sua esposa? Com os olhos da mente, percorra toda a Bíblia, do Antigo ao Novo Testamentos. Você consegue pensar em um único versículo em que encontramos algo como "vara", "espada" ou "chaves" com relação ao relacionamento entre marido e mulher? A resposta é *não*. Em outras palavras, um marido não tem nenhum direito de levantar a mão ou a voz, fazer ameaças ou forçar sua esposa a agir contra a própria vontade. No instante em que age assim, passa a ser um abusador, pois ultrapassou os limites de sua autorização. No último dia, Jesus terá palavras de repreensão contra uma esposa rixosa. Jesus certamente tem sobre ela o poder de disciplina. Mas o marido, não.

- *Presbíteros/pastores.* Pastores têm autoridade. Eles devem "ordenar e ensinar", além de "exortar e repreender com toda autoridade" (1Tm 4.11; 5.7; Tt 2.15). Os membros, em contrapartida, devem "obedecer" e se "submeter" aos líderes (Hb 13.17). As diretivas dos líderes vinculam as consciências. Mas uma segunda pergunta é necessária: será que os presbíteros podem *impor* esses comandos? Uma igreja governada por presbíteros — seja presbiteriana, anglicana ou não denominacional — diz que *sim*. Como defensor do governo batista ou congregacional, digo que *não*, ao menos não no tocante à disciplina formal. A Bíblia apresenta congregações e apóstolos impondo suas decisões por meio de excomunhão (cf. Mt 18.15-18; At 8.20-23; 1Co 5; 1Tm 1.20); não há uma única ocasião em que um pastor ou presbítero excomungue ou imponha uma ordem por outro meio. A autoridade de um presbítero ou pastor também é uma autoridade de conselho.

Sem dúvida, há ocasiões em que os presbíteros agem de maneiras que podem ser interpretadas como disciplina. Se descobrirem que o irmão responsável pela recepção está fazendo comentários inapropriados ao cumprimentar as pessoas à entrada da igreja, podem removê-lo dessa atribuição. Além disso, são normalmente os presbíteros que apresentam um caso de disciplina eclesiástica para toda a igreja. Mesmo assim, em última análise, a Bíblia nunca autoriza presbíteros ou pastores a admitirem alguém como membro ou a excluírem alguém da membresia. Devem apelar para a congregação.

Em situações extremas, talvez o marido também aja de um modo que possa ser interpretado como disciplina. Por exemplo, o marido teria o direito de cancelar um cartão de crédito se sua esposa estivesse imprudentemente levanto a família à bancarrota. Contudo, o que torna essa atitude aceitável é o fato de ela evitar um dano à família; e é difícil imaginar um caso em que o marido pudesse impor algo à esposa, sem que uma ameaça de dano esteja presente. Além disso, a esposa também tem o direito de agir em legítima defesa ou na defesa dos filhos, conforme discutido no Capítulo 5. Se o marido estivesse gastando todo o salário com jogos de azar, deixando a esposa e os filhos sem alimento, acaso ela não teria nenhum direito de agir para frustrar os planos dele, para o bem do próprio marido e de toda a família? Acredito que sim. Lembre-se de Abigail, esposa do "insensato" Nabal. Sua impiedade ameaçava causar "destruição" a ele e a "toda a sua família". Sem consultá-lo, ela apelou a outra autoridade, Davi, e, com isso, salvou a si mesma e seu marido (1Sm 25, NVI). Lembre-se de que, conforme a Bíblia, o marido é o "cabeça" da esposa, assim como Cristo é o "cabeça" da igreja (Ef 5.23). Seria mesmo algo perverso se um marido como Nabal se apoderasse desse ensino e o empunhasse contra a esposa para argumentar que, sendo ele o cabeça, caberia a ela suportar e absorver todos os pecados dele, sem proteger a si mesma, ao passo que ele não teria nenhuma obrigação de suportar e absorver o pecado dela. Isso seria inverter totalmente as coisas. Foi Cristo quem suportou e absorveu todos os pecados da igreja — e não o contrário.

Portanto, reitero: ter autoridade de conselho significa que um presbítero ou um marido possui, por concessão divina, o direito moral de insistir em uma direção específica de um modo que vincula a consciência; porém, seu poder de disciplina é drasticamente limitado, se não completamente eliminado.

Tabela 11.1: Autoridade: comando *versus* conselho

	Autoridade de Comando	*Autoridade de Conselho*
Como se assemelham	Direito de dar diretivas que vinculam a consciência	Direito de dar diretivas que vinculam a consciência
Como diferem	Direito de impor pela disciplina	Sem direito de impor pela disciplina
Exemplos e mecanismos de imposição ou disciplina	• Pais de crianças menores: a vara. • O Estado: a espada. • A igreja: as chaves.	• Maridos: nenhum. • Presbíteros: nenhum.
Ênfase teológica	Transcendência de Deus	Imanência de Deus

Mas alguém pode perguntar: autoridade de conselho é verdadeira autoridade? Não se trata apenas de conselho? Afinal, como já mencionei, o poder da disciplina dá substância à autoridade.

Em resposta, diria que não se trata apenas de conselho, mas de *uma autoridade de* conselho, pois tanto a esposa quanto os membros da igreja estão moralmente obrigados a se submeter. E a razão disso é que Jesus "disse assim", e é ele mesmo quem detém o poder da disciplina. Se quiséssemos, poderíamos denominá-la autoridade de "disciplina adiada" ou de "disciplina escatológica".

Isso torna uma "autoridade de conselho" qualitativamente diferente do que as pessoas entendem quando se referem a uma "autoridade moral" ou "autoridade da verdade".[4] Autoridade moral se refere à noção de conferir maior peso às palavras de alguém devido ao seu caráter ou competência. Ironicamente, não há nada moralmente vinculativo na autoridade moral; trata-se de algo mais informal, mais parecido com influência. O mesmo ocorre com o que chamamos de autoridade epistêmica ou autoridade da verdade, como quando mencionamos "autoridades médicas". Nós nos submetemos aos médicos; geralmente, é prudente fazê-lo, visto que eles são especialistas. Contudo, não estamos moralmente obrigados a obedecer às suas ordens, ao menos não por mandato bíblico.

O que alguém com autoridade de conselho não pode fazer é *forçar* ou *promulgar* um resultado, pelo menos não com a mesma eficácia de alguém que possui uma autoridade de comando. Quando uma igreja excomunga alguém, o membro é excomungado de forma unilateral. Quando o juiz bate o martelo e declara: "Culpado", a pessoa é considerada culpada aos olhos do sistema de justiça — unilateralmente. Maridos e presbíteros não podem efetuar esses resultados de modo unilateral, exceto em questões programáticas muito menos significativas, como no caso de que irmão pode servir na recepção da igreja, ou, no caso do marido, quando é preciso resolver um impasse (sobre esse assunto, cf. Capítulo 12).

Diferentes lições teológicas

O fato de um desses dois tipos de autoridade possuir um mecanismo de imposição e o outro não significa que cada um opera de forma diferente e nos ensina lições diferentes. Para começar, a autoridade de comando nos ensina mais sobre

4 Sobre autoridade moral, cf. J. I. Packer, "The Reconstitution of Authority", em *Readings in Christian Ethics*, vol. 1: *Theory and Method*, ed. David K. Clark e Robert V. Rakestraw (Grand Rapids, MI: Baker, 1994), p. 93.

a transcendência de Deus, enquanto a autoridade de conselho nos fala mais sobre sua imanência. Não estou sugerindo que cada tipo represente exclusivamente transcendência ou imanência; porém me refiro a uma tendência, a matizes de diferença.

O governo civil é enviado "por [Deus], tanto para castigo dos malfeitores como para louvor dos que praticam o bem" (1Pe 2.14; cf. Rm 13.3-4). Suas lições se inclinam para o transcendente. Pode anunciar uma nova lei por mensageiro a cavalo ou pelo noticiário noturno, sem a necessidade de qualquer relacionamento. No entanto, ensina-nos que Deus é legislador e juiz.

Do mesmo modo, uma igreja inteira, ao agir em conjunto para usar as chaves do reino, se inclina para o transcendente. Ao ligar e desligar na terra o que está ligado e desligado no céu (Mt 16.19), formalmente representa o céu. Admitir um cristão professo à membresia nos ensina que Deus salva. Excomungar uma pessoa nos ensina que Deus pune.

Por sua vez, na outra extremidade do espectro, presbíteros e maridos demonstram como Deus exerce sua autoridade de maneira imanente. A autoridade deles não se fundamenta na ameaça de disciplina, à semelhança de um policial, mas no estar *junto à* esposa e *junto à* igreja. Fundamenta-se em conhecê-los, compreendê-los, interpretar sua linguagem corporal, fazer perguntas, moderar meus conselhos conforme minha percepção de como eles estão.

Em algum lugar no meio do espectro, combinando grandes quantidades de transcendência e imanência, estão os pais. Pais terrenos recebem seu nome do Pai celestial (Ef 3.15) e, como veremos daqui dois capítulos, os pais representam a mais ampla extensão da própria autoridade de Deus. Dito isso, quanto mais velhos os filhos se tornam, principalmente na adolescência, mais os pais devem se inclinar para a imanência ou para o relacionamento. Foi exatamente isso que vimos com Ângela e seu pai, no Capítulo 1. A autoridade parental, em outras palavras, começa com maiores quantidades de transcendência, mas então visa à imanência à medida que os filhos crescem. Ela vem com uma trajetória de discipulado. Os pais sempre buscam fazer seus filhos *crescerem* até chegarem à sua própria estatura, e é por isso que lidam de forma diferente com um filho de três anos, um de 13 anos e um de 23 anos. Sua tarefa é ensinar seus filhos a governarem como Deus governa, em todos os aspectos da vida.

Figura 11.1: Espectro de autoridade: imanência *versus* transcendência

Maridos Presbíteros Pais Igrejas Governos

Imanência ←——————————→ Transcendência

Também vale a pena notar, nessa mesma linha, que as Escrituras apresentam Cristo exercendo sua autoridade de forma diferente em relação à sua primeira e segunda vindas. Em sua primeira vinda, Cristo, a imagem suprema da imanência de Deus na Bíblia, ordena que as pessoas o sigam. Repreende as pessoas verbalmente, porém não as pune nem empunha a espada. Em vez disso, ele se aproxima. É como se exercesse uma autoridade de conselho. A punição é adiada até a segunda vinda, ocasião em que Jesus virá com a espada e uma autoridade de comando (e.g., Ap 6.15-17). É depois de sua segunda vinda que todas as pessoas na terra, amigas e inimigas, dobrarão seus joelhos a ele como Senhor transcendente (1Co 15.27-28; Fp 2.10).

Não é de surpreender, então, que as Escrituras associem mais de perto a autoridade de um marido e de um presbítero à de Cristo, como a experimentamos em sua primeira vinda (e.g., Ef 5.21-31; 1Pe 5.1-4; cf. 1Co 11.1). A autoridade de um marido ou de um presbítero deveria ser *sentida* como algo muito mais imanente e diferente do que um governo ou mesmo um pai — o que nos leva ao próximo ponto.

Como exercer autoridade de conselho: seu modo de aplicação

Tanto os que possuem autoridade de conselho quanto os que possuem autoridade de comando podem exigir que suas diretivas sejam seguidas. Dentro dos limites de suas respectivas jurisdições, tanto um governador como um marido podem dizer: "Você *deve*", e essas palavras vinculam moralmente um cidadão ou uma esposa.

Mas ai do marido ou presbítero que parar por aqui, sem refletir mais profundamente sobre o seu ofício!

Retornemos ao conceito de diferentes texturas. O fato de maridos e presbíteros não possuírem um mecanismo de imposição transforma profundamente a *maneira* como devem exercer sua autoridade — seu *modo de aplicação*. E eles a exercem de uma variedade de maneiras distintas. Uma autoridade de conselho:

(1) *Age com mão muito mais leve*. Suponha que você se encontra num dilema com alguém sobre quem exerce autoridade; há dois caminhos possíveis a seguir e você deseja influenciar essa pessoa para uma direção específica. Você pode utilizar uma linguagem com diferentes níveis de assertividade. No extremo mais suave, talvez diga: "Posso convidá-lo a seguir este caminho?" Aumentando gradualmente a intensidade, pode optar por expressões como: "Eu o encorajaria a", "Recomendo a você que", "Exorto você a", "Exijo de você que", ou "Vou forçá-lo a". Talvez sua percepção sobre o peso desses verbos, em comparação uns com os outros, seja diferente da minha. Também pode usar outros verbos. O essencial é compreender esse espectro de intensidade, que corresponde, em linhas gerais, ao espectro da imanência à transcendência. Assim como um governo, Deus, em sua transcendência, pode forçar. Assim como um marido, Deus, em sua imanência, pode convidar. "Eis que estou à porta e bato," Jesus diz (Ap 3.20).

Figura 11.2: Espectro de implementação de autoridade

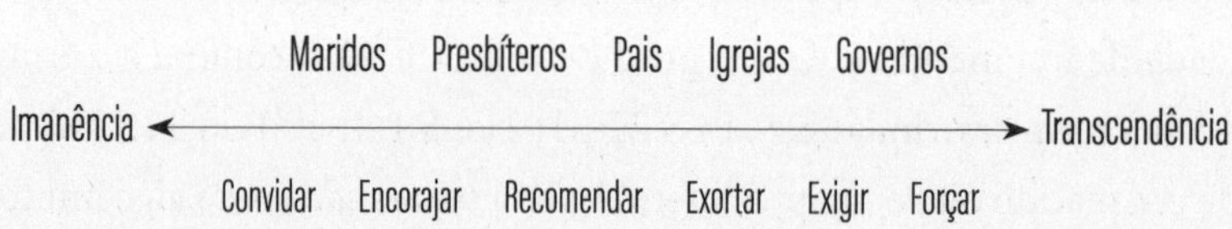

Maridos e presbíteros, com sua autoridade de conselho, penderão para uma linguagem do lado mais leve do espectro. Na verdade, eles nunca devem chegar ao ponto de "forçar", e devem usar a linguagem de "exigir" e seus equivalentes, como "dever", com muita moderação — exceto quando citam diretamente as Escrituras, como qualquer cristão faria. Por outro lado, igrejas (quando a congregação se reúne para usar as chaves) e governos, com sua autoridade de comando, normalmente penderão para uma linguagem mais pesada. Já os pais — que Deus lhes dê graça! — percorrem de uma à outra extremidade.

É verdade que amigos e colegas também utilizam aquelas palavras na extremidade mais leve do espectro. Entretanto, quando um ofício de autoridade está envolvido, as mesmas palavras têm uma medida extra de peso psicológico e moral, uma vez que a presença do ofício significa que alguém já foi ordenado a se submeter.

Por exemplo, as palavras: "Eu o encorajo a seguir este caminho em vez daquele" pesam mais quando vindas de seu pastor do que de seu amigo, mesmo que sejam ditas exatamente no mesmo tom de voz.

Por falar em tom de voz, tanto o pastor quanto o marido devem, em geral, usar palavras mais suaves justamente por causa da autoridade que exercem. Com os três amigos com quem me encontro algumas vezes por mês para prestação de contas, posso me expressar com muito mais firmeza e intensidade: "Cara, você NÃO PODE fazer isso!" Já com minha esposa e filhas, preciso reduzir bastante o tom, para não as desanimar ou esmagar. Elas compreendem que sua submissão é um chamado de Deus. Por isso, posso deixar que a autoridade do meu ofício fale por si mesma, confiando que, no fim das contas, elas prestarão contas a Deus, não a mim. Posso me expressar com firmeza, mas também com compaixão e empatia.

Outra maneira de estabelecer esse ponto sobre a forma de falar é dizer que os presbíteros (em um contexto interpessoal, não de pregação) e, especialmente, os maridos devem *solicitar* mais do que *ordenar*. Paulo dá um exemplo para os presbíteros quando diz a Filemom: "Ainda que eu sinta plena liberdade em Cristo para te ordenar o que convém, prefiro, todavia, solicitar em nome do amor;" e, logo em seguida: "Nada, porém, quis fazer sem o teu consentimento, para que a tua bondade não venha a ser como que por obrigação, mas de livre vontade" (Fm 8, 9, 14). Afinal, um pastor não se relaciona com um membro da igreja como um pai se relaciona com seu filho de três anos. Seu objetivo é ver corações regenerados *escolhendo* por si mesmos a obediência a Deus. Esse é, afinal, o objetivo da nova aliança. Não há serventia nenhuma em usar o medo como instrumento de submissão.

Isso é ainda mais verdadeiro para um marido. Deus deu autoridade aos maridos não tanto para "comandar" suas esposas, mas para amá-las, liderá-las e convidá-las a compartilhar a obra de domínio do Senhor. A esposa deve sentir sobre si a responsabilidade, dada pelo Senhor, de se submeter e seguir o marido, mas não porque seu marido pesa a mão e insiste na subserviência.

(2) *Opera por meio da confiança e do relacionamento*. A autoridade de comando impele à obediência, pelo menos em parte pela ameaça de disciplina. A autoridade de conselho, por sua vez, impele à obediência ao ganhar a confiança e construir um relacionamento. Membros de igreja e esposas precisam ser capazes de confiar no caráter, na competência e na confiança dos homens que os lideram. A confiança é a

moeda que pastores e maridos têm para gastar, a gasolina que faz o carro andar. Esposas e membros se sentirão mais inclinados a seguir quando confiarem na integridade pessoal e no amor abnegado do homem ou dos homens que lideram.

Afinal de contas, Cristo nunca força a igreja a obedecê-lo e segui-lo. Isso iria de encontro à própria promessa da nova aliança, que inclui corações que anseiam por obedecer (cf. Jr 31.31-34). Em vez disso, a igreja segue Jesus porque confia nele. Sua obediência está enraizada na fé, na esperança e no amor — a única obediência que tem qualquer valor no Reino de Cristo. Todo o resto é pecado (Rm 14.23). Da mesma forma, de que adianta a obediência forçada ou relutante de uma esposa? Essa obediência pode dar ao marido o que ele egoisticamente quer no momento, mas não serve aos propósitos para os quais ele recebeu autoridade: conduzir sua esposa a um governo compartilhado, semelhante ao de Cristo, sobre a criação. O marido não deve usar sua autoridade para forçar, mas para convidar e incitar a mesma obediência cheia de fé e amor que Cristo deseja da igreja. Ele quer ver a obediência e auxílio florescerem por iniciativa própria, como uma flor que brota do coração.

O mesmo princípio se aplica aos presbíteros. Eles se esforçam por uma obediência enraizada no "amor que procede de um coração puro, de uma boa consciência e de uma fé sincera" (1Tm 1.5, NVI). Não possuem autoridade com o propósito de forçar decisões, mas de incitá-las.

(3) *É conquistada*. Em conexão com o último ponto, visto que uma autoridade de conselho funciona por meio da confiança e por relacionamento, presbíteros e maridos devem almejar conquistá-la. Não seria inteiramente correto afirmar que eles "precisam" conquistá-la, pois a Bíblia já ordena que esposas e membros de igreja se submetam; ela lhes impõe uma obrigação. É por isso que, anteriormente neste livro, usei o exemplo de alguém que, equivocadamente, disse que um pastor *precisava* conquistar sua confiança, ignorando que o chamado à submissão repousa em um ofício concedido por Deus. Submeter-se a um pastor ou marido, no fim das contas, não é submeter-se a um simples homem, mas ao Doador do Ofício. Ainda assim, um bom marido ou presbítero buscará constantemente eliminar todos os obstáculos e se empenhará para que o ato de o seguir seja o mais fácil possível. É nesse sentido que ele trabalhará para ganhar a confiança daqueles que estão sob

sua responsabilidade. Fará isso trabalhando com afinco, sacrificando-se no exercício de sua função, vivendo de modo irrepreensível e liderando com confiança.

Muitos maridos já perceberam que passar o fim de semana inteiro assistindo a jogos de futebol, enquanto suas esposas trabalham duro para organizar a casa e cuidar das crianças para a semana seguinte, dificilmente conquista a confiança ou a afeição delas! Será que Cristo fez do homem o cabeça para que ele possa relaxar enquanto sua esposa trabalha? De jeito nenhum! O cabeça deve ser o que mais trabalha, o que mais se sacrifica e o que anda com maior integridade.

Não apenas isso, a instrução de Paulo para que os presbíteros sejam "sóbrios" aponta para a estabilidade e até a seriedade que caracteriza um bom pastor ou marido. Ele sabe quem é e possui confiança em sua posição de cabeça. Possui autocontrole emocional, domina suas paixões, é constante. Sua presença se faz notar. De fato, um bom líder carrega essa qualidade, independentemente de ser cristão ou não. Há um sentido em que a sua própria seriedade já cumpre parte do seu papel, o que, por sua vez, lhe permite agir com gentileza. Homens fracos sentem a necessidade de gritar. Homens fortes se mantêm firmes como um mastro, mesmo quando o vento agita violentamente a bandeira das circunstâncias ao redor.

(4) *É paciente e tem visão de longo prazo*. Um policial ordena que o motorista diminua a velocidade de seu carro imediatamente. Um pai ordena que a criança vá para a cama sem demora. Contudo, a natureza da autoridade exercida por um marido ou presbítero compele o homem a ser paciente, longânimo, terno e consistente. Exige que ele conviva com a esposa e com a igreja de maneira compreensiva. Nunca é severa, mas exige que ele conquiste e cative. Trabalha pelo crescimento a longo prazo, não por resultados forçados e decisões de curto prazo. É por isso que Paulo instrui Timóteo a ensinar "com toda a paciência".

(5) *Respeita aqueles que lidera como seus iguais*. Presbíteros e maridos devem honrar e respeitar aqueles a quem lideram como possuidores de igual agência em cada decisão. Embora um policial ou o pai de uma criança pequena às vezes anule a agência daqueles a quem lidera para fins de proteção e instrução, o marido ou presbítero quase nunca deve fazer isso. Normalmente, devem apelar para a agência da própria pessoa, como Paulo faz com Filemom: não "por obrigação,

mas de livre vontade" (v. 14).[5] A autoridade de um marido ou presbítero é particularmente ajustada a um relacionamento de parceria e colegialidade, já que não possui poder de coerção. A autoridade deles requer colaboração e envolvimento e apela ao consentimento. Apontando para passagens como Efésios 5.22 e 1 Pedro 3.1, William Swan Plumer (um comentarista presbiteriano do século XIX) afirmou que "a esposa deve ao marido reverência e obediência." No entanto, ele prossegue: "A reverência e a obediência exigidas não são as de um servo, nem mesmo as de uma criança, mas sim as de uma companheira que é, ainda, o vaso mais frágil."[6]

A única exceção a esse princípio que posso imaginar é quando o marido e a esposa se encontram num impasse sobre uma decisão importante: "Que escola as crianças devem frequentar?"; "Devemos comprar esta casa?"; etc. O desafio nesse contexto não tem nada a ver com disciplina, é claro, mas com o fato de que alguém deve ter a última palavra. E a Escritura ensina que esse alguém deve ser o marido. Dito isso, a autoridade de maridos e presbíteros também...

(6) *É rápida em renunciar aos seus direitos.* Maridos e presbíteros também devem ser rápidos em renunciar aos seus direitos, talvez especialmente quando o desacordo persiste. Possuir um direito não implica uma obrigação de exercê-lo. Paulo instrui maridos e esposas a cederem seus "direitos conjugais" um ao outro (1Co 7.3) e, simultaneamente, serve de modelo ao mostrar disposição de desistir de seus próprios direitos ao sustento físico: "Eu, porém, não me tenho servido de nenhuma destas coisas e não escrevo isto para que assim se faça comigo" (1Co 9.15). Juntando essas duas ideias, podemos afirmar que, embora o Senhor ordene aos cônjuges cederem um ao outro, isso não significa que ele nos concede autorização — particularmente aos maridos — para simplesmente tomar, ou mesmo exigir, aquilo que deve ser dado voluntariamente. A lição maior é que homens que

5 Acredito que Paulo, enquanto apóstolo, podia anular a agência de um membro da igreja, como demonstrou ao entregar Himeneu e Alexandre a Satanás (ou seja, os excomungou) para que aprendessem a não blasfemar. Não obstante, creio que o padrão predominante nas epístolas do Novo Testamento era os apóstolos agirem mais como pastores, como se estivessem mais interessados em deixar um exemplo a ser seguido por pastores ou presbíteros do que em invocar sua própria autoridade apostólica. Além do caso de Filemom, veja, por exemplo, como Paulo comunica aos coríntios que já havia julgado o homem adúltero (1Co 5.3), mas este ainda não fora efetivamente excluído. Paulo convocou a igreja a exercer seu próprio julgamento e excluir o homem (vv. 2, 5, 12). De modo semelhante, Pedro, dirigindo-se aos presbíteros locais, refere-se a si mesmo como companheiro deles no pastorado (1Pe 5.1).

6 William Swan Plumer, *The Law of God: As Contained in the Ten Comandamentos Explained and Enforced* (Filadélfia: Presbyterian Board of Publication, 1864), p. 470.

possuem autoridade de conselho, seja no lar ou na igreja, devem ser os mais rápidos a renunciar a seus direitos, porque esse é o exemplo que Cristo nos deixou. Ele não veio para ser servido, mas para servir e dar sua vida como resgate (Mc 10.45).

Suponha, então, que você se encontre num impasse com sua esposa ou com a congregação. Você é rápido em fazer valer sua vontade? Na maioria das vezes, deveria desacelerar e esperar. Ore. Incentive. Talvez, instrua. Ouça mais uma vez. Lembre-se de que o alvo de um marido ou presbítero não é fazer valer a própria vontade. O alvo é fazer as pessoas crescerem, guiando-as em direção a Cristo, de modo que todos avancem juntos e por feliz consentimento.

Uma autoridade evangelística adequada à lógica do evangelho

O que a autoridade de conselho oferece, em última análise, é um tipo de autoridade que segue a lógica do evangelho. Considere o seguinte: o evangelho inclui um novo coração, e esse coração, em sua forma ideal, quer obedecer. Uma autoridade de conselho, então, se alinha a esse ideal. Não usa a força; antes, a rejeita, pois fazê-lo exibe a beleza daquilo que compele esses novos desejos. Uma autoridade de conselho atua melhor ao apontar para essa beleza, convidando, compelindo com bondade. Então, os corações que estão "debaixo" dela passam a querer seguir.

Deus dá aos maridos a oportunidade de exercer esse tipo de autoridade com o poder de atração de um amor como o do Cântico dos Cânticos. Esse é um dom de sua graça comum, estendido a toda a criação, e faz parte da lógica profunda que subjaz à conexão tipológica entre maridos e esposas, de um lado, e Cristo e a igreja, do outro.

De modo semelhante, Deus dá aos presbíteros a oportunidade da graça especial de exercer esse tipo de autoridade com vidas que demonstram uma retidão convincente. A retidão deles deve ser atraente para uma congregação regenerada, para que os presbíteros possam, juntamente com Paulo, dizer: "Sede meus imitadores, como também eu sou de Cristo" (1Co 11.1).

Tudo isso significa que a autoridade de conselho é, em sua essência, evangelística. Você convida, não força. Às vezes corrige, mas, na maior parte do tempo, compele com esperança. Você aponta para a lei, mas, na maior parte do tempo, anuncia a graça. Fala com clareza, mas também com bondade, porque seu objetivo é conquistar as pessoas — as esposas para a unidade e os membros da igreja, para a retidão. Você não deve ser conivente, assim como Jesus não foi conivente, nem capitular, assim como Jesus não capitulou. Todavia, assim como Jesus chamou seus discípulos de junto de suas redes de pesca, também os maridos e presbíteros exercem autoridade ao tomar a iniciativa e apontar com amor para o caminho a seguir. Aqueles que são liderados, por sua vez, têm a obrigação de obedecer, assim como os que ouvem o evangelho e ainda não são cristãos.

Conclusão

Muitas vezes, os cristãos falam sobre autoridade como se ela fosse de um tipo só. Espero que a discussão deste capítulo tenha demonstrado que a autoridade se apresenta em uma variedade de tecidos, com uma variedade de texturas que servem a uma variedade de propósitos. Isso significa que nós, da mesma forma, precisamos de mais nuances para descrevê-la e praticá-la.

A única forma de autoridade que não abordei neste capítulo é a de um empregador, gerente, chefe ou comandante militar. O comandante aparece nas Escrituras, uma vez que sua autoridade opera como uma extensão da autoridade do governo, mas a autoridade dos empregadores ou gerentes não é apresentada com os mesmos contornos. Visto que as economias do mundo antigo dependiam amplamente da relação mestre-aprendiz e da escravidão, não há uma correspondência bíblica imediata com o relacionamento moderno entre gerente e empregado, o qual, até certo ponto, é geralmente voluntário. Um chefe pode demiti-lo, mas você também pode pedir demissão quando quiser. Abordaremos o assunto de forma mais detalhada em um capítulo subsequente.

Passemos então à descrição das atribuições dos vários ofícios de autoridade que estamos considerando.

PERGUNTAS PARA REFLEXÃO

1. Quais são algumas das semelhanças e diferenças entre os papéis de maridos e esposas, de um lado, e pastores e membros da igreja, de outro (p. 204-205)?

2. Se você faz parte de uma igreja, como seus líderes têm demonstrado sua compreensão de uma autoridade de comando versus uma autoridade de conselho (p. 205-207)?

3. O autor lista seis aspectos da autoridade de conselho (p. 210-215). Qual desses aspectos chamou sua atenção durante a leitura e por quê?

4. Se você for marido ou presbítero, quais são alguns obstáculos que você precisa remover para que segui-lo seja o mais fácil possível (p. 212)?

12

O MARIDO (CONSELHO)

Autorização pactual: aliança adâmica (comum)

Sede fecundos, multiplicai-vos, enchei a terra e sujeitai-a; dominai sobre os peixes do mar, sobre as aves dos céus e sobre todo animal que rasteja pela terra. (Gn 1.28)

Tomou, pois, o Senhor Deus ao homem e o colocou no jardim do Éden para o cultivar e o guardar [...] Disse mais o Senhor Deus: Não é bom que o homem esteja só; far-lhe-ei uma auxiliadora que lhe seja idônea. (Gn 2.15, 18)

Disse o homem: Esta, afinal, é osso dos meus ossos e carne da minha carne; chamar-se-á varoa, porquanto do varão foi tomada. Por isso, deixa o homem pai e mãe e se une à sua mulher, tornando-se os dois uma só carne. (Gn 2.23-24)

Outros textos bíblicos elucidativos

A Sabedoria edificou a sua casa [...] Já deu ordens às suas criadas e, assim, convida desde as alturas da cidade [...] A loucura é mulher apaixonada, é ignorante e não sabe coisa alguma. (Pv 9.1, 3, 13)

Mulher virtuosa, quem a achará? [...] O coração do seu marido confia nela, e não haverá falta de ganho. Ela lhe faz bem e não mal. (Pv 31.10-12)

O cabeça de todo homem é Cristo, e o cabeça da mulher é o homem, e o cabeça de Cristo é Deus. (1Co 11.3, NVI)

As mulheres sejam submissas ao seu próprio marido, como ao Senhor; porque o marido é o cabeça da mulher, como também Cristo é o cabeça da igreja, sendo este mesmo o salvador do corpo. Como, porém, a igreja está sujeita a Cristo, assim também as mulheres sejam em tudo submissas ao seu marido.

Maridos, amai vossa mulher, como também Cristo amou a igreja e a si mesmo se entregou por ela, para que a santificasse, tendo-a purificado por meio da lavagem de água pela palavra, para a apresentar a si mesmo igreja gloriosa, sem mácula, nem ruga, nem coisa semelhante, porém santa e sem defeito. Assim também os maridos devem amar a sua mulher como ao próprio corpo. Quem ama a esposa a si mesmo se ama. (Ef 5.22-28)

Mulheres, sede vós, igualmente, submissas a vosso próprio marido, para que, se ele ainda não obedece à palavra, seja ganho, sem palavra alguma, por meio do procedimento de sua esposa, ao observar o vosso honesto comportamento cheio de temor [...] Não seja o adorno da esposa o que é exterior [...] porém o homem interior do coração, unido ao incorruptível trajo de um espírito manso e tranquilo, que é de grande valor diante de Deus [...] Praticando o bem e não temendo perturbação alguma. Maridos, vós, igualmente, vivei a vida comum do lar, com discernimento; e, tendo consideração para com a vossa mulher como parte mais frágil, tratai-a com dignidade, porque sois, juntamente, herdeiros da mesma graça de vida, para que não se interrompam as vossas orações. (1Pe 3.1-7)

Descrição de atribuições

Cultivar a união, liderando e amando sua esposa no trabalho compartilhado de exercer domínio sobre a terra, e confiando em sua ajuda, competência e sabedoria.

Antes de abordar o ofício de marido, deixe-me oferecer alguns princípios sobre como ler a Bíblia de forma institucional, os quais se aplicarão a este e aos próximos cinco capítulos:

1. *Alianças constitucionalizam.* Você notará que eu começo cada capítulo com referência à "autorização pactual" de determinado ofício. Isso porque Deus estrutura seus relacionamentos com a humanidade por meio de alianças. Para usar uma palavra um pouco mais familiar em nossos dias, alianças "constitucionalizam" nosso relacionamento com Deus. Você sabe o que é uma constituição: é o conjunto de regras para a criação de outras regras e para determinar quem tem autoridade para fazer o quê. A constituição dos Estados Unidos, por exemplo, estabelece que o presidente possui *certos* poderes, o Congresso, *outros*, e assim por diante.

2. *Instituições pactualmente específicas.* Da mesma forma, uma das coisas que as principais alianças da Bíblia fazem é estabelecer várias instituições que ajudam a regular a vida no âmbito dessas alianças. O pacto de Deus com Adão inclui as instituições do casamento, a estrutura de pais e filhos e, por necessidade implícita, o ambiente de trabalho. Sua aliança com Noé inclui a instituição do governo, pelo menos em sua forma pós-Queda. Poderíamos falar sobre as várias instituições que as alianças abraâmica, mosaica e davídica estabeleceram, como a circuncisão ou o sacerdócio, mas fazê-lo iria além dos propósitos deste livro. Por fim, embora a nova aliança em si não tenha estabelecido diretamente as instituições da igreja local e visível e de seus presbíteros, Deus as estabeleceu ao longo do caminho para regular a vida no âmbito da nova aliança, antes do retorno de Cristo.

3. *Alianças comuns e especiais.* Além disso, as alianças que Deus faz com a humanidade se dividem em dois tipos: comuns e especiais. As alianças com Adão e Noé foram feitas com toda a humanidade em comum. Já as alianças com Abraão, Moisés, Davi e a nova aliança foram feitas com seu povo particular. Por isso, os ofícios estabelecidos nas alianças comuns se aplicam diretamente a toda a humanidade, como é o caso do casamento, da família e do governo. Já os ofícios determinados para seu povo especial vinculam diretamente aqueles que pertencem a essas alianças específicas, como é o caso da igreja e de seus presbíteros. A maneira como essas alianças comuns e especiais se conecta, bem como as relações das alianças especiais entre si, será tratada no capítulo sobre governo.

4. *Elucidação textual posterior.* Uma vez que uma aliança tenha estabelecido um ofício, os textos bíblicos posteriores nos ajudam a entender melhor a natureza e o escopo desse ofício. Por exemplo, Deus instituiu o casamento em Gênesis 1 e 2, mas os ensinamentos posteriores de Paulo elucidam e aprofundam nossa compreensão desses capítulos. No início dos capítulos 12 a 17, incluí tanto as passagens originais de autorização quanto alguns textos elucidativos relevantes.

Então, ao nos voltarmos para o ofício de marido, não há outro ponto de partida senão os dois primeiros capítulos de Gênesis, com a aliança original de Deus com Adão: "Sede fecundos, multiplicai-vos, enchei a terra e sujeitai-a."[1]

---

1 Não me refiro à "aliança de obras", que é uma construção teológica. Em vez disso, refiro-me ao que é chamado de aliança de Deus com a Criação, que está ligada ao mandato da criação. Cf. Peter J. Gentry e Stephen J. Wellum, *Kingdom through Covenant: A Biblical-Theological Understanding of the Covenants*, 2ª ed. (Wheaton,

De modo mais imediato, o casamento serve ao propósito de trazer o domínio de Deus é à terra. Deus colocou Adão no jardim para "o cultivar e o guardar", e então criou Eva como "ajudadora" para realizar esse trabalho com ele (Gn 2.15, 18). O casamento é uma parceria e um empreendimento colaborativo. Nem o homem nem a mulher podem ser fecundos e multiplicar-se sem o outro, nem tampouco encher e subjugar a terra sozinhos.

Quando um homem solteiro me pede conselhos sobre namorar com alguém, às vezes recomendo que ele busque oportunidades de servir ou trabalhar em projetos junto com a mulher em questão. Por exemplo, uma ideia para um primeiro encontro seria visitar membros idosos da igreja em uma casa de repouso.

A ideia é mostrar que o casamento não se resume a trocas de olhares românticos. Trata-se de construir uma vida em conjunto: cavar o buraco, lançar os alicerces de concreto, edificar a casa, decorá-la, enchê-la de filhos, ajudar com tarefas escolares, ensinar instrumentos, cultivar a terra, plantar, colher, estudar a Bíblia, orar, cantar, praticar a hospitalidade, evangelizar e, por fim, despedir-se dos filhos já adultos quando eles saem a subjugar novos territórios. Tudo isso faz parte do casamento e de seu propósito: marido e mulher unidos neste magnífico empreendimento de domínio, representando o governo, a justiça e o amor de Deus como criaturas feitas à sua imagem.

Voltemos à conversa com o jovem. Digo-lhe que, se essa é a vida que ele pretende viver com uma mulher, talvez deva começar a testá-la no namoro. Certamente você vai gostar de se sentar ao lado dela em uma cafeteria e trocar olhares. Mas será que ela é trabalhadora? É competente? Vive centrada em si mesma ou nos outros? Conhece o perdão e a misericórdia? Essas são as perguntas para as quais você quer respostas.

Naturalmente, tenho dito a mesma coisa às minhas filhas adolescentes, tanto quando pensam no tipo de mulher que querem ser quanto no tipo de homem com quem desejam se casar. Ele é trabalhador? É competente? Vai liderá-la na tarefa de exercer domínio e servir aos outros?

O casamento serve ao domínio.

IL: Crossway, 2018), p. 211-58 [cf. versão condensada disponível em português *O Reino de Deus através das alianças de Deus: Uma teologia bíblica concisa* (São Paulo: Vida Nova, 2021)].

Em que consiste a autoridade do marido?

Contudo, o casamento não existe apenas para servir ao domínio, mas também para cumprir um propósito anterior e mais elevado: união. Então, talvez exista, *sim*, um momento apropriado para sentar-se em uma cafeteria e simplesmente olhar nos olhos um do outro!

Note que essa primazia da união é justamente o primeiro ponto que destaquei na "descrição de atribuições" do ofício do marido: *cultivar a união* ao liderar e amar sua esposa no trabalho compartilhado de exercer domínio sobre a terra.

Em outras palavras, o casamento serve ao domínio, mas o domínio é maior que o casamento. Domínio pertence a todo ser humano — homem ou mulher, casado ou solteiro. É um chamado humano, não apenas conjugal. Portanto, quando um marido se levanta pela manhã e bate o ponto para iniciar suas tarefas diárias no exercício desse chamado, sua atribuição *como marido* é cultivar a união com sua esposa nesse trabalho. É isso que significa ser um marido: à medida que busca domínio, você o faz pelo cultivo da união com sua esposa. Você possui uma "autoridade evangelística" (cf. p. XXX) para esse fim.

Eis outra forma de apresentar essa ideia — cortesia do pastor Michael, com quem eu e minha esposa fizemos nosso aconselhamento pré-nupcial. "O casamento não é uma fatia da torta da vida de cada um de vocês", disse, "como se você tivesse uma fatia para o trabalho, uma para os filhos, outra para a igreja e outra para o casamento. Mudando de metáfora, o casamento é mais como uma lente através da qual você agora deve enxergar toda a vida." O que Michael chamou de *lente*, chamo de *união no domínio*. Cultivar essa união é encarar a vida inteira em parceria com o cônjuge. Ambos, marido e esposa, devem fazer isso — mas o marido deve sentir a responsabilidade de tomar a iniciativa.

Repare nas primeiras palavras de Adão ao encontrar Eva pela primeira vez: "Esta, afinal, é osso dos meus ossos e carne da minha carne" (Gn 2.23). É uma forma hebraica de dizer: "Temos o mesmo sangue." Contudo, por que Adão diria isso? Uma esposa não deve ser nossa parenta de sangue. Em vez disso, o casamento começa com uma escolha e um compromisso de aliança.

No entanto, esse é exatamente o ponto da declaração de Adão: essa escolha e compromisso de aliança devem se mostrar mais amplos, duradouros, elevados e profundos do que a própria biologia (cf. Ef 3.18). A aliança conjugal promulga a obra do próprio Deus. Afinal de contas, é o próprio Deus quem une marido e mulher (Mc 10.9) — não, em última análise, o ministro, os votos, os documentos do cartório, ou o leito conjugal. É Deus quem os une, disse Jesus. Chame-o de "biologia regenerada", tipologicamente falando. É uma espécie de nova criação.

Moisés, o narrador da passagem, então nos mostra um retrato dessa família regenerada tomando precedência sobre a família biológica: "Por isso, deixa o homem pai e mãe e se une à sua mulher" (Gn 2.24a). De algum modo, ele agora é mais próximo a ela do que à mamãe e ao papai. Essa realidade pactual — e, em última análise, sobrenatural — é então oficialmente confirmada, retratada e praticada mediante um selo conjugal que graficamente demonstra essa união: "tornando-se os dois uma só carne" (v. 24b).

A parceria conjugal, portanto, existe a serviço do domínio. Marido e esposa trabalham lado a lado para encher e subjugar a terra. Ainda assim, a atribuição específica do marido como tal é liderar sua esposa em subjugar a terra *com* ele, como sua ajudadora. Ele tira os olhos do solo, vira o rosto para ela, toma sua mão e diz: "Quero fazer isso junto com você." O trabalho de domínio fornece o solo — o *onde* e o *como* — para o cultivo da união conjugal.

Essa ênfase central na união é justamente o que diferencia a autoridade do marido de todas as outras formas de autoridade que serão abordadas nos capítulos seguintes. Sim, pais, governos, gerentes e presbíteros, todos também trabalham por uma certa unidade de cabeça, coração e mãos. Todavia, a Escritura dá destaque, especialmente, à união no relacionamento conjugal.

É trágico, portanto, com que frequência pastores ouvem esposas reclamarem que se sentem desprezadas por seus maridos — seja por passarem longas horas no trabalho ou por estarem emocionalmente ausentes, mesmo quando estão presentes. Maridos assim abandonaram seu dever primordial: a busca da união com a esposa. São negligentes. Fracassados. Perdedores. E, embora um marido assim provavelmente fique feliz de praticar a união na intimidade do leito conjugal, a verdade é que o trabalho mais importante é viver com a esposa de maneira compreensiva (1Pe 3.7). É conhecê-la e compreendê-la — sua estrutura, seus dons, suas fragilidades, suas dores, suas alegrias e suas possibilidades de crescer e florescer.

Isso nos leva à verdadeira natureza dessa união. A união entre marido e mulher não é algo indiferenciado, como dois pedaços de argila cinzenta que se misturam para formar uma bola de argila cinzenta maior. Pelo contrário: a Escritura usa a imagem de cabeça e corpo. Assim, conhecer e compreender a esposa deve ser feito com o mesmo zelo com que se cuida do próprio corpo. Depois de descrever o marido como "o cabeça da mulher", Paulo escreve: "Os maridos devem amar a sua mulher como ao próprio corpo. Quem ama a esposa a si mesmo se ama" (Ef 5.23, 28). Você a ama como a si mesmo (união), mas especificamente do modo pelo qual uma cabeça ama o corpo (diferenciação). Paulo continua: "Porque ninguém jamais odiou a própria carne; antes, a alimenta e dela cuida" (Ef 5.29).

Todo marido é o cabeça de sua esposa. E é crucial reconhecer que isso é algo inevitável. Uma vez casado, o homem não precisa se tornar o cabeça. Ele simplesmente o é. Ele pode ser um cabeça que dá vida ou que rouba a vida, um cabeça presente ou ausente. Mas ele é o cabeça. Isso está enraizado na própria estrutura da criação.

O mundo de hoje pode espernear e rejeitar essa ideia o quanto quiser. No entanto, se você assistir a praticamente qualquer filme romântico, verá que essas dinâmicas se infiltram, por mais distorcidos que sejam todos os outros aspectos dos relacionamentos retratados. Assista com atenção e você provavelmente verá que o homem possui uma espécie de inevitabilidade de iniciativa. Ou, ainda que a mulher inicie e controle todas as cenas, o homem ainda define, de alguma forma, os termos do relacionamento. A liderança masculina está entrelaçada no tecido da realidade de tal modo que, mesmo quando os roteiristas se propõem deliberadamente a abafar essa narrativa, acabam por inseri-la na escrita. Não conseguem evitá-la. É natural. Ou normal. E nenhuma história de amor entre um homem e uma mulher faz sentido intuitivo sem esse elemento. Ironicamente, a própria ascensão do movimento feminista atesta a inevitabilidade da liderança do marido. Por que outra razão a autoridade masculina no lar seria quase universal e considerada o inimigo a ser contestado?[2]

---

2 Observe também o que acontece quando uma cultura decide remover formalmente a autoridade do relacionamento conjugal em nome da "igualdade" (cf. discussão sobre igualdade na conclusão). Essa cultura logo terá poucos motivos para fazer qualquer distinção entre homens e mulheres, além de reconhecer que esses pedaços de barro cinzento possuem algumas protuberâncias e cavidades distintas, que podem ser, de qualquer forma, modificadas por procedimentos cirúrgicos. Se homens e mulheres são basicamente intercambiáveis, realmente não há resposta para as perguntas "O que é um homem?" ou "O que é uma mulher?" Em outras palavras, a boa dádiva divina da autoridade para o casamento ajuda a preservar a distinção de sexos no entendimento das pessoas. Perca o primeiro elemento e você logo perderá o segundo, como as últimas décadas têm demonstrado.

A única questão em aberto é que tipo de cabeça um homem é: um líder fiel ou infiel? O que lidera: sua presença ou sua ausência? Usando as palavras de Paulo sobre como um homem trata o próprio corpo: ele "alimenta" a esposa e "cuida" dela? A inevitabilidade da liderança masculina é uma razão pela qual seu abuso pode ser tão profundamente devastador. É verdade que esposas abusivas também abalam seus maridos, levando-os à ansiedade, depressão, retraimento e outros problemas semelhantes. Homens e mulheres são igualmente capazes de pecar uns contra os outros e, como diz Provérbios, a mulher tola pode destruir sua própria casa (Pv 14.1). Ainda assim, um cabeça abusivo pode abalar, sufocar, esmagar ou destruir muito mais seriamente o espírito de uma pessoa.

Dito isso, poucas coisas neste mundo têm tanto poder de fortalecer, encorajar, capacitar, animar, vivificar ou edificar uma mulher quanto um cabeça que se dedica ao bem dela. Isso não é negar a provisão abundante e suficiente de Deus para mulheres que nunca chegam a se casar. É afirmar a dádiva maravilhosa que Deus dá a muitas delas. Algo que eu e outros colegas pastores observamos frequentemente é que mulheres amadas por seus maridos parecem se tornar mais belas com o passar dos anos, mesmo enquanto seu corpo envelhece. Há algo de efervescente, um brilho inexplicável, em uma mulher mais velha que possui um marido forte e generoso. Há confiança, paz, contentamento e força no olhar e no sorriso delas.

Que tipo de autoridade o marido possui?

Penso que a inevitabilidade da liderança ajuda a explicar por que o Novo Testamento não orienta o homem a impor sua autoridade. Você não encontrará nenhuma passagem que diga: "Governe-a", "ordene à sua esposa" ou "lidere-a com toda autoridade", como acontece em relação aos presbíteros da igreja. Os principais imperativos dados ao marido são: amar a esposa (Ef 5.28; Cl 3.19); não se irritar com ela (Cl 3.19, ARC); viver com ela com discernimento (1Pe 3.7); tratá-la com dignidade (1Pe 3.7); e (como um indicativo) prover para ela (1Tm 5.8).

Isso não significa que o marido nunca deva lembrar à sua esposa suas obrigações de seguir a liderança dele, como parte de sua fidelidade ao Senhor. Diversas vezes, os apóstolos ordenam a esposa a se submeter (Ef 5.22, 24; Cl 3.18; 1Pe 3.1). Contudo, significa *sim* que tais lembretes podem, na verdade, ser bem esporádicos. Ele não precisa se esforçar para reivindicar o que já possui. Se for um bom líder, terá confiança em sua posição. Não se trata de confiança em si mesmo, mas no Senhor e na designação divina. Tal confiança liberta o homem para se relacionar com a esposa de modo calmo e intencional. Ele exala sobriedade (1Tm 3.2). Não vê qualquer necessidade de competir com a mulher. Não precisa levantar a voz. Na verdade, poucas coisas revelam tanto a fraqueza e o desespero quanto um marido que grita.

Em vez disso, ele a estima, provê para ela, protege-a, aponta-a para o Senhor e para a Palavra do Senhor (cf. Ef 5.26). Também aponta para o horizonte, o solo por onde espera que eles hão de seguir em seu trabalho compartilhado de domínio. No entanto, em tudo isso, sua ênfase permanece em amá-la, honrá-la e viver a vida comum do lar com discernimento.

A autoridade do marido é abrangente, pois está relacionada ao domínio, o que significa que diz respeito a todas as áreas da vida. É por isso que Paulo ordena à esposa que se submeta "em tudo" ao marido (Ef 5.24). Interpreto essa expressão com o significado de "em todas as esferas da vida". No entanto, como afirmei no capítulo anterior, trata-se de uma autoridade evangelística, de conselho. O marido não deve buscar governar pelo medo, mas por meio de convite, presença, construção de confiança, visão de longo prazo e uma mão comparativamente leve.

Penso em meu amigo Eric (nome fictício), que havia sido convidado para concorrer a uma eleição pastoral. Ele passou um fim de semana visitando a igreja, pregando e sendo entrevistado — tudo sem a companhia da esposa. Terminou a viagem convicto de que o Senhor o estava chamando para pastorear aquela igreja. Entretanto, ao voltar, não compartilhou essa conclusão com a esposa, nem destacou os aspectos positivos da igreja. Falou apenas dos pontos negativos, mas a encorajou a visitar a igreja pessoalmente. Por que essa tática? Porque ele sabia que aquele caminho seria mais difícil do que o que haviam antes planejado. Por isso, ele desejava que ela tivesse a decisão bem firme em seu próprio coração. Ele demonstrou liderança não buscando um assentimento apressado e passivo ("Ok, vou seguir você"), mas ajudando-a a colocar todo o seu ser diante do Senhor, a fim de que o próprio Deus a conduzisse (ou não) à mesma conclusão. É assim que a autoridade de conselho funciona.

Ao visitar a igreja e retornar, ela declarou: "Acho que Deus está nos chamando para lá." Somente então Eric finalmente disse: "Também penso que sim".

Meu objetivo não é dizer que toda decisão deva seguir esse modelo — o marido esconde sua opinião e só revela seus sentimentos após a esposa chegar à mesma conclusão dele. Essa abordagem funcionou para ele e sua esposa naquele momento específico. O que quero destacar é o princípio profundo que guiou a liderança de Eric. Ele levou em consideração quem sua esposa era e como Deus a havia formado de modo singular. Assim, não tentou manipulá-la para obter rapidamente a resposta que queria. Pelo contrário: Eric escolheu honrá-la como sua igual, considerando quem sua esposa como um todo. Se ela tivesse abominado a ideia, suponho que ele não teria forçado a questão, mas teria considerado a reação dela como o direcionamento do Senhor para outra direção.

Às vezes, as pessoas se referem à autoridade do marido como a capacidade de "dar o voto de minerva" quando há divergência entre ele e sua esposa. Em certo sentido, isso está correto, e não vejo problema no uso dessa linguagem. Há situações raras em que o marido pode, de forma razoável, contrariar a posição da esposa em decisões familiares, como ao definir o uso das férias ou decidir se o filho deve ser retirado de uma escola (ele jamais, em hipótese alguma, deve usar sua autoridade para forçar ou manipular a esposa a aceitar intimidade física). No entanto, reduzir a autoridade a essa imagem do voto de minerva é perder de vista o quadro geral. O ponto principal é que o homem não deve viver preocupado em conseguir o que quer, mas em conhecer bem sua esposa e ajudá-la a crescer em graça e piedade e no exercício conjunto de domínio. A autoridade do marido não está tanto em tomar as grandes decisões, mas em tomar a iniciativa de amar sua esposa e arcar com a responsabilidade final pela vida conjunta deles, a cada minuto de cada dia de sua vida. Para liderá-la bem, ele deve morrer completamente para seus próprios desejos — exceto para o desejo singular de ajudá-la a seguir o Senhor junto com ele. Isso implica que o marido deve se esforçar para evitar tais decisões de desempate, seja por meio da oração, da paciência ou da tentativa de persuadi-la, mas não com uma mão opressora ou de forma manipuladora.

Além do mais, quando um casal precisa decidir algo junto, o marido depende profundamente de sua esposa para tomar boas decisões. Como mencionei anteriormente, Deus o criou para confiar na sabedoria, competência e ajuda de sua esposa. Por que Adão precisaria de uma auxiliadora? Talvez porque nenhum homem seja competente em tudo, nem mesmo um homem ainda não caído. Talvez porque ele só conseguisse realizar sozinho parte do trabalho. Talvez porque não houvesse como cumprir o mandato de multiplicação sem ela. Seja qual for o motivo exato, Adão necessitava da ajuda de Eva. E, se você já contratou alguém para ajudá-lo em algo, sabe que quer a pessoa mais competente e habilidosa possível. Assim, também Adão precisava da competência, habilidade e força de Eva. E o mesmo se aplica a todo marido.

Cada mulher carrega consigo um currículo de talentos e vivências. A união no casamento acontece à medida que o homem estuda esse currículo de dons da esposa e se empenha em aproveitar ao máximo cada uma dessas qualidades. Ele precisa ser um bom despenseiro da esposa que Deus lhe deu e encorajá-la a ser uma boa despenseira de seus próprios dons, tudo com o propósito de realizar mais trabalho de domínio e trazer glória a Deus. Um bom marido deve querer ver sua esposa crescer e maximizar seus pontos fortes. Se ela tem talento com organização, escrita, finanças — ou para abrir um comércio de faixas de linho, como a mulher virtuosa de Provérbios 31 (cf. vv. 18, 24) —, ele deve procurar maneiras de ajudá-la a aproveitar ao máximo esses dons em benefício do lar, do casamento, do Reino de Cristo e de seu trabalho compartilhado de domínio.

Em especial, os maridos devem buscar a sabedoria de suas esposas. Creio que essa é uma lição clara do livro de Provérbios. Em Provérbios 7, vemos a mulher que o homem deve evitar: a adúltera. Em seguida, o Capítulo 8 nos chama à sabedoria, personificada como uma mulher que nos convida para que a ouçamos. O Capítulo 9 continua na mesma linha, mas agora são duas mulheres que nos chamam: a Senhora Sabedoria e a Senhora Loucura. Todos nós iremos ouvir uma ou a outra. Múltiplas vezes, Provérbios alerta contra a "mulher rixosa" (19.13; 21.9; 25.24; 27.15), ao passo que a "esposa prudente" é um dom do Senhor (19.14). O livro inteiro de Provérbios então termina com a imagem de outra Senhora Sabedoria, só que agora ela já não é uma personagem literária, mas uma mulher real: a esposa excelente, que teme ao Senhor (31.10-31). Nem todas as mulheres são sábias, mas um homem prudente busca uma mulher sábia e, então, dá ouvidos a ela, sabendo que desprezar sua sabedoria faz dele o tolo que escolhe a ruína.

Num mundo caído, a inclinação natural de maridos e esposas é competir, como dois jogadores de xadrez tentando usar cada peça que têm um contra o outro. Contudo, as Escrituras chamam ambos a renunciarem ao uso egoísta de quaisquer dons, forças ou vantagens que possuam e, em vez disso, a se dedicarem ao serviço do outro. Todavia, cada um deles o faz a partir de suas respectivas posições. Um aspecto do papel masculino pode ser ilustrado com o Capitão Jean-Luc Picard, da nave estelar *Enterprise*. A tripulação discutia de forma intensa qual planeta visitar, até que se chegava a um consenso e ele então declarava: "Que seja assim!" Isso significa que o homem recebe o bastão por último e o carrega até o fim. Ele carrega o maior fardo e deve arcar com o custo mais alto por cada pecado ou erro. Repetidas vezes, a Bíblia enfatiza que quem exerce autoridade enfrenta maior juízo (Tg 3.1; Hb 13.17) e Deus adverte o marido de que voltará as costas para ele, caso não trate sua esposa "com dignidade" (1Pe 3.7).

Isso significa que, ao observar a bagunça deixada na minha casa por meus filhos, minha esposa e por mim mesmo — os pratos sujos na pia, as mágoas na mesa de jantar, o relacionamento rompido no andar de cima, o pecado não tratado no porão — tenho de reconhecer que, no Dia do Juízo, a primeira pessoa da minha família que Deus abordará serei eu: "Por que você ignorou aquele problema com sua esposa? Por que não estabeleceu melhores padrões, abrindo a minha Palavra à mesa de jantar? Por que não parou de assistir àquele programa de TV estúpido e passou mais tempo com seu filho adolescente em crise? Eu o deixei no comando! Era sua responsabilidade, filho." Em seguida, ele se voltará para a minha esposa e minhas filhas e dirá: "Sim, vocês também têm sua própria parcela de culpa. Vocês conheciam meus mandamentos e os negligenciaram. Vocês não são robôs irracionais, mas portadoras da minha imagem com seu próprio poder de agência. No entanto, reconheço que o líder de vocês contribuiu, conduzindo-as a este ou aquele pecado. Ele tornou a obediência mais difícil. Por isso, a culpabilidade de vocês é atenuada." Em outras palavras, Deus levará em conta todos os fatores e circunstâncias ao pesar sua justiça — e uma das cargas mais pesadas na balança será a responsabilidade dada ao marido e pai.

Por que Deus dá autoridade ao marido?

Ao longo deste capítulo, ocultei sob um véu o propósito final do casamento e da autoridade do marido, assim como o Antigo Testamento o faz, mas na esperança de que sua silhueta se mostrasse através dele: o propósito anterior e mais elevado do casamento e da autoridade do marido é ensinar uma lição teológica sobre Cristo e a igreja.

Uso a palavra "anterior" porque Deus não projetou o casamento para, só depois, planejar a vinda de Cristo para salvar um povo e então perceber que poderia usar aquele para nos ensinar sobre esta. Pelo contrário, primeiro, Deus decidiu enviar seu Filho ao mundo para salva rum povo. Então, ele projetou o casamento para retratar essa verdade anterior e mais elevada. Ele queria um sinal de sua graça comum entrelaçado no próprio DNA da criação, para que gente de todas as tribos, línguas e nações pudessem vê-lo.

Como podemos esmiuçar essa ideia do marido como cabeça? Devemos olhar para Cristo e a igreja: "O cabeça de todo homem é Cristo, e o cabeça da mulher é o homem, e o cabeça de Cristo é Deus" (1Co 11.3, NVI). E como o homem deve exercer sua liderança? Seguindo o exemplo de Cristo e da igreja:

> Maridos, amai vossa mulher, como também Cristo amou a igreja e a si mesmo se entregou por ela, para que a santificasse, tendo-a purificado por meio da lavagem de água pela palavra, para a apresentar a si mesmo igreja gloriosa, sem mácula, nem ruga, nem coisa semelhante, porém santa e sem defeito. (Ef 5.25-27)

Note que há algo de pastoral no papel do marido, na medida em que ele deve apontar continuamente sua esposa para a Palavra e para o evangelho de Deus. Deus não deu autoridade aos maridos para que insistam em seus próprios desejos, mas para que apontem para os desejos de Cristo, conforme revelados na Bíblia.

É verdade que os maridos muitas vezes têm disfarçado seu egoísmo usando versículos bíblicos que parecem lhes dar o que querem. Porém, o uso indevido da Bíblia não invalida seu uso adequado. Como disse no Capítulo 2, até Satanás pode citar a Escritura. Por isso, uma mulher sábia não tem outra escolha senão aprender a ler a Bíblia por si mesma e por meio da instrução de presbíteros piedosos em uma igreja saudável. De outro modo, como ela poderá contestar o uso indevido da Escritura por parte de seu marido? Afinal de contas, a mulher só deveria seguir seu marido por ser ela mesma uma seguidora de Cristo.

Ainda assim, em certo sentido, um homem que ama sua esposa como deveria estar preparando-a para a vinda de Cristo, seu Salvador perfeito e plenamente suficiente. A esposa deve ser capaz de observar o marido e, por meio dele, enxergar como é o amor e a autoridade de Jesus. Será como se, quando Cristo aparecer, a esposa o reconhecerá mais facilmente porque, durante muitos anos, tem observado seu marido imitar os padrões de Cristo.

Em resumo, maridos existem para mostrar ao mundo que Jesus Cristo ama seu povo, a igreja, com um amor perfeito, totalmente afetuoso, abnegado e sacrificial. O ofício de marido não existe por si mesmo, mas para apontar para uma realidade mais elevada e definitiva —o amor de Cristo pela igreja. O amor de Cristo pela igreja *não* é o símbolo que aponta para a realidade de ser marido. Ser marido é o símbolo que aponta para a realidade de Cristo.

Quais são os limites da autoridade do marido?

Algumas noites antes do meu casamento, pedi ao meu pastor que me desse algumas últimas palavras de orientação. Ele parou, olhou-me diretamente e disse com seriedade: "Jonathan, você será a principal imagem de Deus e da autoridade dele na vida dela. Jamais use essa autoridade para prejudicá-la, mas apenas para ser uma bênção."

A forma mais simples de resumir o limite da autoridade de um marido é com a palavra *pecado*. Ele não pode pedir que sua mulher peque, nem deve pecar contra ela — quer por aquilo que faz, quer pelo que deixa de fazer. Um marido pode pecar em seu coração, com seus desejos. Pode pecar com suas palavras e suas mãos. Peca sempre que usa seu corpo ou suas palavras para ferir ou intimidar. Pode pecar no que pede para ela fazer ou deixar de fazer. Pode pecar no modo de amá-la ou ao falhar em amá-la. Pode pecar ao falhar em protegê-la ou prover para ela.. Peca sempre que olha para fora da aliança matrimonial em busca de prazer egoísta, mas também quando procura usar o corpo da esposa para esse prazer egoísta — para servir a "mim", em vez de a "ela" e a "nós". Peca sempre que prioriza seus interesses acima dos dela, sempre que deixa de se sacrificar por ela: "Maridos, amai vossa mulher, como também Cristo amou a igreja e a si mesmo se entregou por ela" (Ef 5.25). De tudo isso e muito mais o homem prestará contas.

A jurisdição da autoridade do marido é ampla, pois diz respeito ao domínio compartilhado do casal. No entanto, essa autoridade deve pesar de forma muito leve sobre a esposa. Como já afirmei, ela deveria sentir o peso dessa autoridade mais por causa do seu relacionamento com o Senhor do que por causa do marido.

No seminário, um professor de aconselhamento ensinou à nossa turma que o pecado mais comum entre maridos era a passividade, a ausência ou a abdicação. Então, depois de ter sido passivo por um longo período, e quando algo que a sua esposa faz o frustra, ele explode e erra na direção da violência. Maridos abusivos, explicou ele, tendem a alternar longos períodos de passividade e negligência com breves surtos de fúria e violência. Eles se consolam, achando que são melhores do que realmente são, por causa desses longos períodos de "paz". Mas não é paz verdadeira; é negligência egoísta. Ouvir alguém dizer que viver com um homem assim é como viver nas encostas de um vulcão. Ele não entra em erupção com muita frequência, mas a mulher vive em perpétuo temor de que isso aconteça. Nunca descansa de verdade.

Em sentido amplo, a solução para a autoridade abusiva é, em parte, ensinar aos maridos quais são seus limites. É dizer: você tem uma sua autoridade de conselho, não de comando, o que significa que você não tem o direito de punir ou exercer disciplina. A outra parte, porém, é ensinar aos maridos qual é o propósito de sua autoridade: abençoar, fortalecer e promover o florescimento da esposa, conforme procurei explicar ao longo deste livro, especialmente nos Capítulos 1, 3 e 6–10.

Por outro lado, já conheci maridos que se deixaram dominar por suas esposas. Temiam mais a elas do que a Deus. Deixaram-se emascular. Com o tempo, suas esposas deixaram de respeitá-los e acabaram se divorciando. Em retrospectiva, pode-se dizer que tais mulheres conseguiram o que queriam: controle. No entanto, destruíram seus próprios lares no processo (Pv 14.1). Minaram a própria dádiva que Deus concedera para lhes fazer o bem. No final, essas mulheres dificilmente são felizes nem crescem em beleza. Deus terá para elas palavras de juízo, mas também compartilhará tais palavras com seus maridos.

Um plano de ação para o marido

Permita-me encerrar com uma palavra de exortação aos maridos. Homens, reflitam mais uma vez sobre a ordem de Paulo para que amem suas esposas:

> Maridos, amai vossa mulher, como também Cristo amou a igreja e a si mesmo se entregou por ela, para que a santificasse, tendo-a purificado por meio da lavagem de água pela palavra, para a apresentar a si mesmo igreja gloriosa, sem mácula, nem ruga, nem coisa semelhante, porém santa e sem defeito. (Ef 5.25-27)

Irmão, você não é o redentor imaculado e perfeitamente sábio da sua esposa. Ela já tem um: Cristo. Contudo, Cristo morreu para salvar a igreja e torná-la santa diante do Pai. Esse era o seu alvo e ambição. Da mesma forma, ajudar a sua esposa a se tornar santa e uma com você deve ser seu mais elevado alvo e ambição no casamento.

Em outras palavras, irmão, quando você acorda mal-humorado; ou volta para casa esgotado, após um longo dia; ou vê sua esposa fazer algo que o irrita; ou ela não corresponde às suas expectativas em alguma área; ou gasta dinheiro demais; ou a fonte dos sentimentos românticos parece secar um pouco; ou ela falha com você de forma mais séria — quando essas coisas acontecem, você não se recolhe amuado e diz: "Estou insatisfeito. Estou infeliz. Estou frustrado." Pelo contrário: é exatamente isso que você deve esperar, pois Deus o chamou para amá-la *justamente ali*, no pecado, na insensatez e até (às vezes) na feiura espiritual dela. Ali, você deve amá-la com vista ao desenvolvimento da redenção dela. Esse é o seu trabalho e o seu propósito na vida dela. Quando disse "sim", você disse "sim" à tarefa de ativamente prepará-la para o seu Redentor vindouro, mostrando-lhe qual será a aparência dele. Esqueça tudo o mais — tire da cabeça todas as ilusões juvenis. Foi para essa vaga que você se candidatou.

Como você pode fazer isso? Principalmente, lembre-se do amor redentor com que Cristo o amou. Pense em quão pecador, tolo e espiritualmente feio você era antes de Deus o salvar. Ainda assim, "Cristo morreu em nosso favor quando ainda éramos pecadores" (Rm 5.8, NVI). Enquanto nos opúnhamos a ele face a face, ele foi à cruz e pagou a penalidade em favor de todos os que um dia se arrependeriam e creriam. E ele o reconciliou com o Pai quando você se arrependeu de seus pecados e creu. Agora você está justificado! Você não está mais escravizado a ter de provar seu valor diante da sua esposa. Não precisa competir. Não! O seu velho homem já está morto. O seu novo homem está agora livre para amar a Deus e sua esposa, inteiramente. Isso significa que:

- Você toma a iniciativa de pôr um fim às discussões ao escolher palavras cheias de graça (e, se necessário, pedidos de perdão). Você não tem mais nada a provar. Já não há lugar para a autojustificação, pois você está justificado em Cristo!
- Você toma a iniciativa na liderança espiritual no lar, "tendo-a purificado por meio da lavagem de água pela palavra" (Ef 5.26).
- Você não precisa exigir dela perfeição imediata. Você está no jogo a longo prazo. A questão não é se você consegue fazer com que ela seja uma esposa perfeita hoje. A questão é: você pode ajudá-la a se parecer mais com Jesus nos próximos cinquenta anos, agindo você mesmo como Jesus?
- Mesmo quando ela está se comportando com você de alguma forma que é frustrante, e talvez pecaminosa, você toma a iniciativa de exemplificar a paciência e o perdão de Cristo. Foi assim que Cristo amou você.
- Ela é sua prioridade número um, mais do que amigos, trabalho, pais, aspirações de carreira, passatempos. Cristo não entregou sua vida por mais ninguém — apenas pela igreja.
- Você nunca, jamais, pode usar sua autoridade de qualquer forma para feri-la ou abusar dela. Afinal, Cristo nunca abusou de você.

Ame-a mais do que suas ambições profissionais, seus sonhos mais desejados, suas expectativas adolescentes de casamento, suas convicções arraigadas sobre quem deve fazer o quê com o assento do vaso sanitário, ou sobre como uma cebola deve ser cortada, ou sobre quem errou primeiro naquela última discussão. Não seja uma criança que diz: "Ela só precisa entender que eu sou assim", ou: "Se ela me ama, vai respeitar o quão importante isso é para mim". Não! Ame-a como a seu próprio corpo, diz Paulo. Ela é osso dos seus ossos e carne da sua carne, diz Adão. Você toma a sua esposa, e quem Deus a fez para ser, como parte de sua própria identidade. (A propósito, é por isso que gosto da tradição de a mulher adotar o sobrenome do marido.)

Irmão, você deve liderar em seu lar. E você lidera sendo o primeiro a morrer para os seus próprios desejos — não simplesmente para que então os desejos de sua esposa possam liderar, mas sim os desejos de Deus.

PERGUNTAS PARA REFLEXÃO

1. O que se destaca para você na descrição de atribuições do marido (p. 220)? O que você se sentiria tentado a acrescentar ou ajustar se estivesse escrevendo sua própria versão dessa descrição de cargo?

2. Como você acha que o não-cristão médio responderia à afirmação de que "o casamento serve ao propósito de trazer o domínio de Deus é à terra" (p. 222)? Como você responderia às objeções dele?

3. Como a nota de rodapé 2 na página 225 ajuda você a explicar a pressão cultural para minimizar as distinções entre homens e mulheres? Por que é fundamental que os cristãos não minimizem essas distinções?

4. Se você é marido (ou espera se tornar um no futuro), como os "principais imperativos" dados ao marido afetam a maneira como você pensa sobre essa responsabilidade (p. 226)?

5. Quais das implicações deste capítulo mais o encorajam e o confrontam (p. 235)?

13

O PAI (COMANDO)

Autorização pactual: aliança adâmica (comum)

Sede fecundos, multiplicai-vos, enchei a terra e sujeitai-a; dominai sobre os peixes do mar, sobre as aves dos céus e sobre todo animal que rasteja pela terra. (Gn 1.28)

Outros textos bíblicos elucidativos

No dia em que Deus criou o homem, à semelhança de Deus o fez [...]
Viveu Adão cento e trinta anos, e gerou um filho à sua semelhança,
conforme a sua imagem, e lhe chamou Sete. (Gn 5.1b, 3)

Amarás, pois, o Senhor, teu Deus, de todo o teu coração, de toda a tua alma e de toda a tua força [...] Tu [ensinarás estas palavras] a teus filhos, e delas falarás assentado em tua casa, e andando pelo caminho, e ao deitar-te, e ao levantar-te. (Dt 6.5, 7)

Ele estabeleceu um testemunho em Jacó, e instituiu uma lei em Israel,
e ordenou a nossos pais que os transmitissem a seus filhos, a fim de que a nova geração os conhecesse, filhos que ainda hão de nascer se levantassem e por sua vez os referissem aos seus descendentes; para que pusessem em Deus a sua confiança e não se esquecessem dos feitos de Deus, mas lhe observassem os mandamentos. (Sl 78.5-7)

Filho meu, ouve o ensino de teu pai e não deixes a instrução de tua mãe. (Pv 1.8)

Por esta causa, me ponho de joelhos diante do Pai,
de quem toma o nome toda família, tanto no céu como sobre a terra. (Ef 3.14-15)

Filhos, obedecei a vossos pais no Senhor [...] para que te vá bem,
e sejas de longa vida sobre a terra. E vós, pais, não provoqueis vossos filhos à ira,
mas criai-os na disciplina e na admoestação do Senhor. (Ef 6.1, 3-4)

Não repreendas ao homem idoso; antes, exorta-o como a pai; aos moços, como a irmãos; às mulheres idosas, como a mães; às moças, como a irmãs, com toda a pureza. (1Tm 5.1-2)

Descrição de atribuições

Instruir o filho em sabedoria (no temor do Senhor e na aptidão para a vida) para que ele cumpra o mandato de domínio e ande nos caminhos de Deus.

Quando minha filha mais nova tinha oito anos, matei seu querido coelho.

Na verdade, minha esposa e eu estávamos fora do país quando o coelho, chamado "Frodo", morreu. Soubemos da morte prematura de Frodo por meio de uma mensagem de texto enviada por minha mãe. Minha filha, que passava horas abraçada com ele, dando-lhe cenourinhas até os pelos ao redor de sua boca ficarem alaranjados; que o carregava com um só braço pela casa, com as patas traseiras balançando como uma boneca de pano; que limpava sua gaiola diligentemente, dia sim, dia não, e o tirava dela para brincar toda vez que recebia visitas — foi essa mesma menina dócil e sensível quem, numa manhã de domingo, encontrou seu coelho da raça Holland Lop, seu coelho de um ano e meio, rígido na gaiola.

É claro que eu não tivera a intenção de matar Frodo. Porém, como sua gaiola ficava no porão, o ambiente muitas vezes cheirava a dejetos de coelho. Por isso, naquela manhã de sábado, antes de embarcar no avião, coloquei a gaiola do coelho do lado de fora. Minha esposa me alertou que eu devia esperar por dias mais quentes. A mulher que nos ajudou a comprar Frodo dissera que mudanças bruscas de temperatura podiam ser fatais. Minha filha chorou quando ignorei minha esposa. Disse estar com medo de que eu matasse o coelho. Mas eu argumentei que era uma diferença de apenas vinte graus, que Frodo ficaria bem e que todos estavam sendo paranoicos — como se eu soubesse algo sobre coelhos.

Não há realmente uma moral nessa história, exceto o fato de que me parece honesto contar sobre um terrível fracasso como pai antes de compartilhar toda a minha sabedoria sobre autoridade parental. É claro que me senti péssimo; e ainda me sinto um pouco. Minha filha me perdoou rapidamente. Na verdade, ela se sentiu mal por eu estar me sentindo mal, o que só me fez sentir pior.

Ou talvez a moral seja esta: a vulnerabilidade de uma criança diante de nós, pais, é profunda. Tomei uma decisão leviana, arrogante e impensada sobre o coelho da minha filha, desprezando até mesmo suas lágrimas, e ela ficou impotente, sem poder fazer nada a respeito.

É um exemplo pequeno, mas o quadro geral é que temos o poder de causar grande bem ou grande mal aos nossos filhos — talvez mais do que qualquer outra pessoa. Podemos até destruí-los, seja no ventre ou na infância, e eles não registrarão nenhuma objeção, pelo menos não de forma muito audível.

De fato, ao considerarmos a drástica diferença de poder entre um pai e um bebê ou nascituro, é difícil imaginar abuso de poder mais terrível do que o aborto ou o infanticídio. Uma das ironias mais terríveis de nosso mundo contemporâneo é que as feministas, que afirmam representar os oprimidos, são também as que mais gritam pela destruição dos mais fracos.

De todas as formas de autoridade que podemos possuir sobre outro ser humano, a autoridade parental talvez seja a mais poderosa, tanto em nossa capacidade de moldar uma pessoa para o bem quanto em nossa capacidade de destruí-la. Do lado sombrio, creio que a psicóloga Diane Langberg estava correta ao dizer: "Ao contrário da crença popular, crianças não são resilientes, palavra que significa simplesmente que elas podem retornar ao seu estado original. Elas não 'se recuperam' de abusos."[1] A graça de Deus pode, certamente, sobrepujar o abuso, mas a marca do abuso infantil é real.

Do lado positivo, a boa autoridade parental é justamente o meio que Deus utiliza para cultivar seres humanos que florescem, exercem domínio e criam vida, manifestando sua própria imagem. E ela aponta para o Pai celestial.

Em que consiste a autoridade parental?

A primeira forma de autoridade que a maioria dos seres humanos encontra pessoalmente é a parental. Nas páginas da Bíblia, essa autoridade está implícita no mandato de domínio: "Sede fecundos, multiplicai-vos, enchei a terra e sujeitai-a; dominai" (Gn 1.28). Claramente, cumprir esse comando envolve gerar filhos,

1 Diane Langberg, postagem em rede social, Twitter, 15 out. 2022. Disponível em: https://twitter.com/DianeLangberg/status/1580951887083614208. Acesso em: 15 ago. 2025.

criá-los e ensiná-los a ir e fazer a mesma coisa. O cerne da autoridade parental, então, é instruir uma criança para que ela cumpra o mandato de domínio de Deus.

Dentre todas as formas de autoridade, a parental é a mais semelhante à de Deus. É a atividade criadora na qual refletimos sua imagem de forma mais precisa e completa. É semelhante a Deus *em sua estrutura*: Sete era à imagem e semelhança de Adão, assim como Adão era à imagem e semelhança de Deus (cf. Gn 5, acima).

A autoridade parental é semelhante a Deus *no que ela faz*: concebe vida onde nenhuma vida existia. Por meio da união conjugal, o casal essencialmente cria algo do nada. Então, os primeiros anos (e especialmente os primeiros meses) da vida de uma criança exigem que os pais não façam quase nada além de dar, dar e dar. O recém-nascido não contribui em nada para a sua própria sobrevivência. Os pais devem fazer tudo, numa atitude reminiscente à do próprio Senhor, que não é servido por mãos humanas, como se precisasse de algo, mas nos dá vida, respiração e tudo o mais (cf. At 17.25).

A autoridade parental é semelhante a Deus *em seu alcance*, pois abrange toda a extensão da existência humana: desde ensinar uma criança a falar, usar o papel higiênico e memorizar fatos matemáticos até auxiliá-la a amar, pensar, argumentar, casar-se e adorar. Também engloba todo o espectro que vai da provisão e proteção à instrução e correção.

A autoridade parental é semelhante a Deus *em seu objetivo*: ensinar os filhos a colocarem sua esperança no Senhor e a obedecerem a seus mandamentos (cf. Sl 78.5-7, acima).

A autoridade parental funciona por meio de educação, instrução, exemplo, correção, discipulado e encorajamento. Começa com uma pedra bruta e, então, a esculpe e modela até emergir dela um ser humano completamente formado. Nutre uma criança até que chegue à maturidade adulta e, em tudo isso, permite que a civilização continue.

Hannah Arendt, em um ensaio sobre autoridade, observou que é na criação de filhos "onde a autoridade no sentido mais lato sempre fora aceita como uma necessidade natural, requerida obviamente tanto por necessidades naturais, desamparo da criança, como por necessidade política, a continuidade de uma civilização estabelecida que somente pode ser garantida se os que são recém-chegados por nascimento forem guiados através de um mundo preestabelecido no qual nasceram como estrangeiros."[2]

Um sinal de uma civilização em declínio é que ela menospreza, até mesmo despreza, a importância de gerar e criar filhos. As pessoas adiam ter filhos ou simplesmente não os têm. Nações caem abaixo de sua "taxa de reposição" — a taxa necessária para manter sua população. A jovem que diz que deseja se casar e ter filhos é considerada estranha, certamente se isso interferir em seus planos de carreira.

Lembro-me de certa vez ouvir minha mãe me dizer, quando eu ainda estava no ensino médio: "Talvez eu nunca tenha fundado uma empresa, administrado uma carteira de ações ou trabalhado em um escritório de advocacia, mas ajudei a criar e a formar quatro seres humanos extraordinários." Não há base racional para dizer que qualquer uma dessas outras atividades seja melhor, mais livre ou mais "realizadora" do que formar um ser humano. Ainda assim, esse parece ser o pressuposto corrente. Será que estamos com o entendimento "obscurecido" (Ef 4.18)?

Outro sinal correlato de uma civilização em declínio é quando os pais não sabem exercer autoridade na vida dos filhos. Eles não exigem obediência de maneira clara, firme e vivificante. Talvez tenham aprendido que toda autoridade é ruim e que devem honrar e respeitar os desejos, impulsos e o "verdadeiro eu" dos filhos. Ou talvez nunca tenham sido instruídos a usar bem a autoridade, porque seus próprios pais não foram exemplos saudáveis. Assim, por uma razão ou outra, esses pais oscilam entre a omissão e a raiva, entre a passividade e o abuso. Enquanto isso, os filhos aprendem a dar um jeito de conseguir o que querem. Nunca aprendem a se submeter aos outros ou ao grupo. Não desenvolvem os músculos do caráter. Em vez disso, tornam-se pessoas individualistas e com senso de merecimento que sabem como manipular o sistema ou, se isso falhar, tomar o que querem pela força. E uma nação repleta de tais indivíduos não pode ser um lugar feliz.

Pense novamente no exemplo que usei na introdução deste livro — o casal em uma cafeteria em Washington, D.C., com a criança indisciplinada. Eles não sabiam como disciplinar ou exigir obediência. Em vez disso, sabiam apenas como afirmar e negociar. Ao longo dos anos, esse tipo de afirmação acrítica e de

---

2 Hannah Arendt, "O que é autoridade?", em *Entre o passado e o futuro*, 3. ed. (São Paulo: Perspectiva, 1992), p. 128.

negociação enfraquece as crianças. Mina a capacidade delas de se controlarem e de serem bons para o próximo. Afirmar um bloco de rocha não lapidado é deixá-lo não lapidado. A bela escultura jamais aparece.

Não apenas isso, crianças que aprendem a obedecer são mais felizes. Se você já serviu na classe de crianças de três a cinco anos na igreja, provavelmente se identificará com o alerta de John Piper:

> Uma criação de filhos permissiva não produz crianças graciosas e humildes. Produz pirralhos. Não é divertido tê-los por perto, e eles mesmos não são felizes. São exigentes e insolentes. Sua "liberdade" não é uma bênção para eles ou para os outros. São livres do modo como um barco sem leme é livre. São vítimas de seus caprichos. Cedo ou tarde, esses caprichos serão contrariados. Isso resulta em miséria.[3]

Na verdade, provavelmente a palavra "pirralhos", que Piper usa, não é forte o suficiente. A falha em disciplinar e estabelecer limites para as crianças cria narcisistas — crianças centradas em si mesmas e governadas por seus sentimentos. Limites ensinam à criança: "Você não é o centro do universo. Você deve renunciar a alguns de seus desejos, conformar-se à sabedoria e às estruturas do mundo ao seu redor e considerar as outras pessoas." Não apenas isso, crianças indisciplinadas nunca aprendem a humildade de aceitar limitações e decepções. Quando a faculdade e a vida adulta impõem esses limites — uma nota baixa, a repreensão de um empregador, ou mesmo o encontro com pessoas de perspectivas políticas diferentes —, elas dizem que aquilo apertou um "gatilho" e se declaram vítimas. Sociólogos, então, escrevem livros criticando as teorias que contribuem para uma mentalidade de vítima. Contudo, o problema maior é a falha da geração anterior em estabelecer limites e disciplinar seus filhos.

Deus não projetou as crianças para governar, mas para aprender a governar por meio de disciplina e discipulado. Quando pais bem-intencionados, porém ingênuos, concedem cedo demais tal governo a seus filhos, essas crianças não atingem seu pleno potencial e acabam se tornando profundamente infelizes.

---

3 John Piper, "Parents, Require Obedience of Your Children", Desiring God, 29 out. 2013. Disponível em: https://www.desiringgod.org/articles/parents-require-obedience-of-your-children. Acesso em: 14 fev. 2023.

Que tipo de autoridade o pai possui?

Outras formas de autoridade tomam elementos da autoridade parental e lhes dão continuidade. O governo civil continua a obra da correção, quando necessário. A autoridade gerencial dá sequência à obra de aprendizado e emprego. As igrejas e os presbíteros, também, assumem a obra da instrução e do discipulado rumo à maturidade, embora agora no cenário da nova criação.

Então, dada a amplitude e a profundidade da autoridade parental, é difícil pensar em um tipo de autoridade que os pais não exerçam em um momento ou outro. Às vezes, conselho; outras vezes, comando. Às vezes, coercitiva; às vezes, declarativa. Um pai precisa de todas as ferramentas que caibam num cinto de ferramentas. "A vara e a disciplina dão sabedoria, mas a criança entregue a si mesma vem a envergonhar a sua mãe" (Pv 29.15).

Entretanto, enquanto a autoridade do marido se centra em cultivar a união e a do governo, em cultivar a justiça (cf. próximo capítulo), a autoridade dos pais se centra na sabedoria — tanto em exercê-la quanto em ensiná-la.

O que é sabedoria? É uma postura e uma habilidade. Em primeiro lugar, é a postura de temer ao Senhor. Ele é o projetista do jogo, o criador das regras e o árbitro no jogo da vida. Em segundo lugar, é a habilidade de saber como jogar esse jogo. Isto é, sabedoria é a habilidade de viver no mundo que foi criado por Deus, mas está caído, de modo a produzir justiça, paz e florescimento. A sabedoria estuda a criação, tanto em sua glória quanto em seu estado decaído, e sabe como as coisas funcionam, especialmente as pessoas. Poderíamos também incluir matemática, ciência, engenharia, fluência na linguagem, gramática e todos os tópicos escolares sob seu guarda-chuva. A sabedoria possuída Salomão, ao que parece, incluía tal conhecimento. No entanto, a sabedoria então coloca esse conhecimento em prática no temor de Deus. Considera todos esses tópicos de sala de aula como pertencentes a Deus e como maneiras de caracterizar a obra de suas mãos. Além disso, presta especial atenção às pessoas e a como elas funcionam, tanto em sua beleza criada quanto em suas propensões decaídas.

A sabedoria se aprende na classe da escola dominical, mas também no banco do piano, com a mãe, e na oficina, com o pai. É ensinada quando a criança se torna aprendiz em todas as habilidades da vida que são necessárias para cumprir o chamado para exercer domínio segundo a imagem de Deus — tanto no aspecto teológico quanto no prático, para que a pessoa possa se alimentar tanto do pão do céu quanto do pão da terra.

Na Bíblia, o mesmo livro dedicado à criação de filhos é, claro, também o livro dedicado à sabedoria: "Filho meu, ouve o ensino de teu pai e não deixes a instrução de tua mãe", começa Provérbios (1.8). As palavras da sabedoria são vida, diz o pai repetidamente. Além disso, rejeitá-las é morte. E assim, repetidamente, Provérbios exorta o filho a ouvir as palavras de sabedoria de seu pai e de sua mãe, que são mais preciosas do que ouro ou joias.

Curiosamente, Provérbios também alude à necessidade de sabedoria dos pais na criação dos filhos, pois "O filho insensato é tristeza para o pai e amargura para quem o deu à luz" (17.25). Às vezes, os pais não devem responder ao tolo segundo a sua estultícia, para que não se tornem como ele (26.4). Às vezes, *devem* responder, para que o tolo não seja sábio aos seus próprios olhos (26.5). Como qualquer pai lhe dirá, saber quando corrigir e disciplinar e quando permanecer em silêncio exige tremenda sabedoria. Afinal, "Mais fundo entra a repreensão no prudente do que cem açoites no insensato" (17.10).

Um dos conselhos mais sábios que já recebi sobre paternidade veio de meu bom amigo Matt, pai de cinco filhos. Ele me disse: "Quando os filhos são pequenos, você está à frente deles." Enquanto falava, estendeu as mãos com as palmas voltadas para baixo e posicionou uma à frente da outra. "Quando entram na adolescência, você recua lentamente e se coloca ao lado deles", e então puxou a mão da frente até que ficasse alinhada com a outra. "Nessa fase, você não dá tantos sermões; em vez disso, faz perguntas, ajuda-os a pensar. Você os leva a considerar as consequências de suas ações." Então, concluiu: "Finalmente, quando chega a hora de lançá-los ao mundo, você se posiciona atrás deles e os incentiva." Nesse momento, ele moveu para trás a mão que estava na frente.

Foi essa a transição que descrevi no capítulo anterior, em que um pai passa de uma autoridade de comando, que exerce disciplina, para uma autoridade de conselho, que o faz cada vez menos. Essa transição significa que a pessoa está crescendo, amadurecendo, tornando-se independente. Tudo isso, sem dúvida, requer muita sabedoria.

Por que Deus dá autoridade ao pai?

Assim como a autoridade do marido, a autoridade parental serve a um propósito imediato, bem como a um propósito final.

Imediatamente, a autoridade do marido serve para cultivar a união. Em última análise, aponta para o amor de Cristo pela igreja.

Imediatamente, a autoridade parental serve ao propósito de instruir uma criança no caminho em que deve andar. Em última análise, aponta para o Pai celestial, bem como para a comunhão da igreja. Observe primeiro o texto de Efésios 3 no início do capítulo. Ele nos diz que nossos pais terrenos recebem seu nome do Pai celestial. Eles devem nos ensinar como ele é.

Pela graça de Deus, meu próprio pai fez isso de muitas maneiras. Principalmente, penso em como meu pai terreno demonstrou amor perdoador, misericordioso e "contracondicional" (contrário ao que eu merecia). Sempre senti esse amor, quando criança, e jamais duvidei dele. Até hoje, não tenho dificuldades de enxergar Deus como sendo perdoador e tendo um amor "contracondicional" para comigo. Conheço amigos que lutam para acreditar nisso sobre Deus. Eu não, e atribuo essa confiança em particular à obra de Deus por meio de meu pai.

Nossas famílias e pais terrenos também nos apontam para a comunhão da igreja. Observe a passagem de 1 Timóteo 5, no início do capítulo. Deus incorporou na criação esses tipos ou padrões que ensinam o que ele pretende para a nossa comunhão da nova criação, na igreja. O apóstolo Paulo está dizendo: "Sabe essa reverência que você demonstra para com o seu pai e a honra que demonstra à sua mãe? Ótimo, agora trate os homens e as mulheres idosos da igreja dessa forma. Além disso, sabe essa maneira como você se identifica como um membro da família e mostra lealdade para com ela, mesmo quando está zangado? Ótimo, agora faça isso com a igreja, e com ainda mais afinco, pois esses relacionamentos durarão para a eternidade."

A conexão tipológica entre os pais terrenos e o Pai celestial, bem como entre nossas famílias biológicas e nossa família da igreja, implica que as igrejas devem se importar com pais terrenos e famílias terrenas. Uma vez que pais e famílias disfuncionais podem dificultar que as pessoas creiam em Deus, queremos ajudar os pais e as famílias a serem saudáveis. Além disso, pessoas que aprenderam a desfrutar de suas mães e pais, irmãs e irmãos em casa podem ter mais facilidade em amar as pessoas na igreja.

Sem dúvida, Deus mostra compaixão especial pelo órfão, pelo abandonado e pela criança cujos irmãos a desprezam. Pense em José, lançado na cova. Se seu lar está desfeito, não se desespere! Deus se deleita em mostrar seu poder precisamente em tais circunstâncias. Ainda assim, no curso ordinário da vida, famílias saudáveis ensinam as boas lições de que todos precisamos para saber como uma igreja saudável deve ser.

Quais são os limites da autoridade parental?

Conforme sugeri acima, os limites da autoridade parental se ajustam com a idade da criança. A natureza da disciplina e da correção passa de mais intensa (com uma criança de três anos) a mais branda (com um adolescente de treze). De modo geral, porém, podemos pensar em dois limites. Primeiro, os pais devem sempre se lembrar de que não são Deus. Segundo, os pais devem se lembrar de que não são o filho e que, no fim das contas, o filho ou filha é dono de sua própria vida.

Ambos os limites estão implícitos na instrução de Paulo: "E vós, pais, não provoqueis vossos filhos à ira, mas criai-os na disciplina e na admoestação do Senhor" (Ef 6.4). Primeiro, o filho pertence ao Senhor, não, em última instância, aos pais. É da instrução do Senhor que o filho precisa. Minha esposa e eu, portanto, devemos nos lembrar constantemente de que prestaremos contas ao Senhor pela forma como amamos, lideramos e disciplinamos nossas filhas. Nossa autoridade está sob a autoridade dele e a representa.

Em segundo lugar, cada filho ou filha pertence, em última análise, a si mesmo e a Deus — não a nós. É estranhamente fácil se esquecer disso quando eles são pequenos. São tão dependentes de você. Contudo, à medida que crescem, você descobre — por mais estranho que pareça dizer — que eles são pessoas com identidade própria. Você precisa aprender a honrá-los como pessoas com identidade própria. Eles possuem integridade independente como portadores da imagem de Deus. São responsáveis por atender ao chamado e aos propósitos *de Deus* para sua vida, não aos *seus*. Sua tarefa é ensiná-los a temer a Deus e a caminhar em seus caminhos, transmitindo toda sabedoria e habilidade que estiverem dispostos a receber. No fim, porém, cabe a eles decidir se as receberão ou não.

Consigo pensar em uma palavra que nos ajuda a entender a paternidade e seus limites: *diminuendo*. Se você conhece notação musical, está familiarizado com o termo. Um sinal alongado de "maior que" (>) ao longo de um compasso musical indica que você deve diminuir gradualmente o volume ao tocar. O mesmo acontece na paternidade, à medida que se vai da idade zero até por volta dos dezoito anos. Você começa com alto controle e intensa interferência, mas a quantidade de controle que exerce diminui gradualmente ao longo dos anos. Às vezes, o volume aumenta novamente, como na puberdade. Mas, no geral, a trajetória se move em direção ao silêncio e à perda de controle. Se você tiver feito isso bem, e se o filho tiver absorvido sabiamente sua instrução, ele internaliza seu controle, ou seja, sua instrução. Agora, a disciplina pertence a ele e à sua natureza. Você a transmitiu. E você deixa seu filho entregue a si mesmo e ao seu Senhor.

Um plano de ação para o pai

O primeiro passo para exercer autoridade na vida dos seus filhos é você mesmo temer ao Senhor e buscar sabedoria. Deus deseja que você exerça sua autoridade — que seja pai, que ensine e aplique a disciplina. Contudo, ele quer que você a use com compaixão e cuidado, sempre calibrando as correções e instruções para as estruturas mais frágeis deles.

O segundo passo é usar essa autoridade para o bem deles, nunca para sua própria conveniência ou ganho egoísta. Você é o podador de rosas, que trabalha para que a rosa possa crescer; o aparelho nos dentes, que serve para que os dentes fiquem retos; o regime de exercícios, que ajuda o atleta a correr rápido; a palavra de amor, que faz a criança sorrir. Isso significa que você deve estabelecer limites, dizer não, demonstrar firmeza, aplicar a disciplina, deixá-los sentir as consequências e a perda das coisas que querem. No entanto, você também procura maneiras de dizer sim, abençoar, ajudá-los a experimentar o deslumbre. Você enche a mente deles de coisas boas. Você encoraja. Você dá, dá e dá — como eu disse que Deus faz conosco.

Tudo isso é um trabalho árduo e, muitas vezes, significa privar-se do que você quer — uma noite de folga, uma manhã de sábado tranquila, a gratificação momentânea de expressar sua impaciência, a alegria de lhes dar o que estão pedindo, mas que já não merecem por causa de uma crise de birra.

No entanto, você mantém seus olhos fixos no horizonte de trinta anos, não no de trinta minutos, que é para onde os olhos deles se voltam.

Nos primeiros anos de vida de minhas filhas, percebi que a paternidade me fazia sentir mais incompetente do que qualquer outra coisa que eu já tinha feito. Eu havia sido um bom aluno; era um bom profissional; recebia encorajamento na igreja; não era tão bom com esportes; e encontrava encorajamento nas amizades. Mas e quanto à paternidade? Descobri rapidamente que ela me fazia sentir um fracasso quase todos os dias. Dos três maiores arrependimentos que tenho na vida, dois envolvem minha paternidade.

Suponho que o plano de Deus é que descubramos nossa fraqueza e falta de controle por meio da paternidade. Na verdade, é isso que o *diminuendo* ensina. Não se trata apenas de você deliberadamente suprimir a quantidade de autoridade que exerce; essa autoridade *é suprimida de você*. Minha mãe sempre dizia que seus melhores atos como mãe haviam sido praticados de rosto no chão, em oração. E não tenho dúvida de que qualquer bem que haja em mim, hoje, resulta menos do que minha mãe me disse e mais do que ela disse ao seu Senhor.

Visto que já enfatizei o papel biblicamente central de transmitir sabedoria na criação dos filhos, permita-me concluir com uma breve palavra sobre o amor parental e sua importância. Por um lado, talvez eu não precise dizer nada sobre o amor, porque é a única coisa que a maioria dos pais naturalmente possui por seus filhos. Creio que Deus o implanta em nós para que possamos aprender algo sobre o amor dele por nós. Portanto, dizer-lhe para amar seus filhos é fácil, pois acredito ser isso o que você quer — realmente, de verdade, quer. Louvado seja Deus. Ainda assim, como pais, nem sempre fazemos um bom trabalho em cultivar esse amor ou em garantir que nossos filhos se sintam amados. E eu realmente penso que amar nossos filhos pode ser a coisa mais importante de todas em nossa paternidade, mais até do que ajudá-los a entender todos os mistérios, e todo o conhecimento, e toda a fé (cf. 1Co 13.1-3).

Duas passagens bíblicas me vêm à mente. Primeiro, pense em Deus contemplando tudo o que havia criado e dizendo: "É muito bom" (cf. Gn 1.31). Esse é Deus na criação. Ele amou a criação. Segundo, pense no Pai divino no batismo de Jesus, declarando: "Este é o meu Filho amado" (Mt 3.17). O Pai amava o Filho, e, mais tarde, Jesus faz referência a esse amor que o Pai tinha por ele antes da fundação do mundo (Jo 17.24).

Da mesma forma, penso que um dos nossos papéis mais importantes como figuras de autoridade para nossos filhos é amá-los e afirmá-los do modo como Deus os fez. Eles não precisam ser mais inteligentes do que são, ou mais bonitos do que são, ou mais rápidos do que são. Precisam ser o que são, pois aquilo que Deus criou é bom — muito bom — e nós amamos isso. E devemos nos certificar, todos os dias, de que eles sabem que amamos isso. Neste capítulo, enfatizei a importância dos limites e da correção. Todavia, correção em excesso pode abalar uma criança. Correção em excesso ou feita de maneira errada, como já ouvi alguém dizer, não fará seus filhos o amarem menos, mas os levará a se desprezarem mais. Eu mesmo já fui testemunha disso.

Não basta apenas passar tempo com nossos filhos. Precisamos *gostar* de passar tempo com eles e fazê-los enxergar que gostamos. Os filhos notam a diferença. Nós gostamos das coisas que amamos; eles também. Então, você ama seus filhos? Então gostará de estar com deles. Se não for esse o caso, ore a respeito, confesse isso e peça a Deus que alargue seu coração.

É claro que nenhum de nós consegue fazer isso o tempo todo. Em certos momentos, seus filhos o cansam. Talvez eles o irritem; talvez o enlouqueçam. Além disso, você tem outras coisas a fazer. Você não os ama tornando-os o centro de sua atenção e interesse permanentes. Esses pequenos narcisistas naturais precisam aprender que o universo também não gira ao redor deles. Em outras palavras, não estou falando de um dia ou momento específico. Estou falando de sua postura geral para com eles. Se eu lhes perguntasse, será que eles diriam: "Meu pai e minha mãe gostam de estar comigo"? Não quero que haja nenhuma dúvida sobre isso na mente deles, pois o que Deus criou é bom.

No entanto, também os amamos acima de tudo ao direcioná-los para o Filho Amado. De fato, não os amamos de forma alguma se não os amarmos com relação a Cristo. Nosso amor não se compara ao dele, e eles precisam mais do amor de Cristo do que do nosso. O problema é que, como você sabe, desde o nascimento eles se opõem ao Senhor. Podemos falar o dia todo sobre como o que Deus criou é bom, mas, se não reconhecermos também seus corações rebeldes, nossa conversa se torna mero sentimentalismo. Eles estão sob a justa e boa ira de Deus, e amá-los inclui dizer-lhes isso. Não é amor minimizar, descartar ou negar a justiça de Deus. Não é amor recriar o universo à nossa própria imagem, dizendo coisas como: "Eu simplesmente não consigo imaginar como um Deus amoroso faria..." Deixemos que Deus defina o amor por si mesmo e que sua Palavra nos diga que seu amor é santo e justo. Repetidamente, Jesus nos diz para não afirmarmos que amamos a Deus se não guardamos os seus mandamentos (Jo 14.15, 21; 15.10).

A boa nova é que o Filho Amado abriu um caminho de perdão para que seus filhos possam ser reconciliados com Deus. Isso significa que eles podem ser amados por Deus com o mesmo amor com que Deus ama o Filho Amado (Jo 17.26). Para isso, porém, eles precisam se arrepender, crer e seguir a Cristo.

Lembre seus filhos dessas verdades todos os dias. Lembre-os ao discipliná-los. Lembre-os ao surpreendê-los com graça e misericórdia. Lembre-os ao se orgulhar deles, mas também quando eles partirem seu coração. Não há nada maior ou melhor do que o amor de Cristo. Lembrar seus filhos disso é sua tarefa principal, pois o temor do Senhor é o princípio da sabedoria, e o temor do Senhor começa com arrependimento e fé. De fato, apontar seus filhos para Cristo, em palavras e atos, é, em última análise, a melhor forma de amá-los.

PERGUNTAS PARA REFLEXÃO

1. O que se destaca para você na descrição de atribuições dos pais (p. 240)? Como você complementaria ou ajustaria essa descrição se estivesse escrevendo a sua própria?

2. Como a realidade de que a boa autoridade dos pais "aponta para o Pai celestial" afeta a maneira como você exerce sua função parental (ou incentiva outros a fazê-lo) (p. 247)?

3. De que maneiras específicas você tem notado o declínio da cultura ocidental por meio de sua visão da geração e criação de filhos (p. 242-243)?

4. Dos dois limites da autoridade parental, qual você tem mais dificuldade em lembrar (p. 248-249)? De que maneiras os pais podem se lembrar desses limites na prática?

14

O GOVERNO (COMANDO)

Autorização pactual: aliança noaica (comum)

Sede fecundos, multiplicai-vos e enchei a terra [...]

Certamente, requererei o vosso sangue, o sangue da vossa vida; de todo animal o requererei, como também da mão do homem, sim, da mão do próximo de cada um requererei a vida do homem. Se alguém derramar o sangue do homem, pelo homem se derramará o seu; porque Deus fez o homem segundo a sua imagem. Mas sede fecundos e multiplicai-vos; povoai a terra e multiplicai-vos nela. (Gn 9.1, 5-7)

Outros textos bíblicos elucidativos

Todo o Israel ouviu a sentença que o rei havia proferido; e todos tiveram profundo respeito ao rei, porque viram que havia nele a sabedoria de Deus, para fazer justiça. (1Rs 3.28)

Por [intermédio da sabedoria] os reis governam
e as autoridades exercem a justiça; também por [intermédio da sabedoria]
governam os nobres, todos os juízes da terra. (Pv 8.15-16, NVI)

O rei justo sustém a terra, mas o amigo de impostos a transtorna. (Pv 29.4)

Abre a boca a favor do mudo, pelo direito de todos os que se acham desamparados.
Abre a boca, julga retamente e faze justiça aos pobres e aos necessitados. (Pv 31.8-9)

De um só fez toda a raça humana para habitar sobre toda a face da terra,
havendo fixado os tempos previamente estabelecidos e os limites da sua habitação;
para buscarem a Deus se, porventura, tateando, o possam achar,
bem que não está longe de cada um de nós. (At 17.26-27)

Porque os magistrados não são para temor, quando se faz o bem, e sim quando se faz o mal. Queres tu não temer a autoridade? Faze o bem e terás louvor dela, visto que a autoridade é ministro de Deus para teu bem. Entretanto, se fizeres o mal, teme; porque não é sem motivo que ela traz a espada; pois é ministro de Deus, vingador, para castigar o que pratica o mal. (Rm 13.3-4; cf. também 1Pe 2.13-17)

Antes de tudo, pois, exorto que se use a prática de súplicas, orações, intercessões, ações de graças, em favor de todos os homens, em favor dos reis e de todos os que se acham investidos de autoridade, para que vivamos vida tranquila e mansa, com toda piedade e respeito. Isto é bom e aceitável diante de Deus, nosso Salvador, o qual deseja que todos os homens sejam salvos e cheguem ao pleno conhecimento da verdade. (1Tm 2.1-4)

Descrição de atribuições

Administrar a justiça necessária para proteger a vida humana, assegurar as condições necessárias para o cumprimento do mandato de domínio e prover uma plataforma para o povo de Deus declarar o perfeito juízo e a salvação de Deus.

Alguns governos são melhores, e outros, piores. Assim diz a Bíblia. O faraó dos dias de José era melhor; o faraó dos dias de Moisés era pior.

Os governos são servos de Deus, diz-nos uma passagem (Rm 13.1-7). Contudo, são também impostores, diz outra, porque se enfurecem e se levantam contra Deus e seu Messias (Sl 2.1-3).

Então, o que torna um bom governo bom? Um bom governo oferece uma justiça protetiva básica a todos os seus cidadãos, inclusive ao povo de Deus — quer o reconheça como povo de Deus, quer não. (Pense em Ciro, que enviou os judeus de volta do exílio.) Isso significa que os cristãos devem se importar com um bom governo, tanto pelo bem do próximo quanto pelo bem da igreja.

Com os demais ofícios que discutimos nesta Parte IV, o foco está na sua autoridade individual — como no caso do marido, do pai, do gerente ou do presbítero. No entanto, governo e igreja são um pouco diferentes, porque pensamos no exercício de autoridade em um grupo no qual podemos ter ou não muita influência e onde nossa voz individual pode refletir ou não a voz do grupo. Isso é especialmente verdade no que diz respeito ao governo. O "governo" pode ser uma pessoa — o rei. Ou pode implicar "nós, o povo" da nação. O tema do governo é ainda mais difícil porque precisamos lidar com a relação igreja-mundo e porque os cristãos discordam entre si sobre a natureza dessa relação. Considere três modelos; alguém poderia dizer que os cristãos...

(1) devem buscar impor o cristianismo por meio do governo;
(2) devem buscar impor aspectos do cristianismo por meio do governo, a saber, alguns de seus padrões morais;
(3) não devem buscar impor o cristianismo por meio do governo de forma nenhuma, mas devem expressar sua fé inteiramente na esfera privada.

Presumo que as opções 1 e 3, como aqui formuladas, não soem totalmente corretas para nenhum leitor. Ainda assim, as pessoas tendem para uma ou outra. As pessoas que se inclinam para a opção 1 sentem o peso do senhorio e do juízo de Deus sobre todas as coisas e apontam para os Dez Mandamentos. As que se inclinam para a opção 3 reconhecem que não podemos forçar nossa fé sobre as pessoas e apontam para as instruções de Jesus sobre dar a César o que é de César e a Deus o que é de Deus (Mt 22.21). Ainda assim, a maioria de nós, inclusive eu, não sente que pode aderir totalmente à posição 1 ou à posição 3, mas se coloca em algum lugar no meio.

Ao longo dos séculos, os cristãos nessa via intermediária têm tentado diferentes maneiras de explicar por que podemos abrir nossas Bíblias e buscar impor aos incrédulos, com a espada, um versículo como "Não matarás", mas não um como "Jesus é Senhor". É nesse ponto que começam a falar sobre conceitos como as "duas cidades" de Agostinho, ou alguma versão dos "dois reinos" de Martinho Lutero, ou as visões reformadas sobre a espiritualidade da igreja, ou as visões batistas sobre a liberdade religiosa, ou mesmo a distinção de John Locke entre a pessoa interior e a exterior em sua *Carta sobre a tolerância*. Quer esteja familiarizado ou não com qualquer um desses pontos de vista específicos, onde você se colocaria no espectro entre 1 e 3?

Meu objetivo neste capítulo é responder às perguntas sobre autoridade que temos considerado nesta Parte IV, de uma forma que conduza à posição 2 no que se refere à autoridade governamental. Isso significa que, ao contrário da posição 1, acredito que devemos afirmar a separação entre igreja e Estado, ou pelo menos uma versão dela. Contudo, ao contrário da posição 3, não acredito que devamos afirmar a separação entre religião e política. Essa perspectiva, argumentarei, é impossível. No entanto, todas essas complexidades adicionais tornam este o capítulo mais longo e denso do livro. Leitor, esteja avisado!

Em que consiste a autoridade do governo civil?

Em primeiro lugar, a autoridade governamental (este capítulo) e a autoridade gerencial (próximo capítulo) são consequências necessárias do mandato de domínio que Deus deu a Adão e Eva ("Sede fecundos, multiplicai-vos, enchei a terra e sujeitai-a"). São uma condição para expandir nossa presença no planeta com outras pessoas, para que vivamos juntos com ordem, previsibilidade e cooperação. Mesmo em um mundo sem pecado, alguém precisaria decidir se dirigiríamos pelo lado direito ou esquerdo da pista ou supervisionar a construção de um arranha-céu.

Entretanto, após a Queda, as autoridades governamentais e gerenciais precisam lidar com agentes pecadores e com a escassez de recursos. Isso significa que a autoridade do governo, o foco deste capítulo, deve reconhecer que Deus, de fato, ordena à humanidade que encha a terra e a subjugue, mas também que esses humanos agora assassinam uns aos outros (Gn 4.8), roubam as provisões uns dos outros (Gn 14.11), mentem para seus maridos e pais (Gn 27.13, 19), estupram as filhas uns dos outros e massacram cidades inteiras como forma de vingança (Gn 34).

Por esse motivo, Deus introduz a autoridade de usar a força coercitiva. Nada no mandato de domínio original diz que um ser humano tem o direito de usar arbitrariamente a força sobre outro ser humano. A lei natural também não diz isso (pelo menos, não creio assim). Afinal, todo ser humano participa igualmente, na criação, de nossa autoridade divinamente designada. Portanto, Deus precisa autorizar especialmente o uso da força coercitiva, o que nos leva ao que poderíamos chamar de a "Grande Comissão" da autoridade governamental deste lado da Queda: Gênesis 9.5-6. Assim como Mateus 28 faz com as igrejas, Gênesis 9.5-6 não detalha tudo que um governo precisa fazer, mas estabelece alguns princípios constitucionais básicos.

Comecemos com esta frase: "Se alguém derramar o sangue do homem, pelo homem se derramará o seu; porque Deus fez o homem segundo a sua imagem". Talvez você nunca tenha meditado longamente sobre esse versículo, mas vale a pena puxar uma cadeira e contemplá-lo por um momento. Ele tem um impacto e tanto.

Primeiro, autoriza o uso da força coercitiva para punir o assassinato. Por implicação, também autoriza o governo a evitar a morte injusta. Por exemplo, eu diria que ele dá a um governo a permissão moral de dizer: "Este é o limite de velocidade", ou: "As aeronaves comerciais devem atender a tais e tais códigos de segurança" (cf. Dt 22.8), ou mesmo: "Paguem impostos para que possamos construir um exército para proteger nossa nação" (cf. Lc 3.13; Rm 13.7).

Em segundo lugar, este versículo estabelece um princípio do devido processo legal: a proporcionalidade. A pena deve corresponder ao crime. É vida por vida, e não vida por roubar um cavalo — ao contrário dos cinquenta e um casos registrados de pessoas enforcadas por roubo de cavalos no início da história dos Estados Unidos, o último deles em 1851.[1] A punição deve sempre corresponder ao crime — "olho por olho, dente por dente", como diz uma passagem posterior (Êx 21.24). As pessoas às vezes se escandalizam com esse princípio (chamado *lex talionis*), mas tenha em mente que, no mundo antigo, esse princípio geralmente servia para limitar o desejo de vingança, que de outra forma ficaria irrestrito. Pense novamente nos filhos de Jacó, que massacraram uma cidade em retaliação pelo estupro de sua irmã Diná (Gn 34).

Não apenas isso, punir um crime de forma insuficiente arrisca desvalorizar a dignidade da vítima. É uma declaração de que a vida que foi ceifada ou os bens que foram roubados não valiam muito. É como oferecer um chiclete para compensar o anel de diamante roubado.

A afirmação da proporcionalidade também implica que toda ação governamental exige uma medida justa. "Peso e balança justos pertencem ao Senhor; obra sua são todos os pesos da bolsa. A prática da impiedade é abominável para os reis, porque com justiça se estabelece o trono" (Pv 16.11-12). Na prática, por exemplo, um governo não deve aceitar suborno nem sobrecarregar seus cidadãos com impostos para ganho egoísta (cf. Pv 29.4, NVI). Qualquer imposto exige um critério claro e justo que esteja de acordo com os propósitos fundamentais do governo relativos à proteção da vida.

Em terceiro lugar, Gênesis 9.6 afirma o valor de cada vida humana como feita à imagem de Deus e, portanto, igualmente valiosa. Pessoas de todas as cores

1 Matthew T. Martens, *Reforming Criminal Justice: A Christian Proposal* (Wheaton, IL: Crossway, 2023), p. 325.

e credos, homens e mulheres, merecem ser tratados como portadores da imagem de Deus e possuidores de uma igualdade política básica. As Leis Jim Crow — que impunham o princípio "separados, mas iguais", obrigando os negros a usarem bebedouros diferentes — eram, por isso mesmo, injustas.

Em quarto lugar, o versículo sujeita todos os seres humanos às suas exigências — inclusive os próprios governos. Observe novamente a primeira palavra do versículo 6: "Quem", isto é, "qualquer um que" derramar o sangue. O versículo se torna um bumerangue sempre que os governos usam sua autoridade injustamente. Ele denuncia tanto o ditador assassino quanto o xerife racista da cidade. Nenhum governo pode alegar estar "acima" de seu alcance. Ele declara que tanto governantes como cidadãos terão de prestar contas.

Em quinto lugar, o versículo possui uma base teológica — "porque Deus fez o homem segundo a sua imagem" —, mas não nos autoriza a impor essa base. O gatilho para a ação é o dano a seres humanos — "sangue" —, não o dano a Deus. Afinal, como medir ou estabelecer a proporcionalidade para uma ofensa contra Deus, para não mencionar o fato de que não podemos feri-lo? Assim, o versículo não nos autoriza a punir crimes contra Deus, como blasfêmia ou idolatria, se não houver dano quantificável a uma pessoa humana. Ele abre espaço para a liberdade religiosa, e esse espaço é tudo o que está fora da jurisdição do governo. Por outro lado, no entanto, o versículo não permite que alguém alegue "liberdade de religião!" se sua religião causa dano real, como no caso de um seguidor da Ciência Cristã que deseje impedir o tratamento médico de um filho seu cuja vida esteja medicamente ameaçada.

Como disse, nesse pequeno trecho há muito impacto concentrado e que se aplica a toda a humanidade, a cada filho e filha de Noé, e não apenas ao povo especial de Deus. Como você pode ver em várias das citações acima, estou lendo essa passagem com textos bíblicos posteriores em mente. E citarei mais ao longo deste capítulo.

Há algo mais a se notar sobre os versículos 5 e 6 de Gênesis 9: eles estão inseridos em um parágrafo que começa e termina com o mandamento: "Sede fecundos e multiplicai-vos" (vv. 1, 7). O que isso nos diz? A autoridade de usar a força coercitiva facilita o objetivo maior de capacitar as pessoas a cumprir o mandato de domínio.

Os governos existem, então, para ajudar a assegurar as condições básicas necessárias para o cumprimento do mandato de domínio. Para começar, isso significa que os governos devem proteger as estruturas básicas do casamento e da família, para que as pessoas possam, de fato, "ser frutíferas e se multiplicar". Os governos não devem redefinir o casamento para incluir pessoas do mesmo sexo, visto que (i) não têm autoridade para fazê-lo; (ii) enfraquecem o casamento real ao defini-lo em torno dos sentimentos do casal, em vez de sua potencialidade para a frutificação; (iii) e a redefinição nega às crianças o direito a uma mãe ou a um pai. Em certo sentido, rouba-se a mãe ou o pai de uma criança. As crianças se tornam vítimas.

Podem-se imaginar muitos outros fatores que dificultam a obra da frutificação, o domínio, bem como a igualdade política básica (reflexo da imagem de Deus) necessária para a frutificação e o domínio. A opressão de minorias étnicas é um desses fatores, assim como ciclos arraigados de pobreza. Isso não significa que o governo deva garantir que todo cidadão possua o mesmo ponto de partida econômico. Mas consigo imaginar um cristão argumentando que uma rede básica de segurança econômica — o suficiente para acordar com um teto sobre a cabeça, comer e ir para o trabalho de manhã — serve aos propósitos do domínio. Como a mãe do rei Lemuel lhe diz: "Abre a boca a favor do mudo, pelo direito de todos os que se acham desamparados. Abre a boca, julga retamente e faze justiça aos pobres e aos necessitados." (Pv 31.8-9; cf. também 29.14).

Um cristão também poderia argumentar que facilitar o mandato de domínio inclui uma boa política monetária. Tal política provê tanto uma moeda estável quanto taxas de juros padronizadas. Uma moeda estável protege o patrimônio e o sustento de todos, assim como taxas de juros padronizadas evitam a usura e a exploração dos pobres (cf. Êx 22.25; Pv 22.7; 28.8; Mt 25.27). O próprio Jesus afirmou que uma moeda impressa com a imagem de César caía legitimamente sob a jurisdição de César: "Dai, pois, a César o que é de César" (cf. Mt 22.21).

Podemos concordar ou não que políticas monetárias, políticas de bem-estar social ou quaisquer outras políticas públicas sejam deduções razoáveis da relação entre Gênesis 9:6 e os versículos 1 e 7 que o delimitam ("Sede fecundos e multiplicai-vos"). De todo modo, o ponto de partida bíblico é que Deus concede aos seres humanos a autoridade de formar governos que protejam nossas vidas e promovam as condições necessárias para o cumprimento do mandato de domínio. É por isso que Paulo nos diz para orarmos "em favor dos reis e de todos os que se acham investidos de autoridade, para que vivamos vida tranquila e mansa, com toda piedade e respeito" (1Tm 2.2).

Que tipo de autoridade o governo possui?

É evidente que a autoridade do governo é uma autoridade coercitiva e de comando, conforme definido no Capítulo 11. No entanto, ela também é um instrumento de justiça divinamente ordenado. Todas as pessoas foram criadas à imagem de Deus e, por isso, merecem ser tratadas com justiça. O governo serve aos fins da justiça ao proteger esses portadores da imagem de Deus.

"O rei justo sustém a terra", diz Provérbios (29.4). O trono do rei Davi, portanto, existia com o propósito de manter a justiça: "Reinou, pois, Davi sobre todo o Israel; julgava e fazia justiça a todo o seu povo" (2Sm 8.15).

O que é justiça, segundo a Bíblia? As pessoas costumam definir justiça como dar a cada um o que é devido. Não é uma má definição. Ela nos leva até à metade do caminho. Contudo, creio ser melhor colocar a lei de Deus em primeiro plano em nossa definição, bem como observar que a palavra hebraica para "justiça" é a forma substantiva do verbo "julgar". A justiça bíblica, eu diria, é fazer julgamentos de acordo com os padrões divinos de retidão.

Pense em Salomão diante de duas prostitutas, ambas as quais reivindicavam que o bebê era seu. A tarefa de Salomão naquele momento era proferir um julgamento justo — e, assim, fazer justiça. Felizmente, ele o fez: "Todo o Israel ouviu a sentença que o rei havia proferido; e todos tiveram profundo respeito ao rei, porque viram que havia nele a sabedoria de Deus, para fazer justiça" (1Rs 3.28). A justiça depende de um julgamento, mas esse julgamento precisa de um padrão, uma régua ou balança pela qual se possa medir o julgamento. O padrão correto é a lei da retidão divina. Não é de surpreender que a Bíblia diga sobre o próprio governo de Deus: "Justiça e direito são o fundamento do teu trono" (Sl 89.14).

Para traduzir esse princípio para o cenário americano, podemos dizer que todos os três poderes do governo devem fazer justiça — proferir julgamentos justos —, cada um à sua maneira. O legislador deve aprovar leis justas. O Poder Executivo deve aplicar as leis justas de maneira justa. E os juízes devem aplicar as leis justas e anular as injustas. Em cada caso, seu trabalho de justiça não deve ser definido pela versão de justiça de algum outro deus, mas pela definição de justiça de Deus.

Muitos no Ocidente pressupõem o contrário. "Nossas nações são pluralistas", é como raciocinamos. As pessoas acreditam em muitos deuses diferentes — desde os Deuses com "D" maiúsculo do cristianismo, judaísmo, islamismo ou mormonismo, até os deuses neopagãos com "d" minúsculo, os deuses do sexo, do culto ao corpo, do consumo e das políticas identitárias. Portanto, os cristãos que se inclinam para a posição 3 no início deste capítulo dizem que precisamos criar uma esfera pública e estabelecer regras de justiça que sejam neutras entre os deuses concorrentes do povo. E podemos fazer isso definindo a justiça como "proteger os direitos das pessoas".

Essa solução para o pluralismo social não é inteiramente errada. Mas é como colher os frutos sem cuidar da raiz. A justiça, de fato, inclui proteger os direitos das pessoas. O problema é que são os deuses reinantes de uma sociedade que definirão quais direitos são justos. Será que devemos afirmar o direito ao aborto, o direito ao casamento entre pessoas do mesmo sexo, o direito de as crianças definirem seu próprio gênero, à parte da intervenção dos pais?

É verdade que a justiça implica a proteção dos direitos das pessoas. Concordo com os que afirmam que o fato de sermos criados à imagem de Deus é o fundamento dos direitos humanos.[2] Retomando nossa meditação em Gênesis 9.5-6, podemos dizer que o texto nos garante o direito à vida, o direito de sermos tratados pelo governo com igual dignidade, o direito de adorar a Deus livres de coerção, o direito de insistir em um julgamento justo que siga o devido processo legal e, até mesmo, o direito a todas as liberdades necessárias para o cumprimento do mandato de domínio. Ainda assim, possuímos esses direitos não por serem inerentes a nós, à parte de Deus, mas porque Deus diz que eles são direitos. Os direitos são direitos apenas quando e onde Deus diz que são direitos. O direito (isto é, a retidão) é a raiz da justiça; os direitos são o fruto. Preste atenção ao "s". E o trabalho do governo começa com o que é direito ou reto (cf. Rm 13.3-4; 1Pe 2.14).

O grupo 3 e outros replicarão prontamente: "Mas de quem é a definição de 'reto' que a legislação deve adotar? De qual Deus ou deus?" Fazem a pergunta como se alguém já tivesse abandonado seu deus ao entrar na esfera pública. Na verdade, ninguém o faz nem pode fazê-lo. Todos nós argumentamos na esfera pública em nome de nosso Deus ou deuses e tentamos conquistar a maioria dos votos. Todo mundo. É impossível fazer o contrário. Na urna ou no plenário do Senado, você luta por aquilo que mais valoriza e adora. Inevitavelmente. A verdadeira questão é: quem, por meios lícitos ou ilícitos, vence um determinado debate, eleição ou guerra?

---

2 Cf., e.g., Nicholas Wolterstorff, *Justice: Rights and Wrongs* (Princeton, NJ: Princeton University Press, 2008), cap. 16.

Por que Deus dá autoridade ao governo?

Por que Deus confere autoridade ao governo? Já consideramos as duas primeiras razões que a Bíblia apresenta: proteger a vida e assegurar as condições para o mandato de domínio e o florescimento humano. O governo cumpre essas funções ao administrar a justiça. Podemos chamar tudo isso de os propósitos imediatos ou próximos do governo. Esses propósitos estão relacionados às coisas temporais.

Todavia, as preocupações temporais do governo, em última análise, servem a um propósito eterno: preparar o cenário para a obra redentora de Deus. Pense nelas como as muretas de proteção ao longo de uma estrada na montanha. Sua função imediata é manter os carros na estrada. Seu propósito final, porém, é ajudar os carros a irem da cidade A para a cidade B.

Essa é a verdadeira história por trás da história dos governos na Bíblia. As forças espirituais do inferno lutam para usar os governos para devorar o povo de Deus — seja o Faraó dos tempos Moisés, o assírio Senaqueribe, o romano Pilatos, as nações em fúria do Salmo 2 e as bestas de Apocalipse 13 (dependendo de como você lê Apocalipse). Enquanto isso, Deus levanta líderes específicos para proteger e abrigar seu povo — seja o Faraó dos tempos de José, o babilônio Nabucodonosor, após sua humilhação, o persa Ciro e o romano Festo. O objetivo final de Deus para o governo não é meramente manter as pessoas vivas, mas mantê-las vivas para que possam conhecer a Deus. Há uma razão pela qual Gênesis 9 vem antes de Gênesis 12, com o chamado de Abraão. O governo provê uma plataforma na qual o drama redentor de Deus pode se desenrolar. A graça comum prepara o palco para a graça especial, assim como ensinar as pessoas a ler as prepara para que possam ler a Bíblia.

Dois textos do Novo Testamento tornam essa conexão clara como cristal. Em primeiro lugar, veja a citação de Atos 17 no início deste capítulo. Ela diz que Deus determina as fronteiras das nações e as datas de sua duração *para que* as pessoas possam buscá-lo (At 17.26-27). Nossas nações e governos ajudam a nos manter vivos. Por quê? "Para que", diz Paulo, as pessoas possam encontrar seu caminho para Deus. Os governos não nos levam a Deus, mas nos libertam para buscá-lo.

Agora, observe 1 Timóteo 2. Paulo nos exorta a orar pelos reis e por todos que ocupam altos cargos, para que possamos levar "vida tranquila e mansa, com toda piedade e respeito" (v. 2). Faz sentido. Queremos governos que preparem o terreno para que vivamos tais vidas, nas quais possamos viver toda a gama de piedade que Deus pretende para nós. No entanto, é só isso que há para dizer? Não. Paulo então nos diz por que devemos orar para que os governos façam isso: "Isto é bom e aceitável diante de Deus, nosso Salvador, o qual deseja que todos os homens sejam salvos e cheguem ao pleno conhecimento da verdade" (1Tm 2.3-4). Os dois passos nesses versículos são interessantes. Primeiro passo: não ore para que os governos trabalhem para fazer discípulos, mas para que trabalhem pela paz e segurança. Segundo passo: perceba que isso é importante porque Deus quer que as pessoas sejam salvas, o que, aparentemente, é um trabalho que pertence à instituição sobre a qual o restante de 1 Timóteo trata: a igreja. O trabalho do governo é limpar o caminho, aplainar a estrada, preparar o palco, construir a plataforma. Um caminho limpo e uma estrada plana agradam a Deus e devem nos agradar — por amor à salvação.

Em suma, não queremos um governo que pense que pode oferecer redenção, mas que veja seu trabalho em termos de preparar o palco para a redenção. Ele constrói as ruas para que você possa dirigir à igreja; protege o ventre para que você possa viver e ouvir o evangelho; protege a moeda para que você possa ter um sustento honesto e contribuir para missões; insiste em práticas justas de empréstimo e moradia para que você possa ter uma casa e oferecer hospitalidade a não cristãos; protege o casamento e a família, recusando-se a redefinir o casamento e expulsando os clubes de *strip-tease* da cidade, para que maridos e esposas possam exemplificar melhor o amor de Cristo pela igreja.

Em quem você deve votar na próxima eleição? Vote no partido ou candidato que busque fazer tudo isso.

Quais são os limites da autoridade governamental?

Se a função do governo não é fazer discípulos, mas preparar o terreno para a igreja fazer discípulos, então precisamos pensar sobre os seus limites e se os modelos apresentados no início deste capítulo são os mais adequados. Quais são, afinal, os limites da autoridade do governo civil?

O limite mais fundamental e crucial é que nenhum governo pode colocar-se em lugar de Deus. Sempre que os oficiais que compõem o governo se recusam a reconhecer a Deus, acabam por adorar algum outro deus ou colocar-se em lugar de Deus. Os membros do grupo 3, na medida em que são tentados a acreditar que os governos podem permanecer neutros entre os deuses, talvez precisem se lembrar desse ponto. Cada príncipe e membro do parlamento, cada eleitor e juiz, deve reconhecer a Deus e reconhecer que está sob a autoridade dele:

> Agora, pois, ó reis, sede prudentes;
> deixai-vos advertir, juízes da terra.
> Servi ao SENHOR com temor
> e alegrai-vos nele com tremor.
> Beijai o Filho
> para que se não irrite, e não pereçais no caminho;
> porque dentro em pouco se lhe inflamará a ira.
> (Sl 2.10-12; cf. também Sl 82.7)

Não estou dizendo que alguém tenha o direito de usar o poder do governo para obrigar outro ser humano a reconhecer a Deus. De um indicativo moral não decorre um dever a ser imposto pela espada.[3] Apenas estou dizendo que, diante do próprio Deus, toda pessoa que trabalha no governo deve reconhecer e se submeter a Deus — "para que [*ele*] não se irrite". Lembre-se do princípio do Capítulo 6: a boa autoridade não tem a quem prestar contas, pois se submete a uma autoridade superior. Isso se aplica também ao governo.

Um governo de pessoas que se recusam a reconhecer o Deus verdadeiro da Bíblia é um governo que suplantou esse Deus. Governos assim podem, pela graça comum de Deus, fazer justiça por algum tempo. Porém, mais cedo ou mais tarde, acabarão se tornando bestiais. Como exemplos, pense no Faraó dos tempos de Moisés: "Quem é o Senhor para que lhe ouça eu a voz e deixe ir a Israel?" (Êx 5.2).

3 Em outras palavras, é fácil afirmar: "O governo deve reconhecer a Deus", quando o governo consiste em uma única pessoa — o rei. Isso é meramente uma alegação moral sobre o que o rei deve fazer. Contudo, quando fazemos essa mesma alegação ao falar sobre uma forma de governo que envolve um povo, como em uma república democrática, as coisas se complicam. Se eu for um senador dos EUA representando meu estado natal, Maryland, é verdade que devo reconhecer a Deus e fazê-lo em meu trabalho. Também é verdade que os outros 99 senadores e todos que votaram em mim deveriam reconhecer a Deus. Mas, se não o fizessem, seria da vontade de Deus que eu o reconhecesse ao escrever documentos oficiais, *como se falasse pelos outros 99 e por todos os meus eleitores*, mesmo que eles repudiassem o cristianismo? Para usar um exemplo real: será que o governo britânico deveria exigir que um primeiro-ministro hindu prestasse seu juramento de posse colocando a mão sobre uma Bíblia que ele repudia? Fazer isso não tornaria seu juramento uma mentira? Meu objetivo aqui é apenas fazer a alegação moral acerca dos oficiais individuais do governo: cada um deve reconhecer a Deus. Não estou dizendo que devemos exigir que outros digam algo em que não acreditam.

Ou no oficial militar do assírio Senaqueribe: "Nem tampouco Ezequias vos faça confiar no Senhor, dizendo: O Senhor certamente nos livrará" (Is 36.15). O mesmo aconteceu com os regimes comunistas e fascistas dos séculos XX e XXI. Ou com o império mongol do muçulmano Tamerlão, no século XIV. Ou com as muitas civilizações indígenas, como os astecas, que sacrificavam inúmeras pessoas a seus deuses.[4] E tantos outros.

Dito isso, também é possível membros de governos reconhecerem a Deus com os lábios (cf. Is 29.13), chamando-se explicitamente de "cristãos", e ainda assim perpetrarem graves injustiças por falharem em reconhecer a imagem de Deus em seus súditos. Durante a Idade Média, os monarcas cristãos da Europa foram violenta e grotescamente antissemitas. Esses mesmos governos, bem como os do Novo Mundo, apoiaram a escravidão racial, mesmo quando seus documentos de fundação reconheciam a Deus. Também o governo reformado holandês da África do Sul concebeu a doutrina e a prática do *apartheid*. Governos assim chamados "cristãos" também podem se tornar bestiais.

Em resumo, criaturas que negam o Criador revelado nas Escrituras, ou a sua imagem em cada indivíduo, acabarão por usar o poder do governo para matar e explorar. A matemática é simples: *criatura – Criador + governo = terríveis injustiças*. Acredito que é por isso que Deus determina não apenas as fronteiras das nações, mas também seus "tempos determinados" ou sua duração (At 17.26). Por sua graça comum, Deus emprega uma nação e seu governo por um tempo, para que realizem seu trabalho; no entanto, mais cedo ou mais tarde, a rejeição de Deus por aquela nação conduz a injustiças que exigem sua remoção. Essa é a narrativa bíblica de nação após nação (e.g., Gn 15.16; Is 10.5ss; Hc 2.2-20).

Ao falar em reconhecimento, não defendo que precisemos colocar o nome de Jesus em nossas constituições, assim como não diria que precisamos colocá-lo nos nossos contratos de financiamento de casas ou veículos. Não vou insistir que os funcionários não-cristãos de um banco, ao me concederem um empréstimo, incluam no contrato palavras que eles pessoalmente rejeitam. Meu ponto, por ora, é simples: o coração de cada eleitor e presidente na terra, como o de cada credor

---

4 Cf. "Feeding the Gods: Hundreds of Skulls Reveal Massive Scale of Human Sacrifice in Aztec Capital", *Science*, 21 jun. 2018. Disponível em: https://www.science.org/content/article/feeding-gods-hundreds-skulls-reveal-massive-scale-human-sacrifice-aztec-capital. Acesso em: 3 dez. 2022.

e mutuário que assina documentos de empréstimo, deveria reconhecer Deus e se submeter a ele. "Por meu intermédio, reinam os reis", afirma a Senhora Sabedoria, "e os príncipes decretam justiça" (Pv 8.15). E onde começa a sabedoria, senão com o temor do Senhor?

O segundo limite para o governo envolve o risco de ele invadir injustamente a esfera parental. Esse é um tema complicado, já que Deus certamente tenciona que o governo proteja crianças abusadas ou abandonadas — como vimos no Capítulo 5. Considero que os serviços de adoção e proteção à criança sejam, em tese, algo bom. Além disso, o governo também parece ter um interesse legítimo em garantir que seus cidadãos sejam instruídos em matemática, leitura, ciências e outras áreas. Nações com altos níveis de educação formal florescem mais do que as com baixos índices.

No entanto, embora possamos concluir *por inferência* que políticas educacionais se enquadram no domínio do governo, biblicamente falando, educação é algo que se enquadra *explicitamente* no domínio dos pais, como discutimos no capítulo anterior (cf. Provérbios). Um bom governo, então, respeitará a autoridade dos bons pais na educação de seus filhos. Ele pode oferecer educação ou estabelecer padrões educacionais, quando necessário, bem como proteger as crianças contra pais negligentes ou incompetentes. Equilibrar esses diferentes objetivos exige, sem dúvida, a sabedoria de Salomão.

Por outro lado, um governo mau abandona a sabedoria e, cedo ou tarde, usurpará a autoridade dos pais, sem distinguir os bons dos maus.

Logo, é importante observar que muitas das controvérsias entre igreja e Estado nos últimos cem anos ocorreram em uma esfera que, fundamentalmente, pertence aos pais: a educação. Considere, por exemplo, os debates sobre a oração em escolas públicas; o uso de recursos públicos para manter escolas paroquiais; ou o ensino sobre evolução e sexualidade em sala de aula. Muitos cristãos tratam essas questões como disputas entre igreja e Estado ou relativas à liberdade religiosa. No entanto, o problema começou antes, quando os pais se deixaram tornar dependentes do Estado, cedendo-lhe a soberania para educar seus filhos. Certamente, seria necessário reimaginar de forma radical os últimos duzentos anos de desenvolvimento econômico, industrial e cívico na sociedade como um todo para que pudéssemos vislumbrar uma nação na qual os pais assumem a responsabilidade de educar seus filhos, talvez com o Estado facilitando, e não controlando, essa educação. Meu objetivo não é apontar soluções fáceis, mas meramente descrever o cenário: a Bíblia dá aos pais a responsabilidade primária de educar os filhos e, quando entregamos isso ao Estado, podemos esperar o surgimento de mais conflitos de jurisdição, como as disputas envolvendo religião.

O terceiro limite do governo, que analisaremos com uma extensão consideravelmente maior, refere-se à igreja e à religião. Estes comentários se dirigem especialmente aos que se alinham com o grupo 1 (o qual crê que o governo deve implementar o cristianismo), mas espero que ajudem todos nós a entendermos melhor o que a separação entre igreja e Estado significa, bem como o que não significa. Será que o Novo Testamento dá margem para o governo criminalizar religiões falsas, ou incentivar e sancionar a religião verdadeira? Será que dá margem para estabelecer oficialmente uma igreja ou para chamar uma nação de "cristã"?[5] É evidente que qualquer uma dessas atitudes restringe a liberdade religiosa.

A palavra-chave aqui, mais uma vez, é *jurisdição*. E a divisão jurisdicional mais relevante que devemos considerar é entre o que é temporal e o que é eterno, assim como entre proteção e perfeição.

Desde os dias de Noé, vemos que Deus confiou aos governos das nações a tarefa de trabalhar pela justiça em *questões temporais*. Seus julgamentos, idealmente, possuem um *propósito eterno*: eles possibilitam, em vez de dificultar, a obra da igreja. Possuem também uma *base teológica eterna*: o fato de que os seres humanos são criados à imagem de Deus. Ainda assim, tais julgamentos oferecem meramente um *alcance temporal*, apenas para esta vida. Um governo pode proteger vidas e trabalhar para assegurar as condições básicas para que as pessoas cumpram o mandato de domínio. No entanto, sua atuação não vai além da morte. Sua espada não alcança a eternidade (Mt 10.28; Rm 8.35). Seu impacto é temporário, e essa é uma das razões pelas quais os cristãos não precisam temer governos injustos.

A jurisdição do governo, portanto, deve ser limitada ao seu alcance real.

Isso quer dizer que deveríamos exigir que nossos governos trabalhem por uma *versão protecionista de justiça*. Por outro lado, deveríamos exigir que nossas

---

5 Uma igreja "estabelecida" é aquela que goza do patrocínio do Estado. Sua doutrina e práticas recebem o endosso do Estado. Seu clero e membros recebem certas vantagens do Estado, ainda que apenas financeiramente. E quaisquer mudanças na doutrina e na prática da religião exigem o consentimento do Estado.

igrejas declarem e vinculem seus membros por uma *versão perfeccionista de justiça*. Se o Estado detém o poder da espada, a igreja possui o poder das chaves para declarar quem é Deus, o que ele realizou no evangelho e tudo o que ele exige de seu povo. As chaves do Reino, que exploraremos com mais profundidade no Capítulo 16, são a autoridade que uma igreja tem para dizer, por meio das ordenanças, quem são e quem não são seus membros.

Tabela 14.1: Autoridade: governos *versus* igrejas

	Tipo de autoridade	*Jurisdição*	*Tipo de justiça*
Governos	Coercitiva	Temporal	Protecionista
Igrejas	Declarativa	Eterna (começando agora)	Perfeccionista

O critério para uma versão perfeccionista de justiça é a perfeição: "Portanto, sede vós perfeitos como perfeito é o vosso Pai celeste" (Mt 5.48). Já o critério para uma versão protecionista de justiça diz respeito a como você se porta perante outros seres humanos — seus próximos. Você dá às outras pessoas o que lhes é devido e as trata com justiça? Ou você lhes causa dano, explora-as, rouba-as, e assim por diante? Você ama o próximo como a si mesmo? Além disso, você demonstra respeito e honra ao governo? Paga seus impostos para que ele possa cumprir o papel que Deus lhe atribuiu?

São esses tipos de preocupações temporais que ocupam Paulo e Pedro em seus tratamentos mais extensos sobre os governos. Se você der uma olhada em Romanos 13.3-4 e 1 Pedro 2.14, citados no início do capítulo, verá que ambos afirmam que Deus instituiu os governos para recompensar os bons e punir os maus. Será que os apóstolos pretendiam que os governos punissem todo mal concebível e recompensassem todo bem concebível? Certamente, não — a menos se presumirmos que eles pretendiam que o governo fizesse o papel de Deus, o único capaz de julgar todos os bens e todos os males. Paulo e Pedro têm em mente um subconjunto de bens e males.

Que subconjunto é esse? Ambos os apóstolos se referem à "aprovação" ou ao "louvor" por parte de suas autoridades pagãs. Autoridades pagãs não aplaudiriam quem adora e obedece a Jesus, mas quem cumpre os deveres temporais que Paulo lista em seu resumo no versículo 7: pagar de "tributos" e "impostos",[6] bem como oferecer "respeito" e "honra" aos oficiais romanos (Rm 13.7; cf. também 1Pe 2.17). Além disso, a palavra usada por Paulo para a boa conduta que recebe a aprovação do rei aparece em outros textos para descrever atos práticos de misericórdia para com os necessitados (e.g., At 9.36; 1Tm 2.10; 5.10). Em suma, o bem e o mal que Paulo e Pedro têm em mente se relacionam a questões temporais que atraem a atenção de qualquer governo (seja por propósitos piedosos ou por interesses próprios), simplesmente em virtude da ferramenta temporal que ele possui: a espada.

Reagindo à pressão da cultura em geral contra as convicções cristãs sobre casamento, sexo e gênero, um número crescente de cristãos, nos últimos anos, tem começado a se perguntar se Deus, de fato, autoriza os governos a se preocuparem não apenas com questões temporais, mas também com as eternas. Deveríamos tentar unir igreja e Estado, seja parcial ou completamente? Se os líderes forem cristãos, o governo pode promover — ou mesmo implementar — o cristianismo? Desde que o imperador romano Constantino se tornou cristão, no início dos anos 300, muitos cristãos têm acreditado que sim. Nações e impérios até começaram a se autodenominar "cristãos". Há versões mais leves e mais pesadas do princípio da igreja estabelecida e da implementação estatal. Pense em uma lâmpada dimerizável. Podemos girar o dimerizador só um pouco, implementando medidas como leis de descanso dominical ou o uso de linguagem religiosa em juramentos judiciais. Podemos girar um pouco mais, exigindo testes doutrinários para cargos públicos ou oferecendo benefícios fiscais ao clero de uma denominação específica. E podemos girá-lo ao máximo, criminalizando o falso culto ou a blasfêmia — chegando até à execução de blasfemos, como Calvino famosamente apoiou no caso de Miguel Serveto, que negava a Trindade.

Para sustentar esse ponto de vista, cristãos costumam recorrer aos reis de Israel no Antigo Testamento, aos Dez Mandamentos ou a outros argumentos extraídos da aliança mosaica, para defender uma fusão de igreja e Estado. Mas será

---

6 "Uma receita pública indireta cobrada sobre bens e serviços, como vendas de terras, casas, petróleo e grama." Colin G. Kruse, *Paul's Letter to the Romans*, Pillar New Testament Commentary, D. A. Carson (ed.) (Grand Rapids, MI: Eerdmans, 2012), p. 499. Kruse cita Thomas M. Coleman, "Binding Obligations in Romans 13:7: A Semantic Field and Social Context," *Tyndale Bulletin* 48 (1997): pp. 309-15.

que esse é um argumento legítimo? Não tenho como abordar aqui cada nível de giro desse dimerizador. Contudo, se estivermos tratando da ideia de girá-lo ao máximo, a resposta curta é não. A aliança mosaica foi dada ao Israel do Antigo Testamento. Ela não autoriza os governos das nações a implementar as convicções cristãs sobre a eternidade, como é o caso dos dois primeiros dos Dez Mandamentos.

É verdade que todo indivíduo no governo, responsável diante de Deus, tem o dever de reconhecê-lo. No entanto, o fato de um governo ser responsável diante de Deus por cada ação que pratica não quer dizer que ele tenha autoridade para forçar alguém a crer em Deus. Como já mencionei, a jurisdição do governo deve ser limitada ao seu verdadeiro alcance; e um indicativo moral não implica um dever a ser imposto pela espada.

Ainda assim, coloquemos o Israel do Antigo Testamento em seu contexto. Deus tinha propósitos singulares e sacerdotais para Israel. Ele os chamou para serem um "sacerdócio real" (cf. Êx 19.6). E o que faz um sacerdócio? Ele medeia a lei de Deus e a presença de Deus. O trabalho de Israel enquanto nação era obedecer à lei de Deus e adorá-lo para, assim, mediar a lei e a presença de Deus para as nações (cf. Dt 4.6-8). Por essa razão, Deus colocou seu nome sobre Israel, dizendo: "Vós sereis o meu povo e eu serei o vosso Deus" (cf. Êx 6.7). Tragicamente, Israel fracassou nessa missão e, como consequência, Deus o expulsou da terra.

Agora, reflita: quem tem essa função sacerdotal no Novo Testamento? Quem agora deve mediar a presença e a lei de Deus e sobre quem ele coloca seu nome? Acho bom que "Jesus" seja a primeira palavra que sai de sua boca! Certo, mas quem mais? Todos os que estão unidos a Jesus por meio da nova aliança em seu sangue. A igreja agora é o "sacerdócio real" de Deus (1Pe 2.9). Com certeza, Deus coloca seu nome na igreja. Somos batizados em seu nome e nos reunimos em seu nome (Mt 18.20; 28.19). Faça uma busca pela palavra "nome" no livro de Atos e você verá o cuidado extraordinário dos apóstolos com quem carrega o "nome" de Cristo.

Em outras palavras, esse trabalho sacerdotal de carregar o nome de Cristo e mediar sua presença para o mundo não repousa sobre uma nação ou império. Não, ele foi transferido para todos os que estão unidos a Cristo, a igreja, que é composta por pessoas de todas as nações. Hoje, chamar uma nação de nação cristã ou tentar implementar os dois primeiros mandamentos equivale a retornar à antiga aliança. É o mesmo que designar uma nação como sacerdotal. No entanto, Deus não chama nações e seus governos a patrulharem as fronteiras de quem crê nele ou não, como Israel fazia. Ele chama a igreja a patrulhar essas fronteiras por meio de sua membresia. Nós somos a "nação santa" agora (1Pe 2.9). É por isso que Paulo, *antes de sua conversão*, buscava usar o poder da espada para levar pessoas à morte por blasfêmia (At 26.10-11), ao passo que, *depois de convertido*, passou a usar o poder das chaves, não para executar, mas para excomungar os blasfemadores — para que pudessem se arrepender e ser salvos (1Tm 1.20).

Entre o Antigo e o Novo Testamento, as atribuições do governo não mudam. Desde a aliança noaica em Gênesis 9 até hoje, Deus chamou os governos das nações para implementarem uma forma protecionista de justiça. Entre a aliança mosaica e a nova aliança, porém, as atribuições do governo mudaram. Aquelas responsabilidades sacerdotais que pertenciam singularmente à ordem civil de Israel foram transferidas para a igreja.

Além de tudo isso, pense na aliança noaica mais uma vez. Deus prometeu *não* destruir a humanidade por um período indefinido, apesar de nossa falsa adoração. Criminalizar a falsa adoração e a idolatria pareceria desafiar a própria promessa divina de reter seu juízo.

Como, então, juntamos todas estas peças e decidimos entre as opções 1, 2, e 3 apresentadas no início deste capítulo? Considere as palavras de Jesus: "Dai, pois, a César o que é de César e a Deus o que é de Deus" (cf. Mt 22.21). Consigo imaginar três formas distintas (duas equivocadas e uma correta) de ilustrar esse versículo. Alguns podem dizer que Jesus pretendia separar completamente os assuntos de César e os de Deus, assim:

Figura 14.1: Deus *versus* César: opção 1

O grupo 3 do início do capítulo pode tender a errar nessa direção, e eu chamaria isso, *sim*, de um erro bíblico. Afinal, tudo o que pertence a César também pertence a Deus. César é criado à imagem de Deus. Ele presta contas a Deus. O juízo vindouro de Deus se aplica a César e a todo governo humano. Quando você, eu ou César entramos na esfera pública, representaremos algum deus e a versão de justiça de algum deus, como já afirmei. A única questão é: que Deus ou deus? Na medida em que os cristãos tiverem voz no governo (seja como eleitores, autoridades eleitas ou qualquer outra posição), devem buscar representar unicamente o Deus verdadeiro. Devem buscar influenciar os outros e aprovar leis de acordo com uma compreensão bíblica de retidão e justiça.

Porém, nada disso significa que a Bíblia chama os cristãos a criminalizar todo pecado, implementar o culto verdadeiro, renunciar à liberdade religiosa e construir uma teocracia. Essa seria outra forma equivocada de interpretar as palavras de Jesus sobre o que pertence a Deus e o que pertence a César. Alguém pode argumentar que César deveria, se pudesse, promover *tudo* ou *quase tudo* que pertence a Deus, assim:

Figura 14.2: Deus *versus* César: opção 2

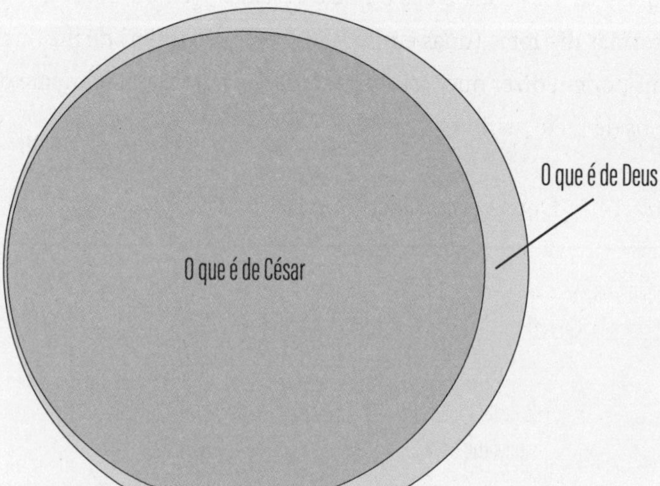

O grupo 1 tende nessa direção. No entanto, essa pareceria ser uma interpretação estranha do que Jesus disse. De fato, tudo o que pertence a César também pertence a Deus; mas dificilmente tudo o que pertence a Deus pertence também a César.

A palavra-chave, mais uma vez, é "jurisdição". César, como argumentei, tem uma jurisdição temporal para implementar uma justiça protecionista. Esse é um círculo importante. Contudo, quando o comparamos à justiça de Deus, que é eterna e perfeccionista, não chega nem perto de representar a maior parte do todo. As igrejas devem falar com respeito a todo o círculo. E há uma grande parte do círculo que o governo não precisa implementar, incluindo decisões eternas sobre quem é Deus. Na verdade, tudo o que está fora da jurisdição do governo também se pode chamar de domínio da liberdade religiosa.

O quadro jurisdicional que a Bíblia atribui a cada nação desde a aliança noaica, com exceção do antigo Israel, se parece mais com isto:

Figura 14.3: Deus *versus* César: opção 3

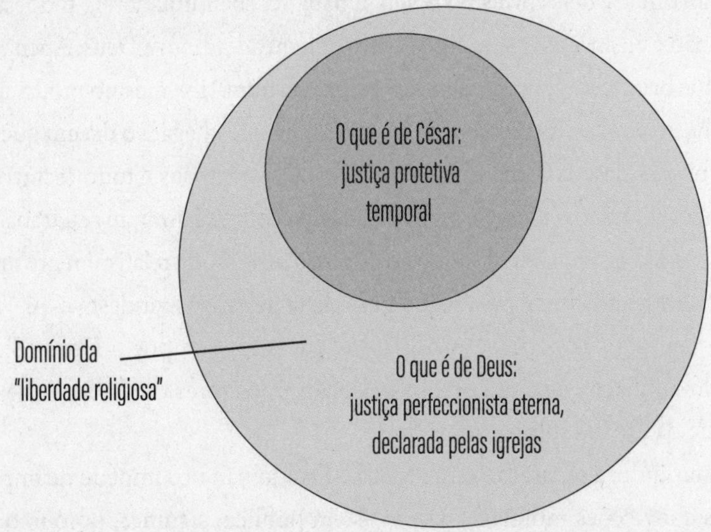

Note que tudo o que César faz está contido no círculo de Deus. Isso significa que poderíamos, se quiséssemos, chamar todas as ações de César de "religiosas", pois ocorrem sob a autoridade de Deus, quer César o reconheça, quer não. Diria até que não podemos separar o político do religioso. Diria, no entanto, que a Bíblia insiste na separação entre igreja e Estado, no seguinte sentido: um possui a espada e o outro, as chaves do Reino. Além disso, um possui jurisdição temporal e está encarregado de implementar uma justiça protecionista; o outro possui jurisdição eterna e está encarregado de implementar uma justiça perfeccionista. Em outras palavras, a separação entre religião e política não é o mesmo que a separação entre igreja e Estado. A primeira é impossível, pois sua religião sempre determina sua política, enquanto a segunda é uma atribuição jurisdicional. Poucas pessoas em nossos dias parecem compreender essa distinção.

Talvez uma analogia ajude a complementar a ilustração para a posição 2 acima. Podemos dizer que a Bíblia trata os governos da mesma forma que os pais tratam a babá que vem ficar com as crianças só por uma noite. "Você não é responsável por ensinar nossos filhos a nos amarem e obedecerem", orientam. "Só precisa mantê-los alimentados e seguros e evitar que briguem." A babá está totalmente "sob" os pais, mas sua jurisdição é limitada. Ela sabe que o retorno dos pais é iminente e buscará cumprir a vontade deles. Mesmo assim, a babá recebeu uma tarefa modesta: "Seu trabalho não é ensinar as crianças a nos amarem ou adorarem a Deus. Apenas ajude-as para que brinquem juntas e vão para a cama na hora." Do mesmo modo, um bom governo há de temer e reconhecer a Deus. Ele sabe que chegará o dia em que "os reis da terra, os grandes, os comandantes, os ricos, os poderosos e todo escravo e todo livre" experimentarão o juízo de Deus pela forma como realizaram seu trabalho (Ap 6.15-17). Ainda assim, Deus confiou ao governo uma tarefa relativamente modesta.

Uma razão adicional para manter essa lista de tarefas modesta é que, ao contrário da maioria das babás, a maioria dos governos se opõe a Deus (Sl 2.1-3). Você realmente acha que seria sensato dar aos opositores e odiadores de Deus a autoridade da espada sobre a adoração?

Resumindo, a separação entre igreja e Estado não nos impede de implementar certas convicções morais cristãs na esfera pública; significa, porém, que buscamos implementar apenas aquelas convicções que Deus autoriza os governos a implementarem.

Então, devemos usar a espada para insistir que o assassinato é errado? Sim.

Que o casamento é entre um homem e uma mulher? Sim.

Que Jesus é Senhor? Todo membro do governo deveria reconhecer isso, e os indivíduos no governo que não o fizerem acabarão pendendo para a injustiça em suas funções, mas não, não podemos forçá-los a fazer isso.

Por fim, tudo o que está além da jurisdição do governo pertence ao domínio do que as pessoas há muito têm chamado de liberdade religiosa.

Um plano de ação para o cidadão

Em suma, bons governos não tentam introduzir o Reino de Cristo implementando a adoração a Deus. Em vez disso, eles devem aspirar a limpar o terreno e facilitar o caminho para os peregrinos em sua jornada. Seu trabalho é anterior e preparatório. Não devemos pedir aos governos que ofereçam salvação. Eles não a podem dar e, de qualquer forma, a vasta maioria deles jamais desejará fazê-lo. Em vez disso, pedimos-lhes, em tom muito mais modesto e de maneiras que se alinham com seus interesses, que estabeleçam as condições necessárias para a salvação. Dessa forma, a igreja pode prosseguir com seu trabalho de fazer discípulos.

A boa notícia é que Jesus edificará sua igreja. Não, nem mesmo os piores governos podem parar o Espírito Santo. Sim, Deus muitas vezes age de forma subterrânea, à revelia dos governos. Porém, maus governos, de um ponto de vista humano, realmente dificultam o trabalho da igreja. Os cristãos devem trabalhar em prol de bons governos.

Como?

(1) *Ore.* Paulo nos exorta a orar pelos reis e por todos que estão investidos de autoridade, para que possamos levar vidas pacíficas e tranquilas. "Isto é bom e aceitável diante de Deus, nosso Salvador, o qual deseja que todos os homens sejam salvos" (1Tm 2.3-4). Oramos por nosso governo para que os santos possam viver vidas pacíficas e pessoas sejam salvas.

(2) *Pergunte às Escrituras o que Deus autorizou o governo a fazer.* Deus autoriza o governo a fazer algumas coisas (como processar e julgar um homicídio), mas não outras (como impor conversões). Então, antes de perguntar: "Como devo votar?", "Contra o que devo protestar?" ou "Quais causas devemos defender?", primeiro considere o que Deus ordena que os governos façam. Esse tem sido o ponto

central de todo este capítulo. Não, as Escrituras não descem às minúcias da legislação. Elas falam mais como uma constituição, estabelecendo poderes e limites básicos. Argumentei neste capítulo que Deus deu ao governo uma via estreita e protecionista. Você pode discordar sobre a largura dessa via. Tudo bem. Tenhamos a conversa com caridade e humildade. No entanto, temos um critério claro para discutir o assunto: o que Deus autoriza?

(3) *Engaje-se.* Por amor ao nosso próximo e para fazer justiça, não devemos nos desvencilhar das preocupações políticas. Devemos nos engajar como despenseiros de qualquer dom ou vocação que Deus nos tenha dado, quer sejamos eleitores ou copeiros do rei. Damos a César o que é de César. Em um contexto democrático, fazemos isso votando, peticionando aos nossos representantes, defendendo pautas ou concorrendo a um cargo. Mesmo em um império, Paulo, por amor ao evangelho, acionou as alavancas políticas que tinha à disposição. Ele invocou sua cidadania e apelou a César. Use tais oportunidades enquanto as tiver. Onde quer que possamos construir um terreno comum com não-cristãos, devemos fazê-lo.

(4) *Reconheça a Deus na esfera pública.* Como cristãos, por exemplo, devemos advertir os políticos que praticam a injustiça. Os cristãos que trabalham no governo também devem estar dispostos, quando isso servir a bons propósitos, a apontar para Deus. "Agora, pois, ó reis, sede prudentes; deixai-vos advertir, juízes da terra. Servi ao Senhor com temor e alegrai-vos nele com tremor" (Sl 2.10-11). Isso significa que um presidente pode prestar o juramento de posse com a mão sobre a Bíblia? Será que deve invocar a Deus em seus discursos? Um pastor pode abrir uma reunião do conselho escolar com uma oração? As respostas a perguntas como essas terão que ser julgadas caso a caso. Como princípio geral, sinto-me mais à vontade quando o titular de um ofício público fala por si mesmo, em vez de presumir falar pela nação, como fazem as palavras da Constituição. Não colocamos o nome de Deus em hipotecas ou contratos comerciais, embora eles governem o relacionamento. Mesmo assim, não vejo nenhuma razão bíblica pela qual um cristão em um ofício público não deva usar seu púlpito para chamar um povo ao arrependimento (cf. Jn 3.6-9).

PERGUNTAS PARA REFLEXÃO

1. O que se destaca para você na descrição de atribuições do governo (p. 256)? Como você acrescentaria ou ajustaria essa descrição de cargos?

2. Como este capítulo influenciou a maneira como você pensa sobre a importância de Gênesis 9.5–6 (p. 258-259)?

3. Que aspectos da definição de justiça bíblica se destacam para você (p. 262)?

4. Quais são algumas maneiras específicas pelas quais você pode dizer que um governo começou a se considerar Deus (p. 265-266)?

5. Na prática, como os cristãos podem "influenciar os outros e aprovar leis de acordo com uma compreensão bíblica de retidão e justiça" (p. 274)?

6. Das quatro maneiras pelas quais os cristãos podem trabalhar por bons governos, qual delas você acha mais viável agora e em qual delas você pode trabalhar no futuro próximo (p. 277-278)?

15

O ADMINISTRADOR (COMANDO)

Autorização pactual: aliança adâmica (comum)

Deus os abençoou e lhes disse: Sede fecundos, multiplicai-vos, enchei a terra e sujeitai-a; dominai sobre os peixes do mar, sobre as aves dos céus e sobre todo animal que rasteja pela terra. (Gn 1.28)

Outros textos bíblicos elucidativos

E à mulher disse: "Multiplicarei sobremodo os sofrimentos da tua gravidez; em meio de dores darás à luz filhos [...]" E a Adão disse: "[...] maldita é a terra por tua causa; em fadigas obterás dela o sustento durante os dias de tua vida. Ela produzirá também cardos e abrolhos, e tu comerás a erva do campo. No suor do rosto comerás o teu pão". (Gn 3.16-19)

[Abrão] fez sair trezentos e dezoito homens dos mais capazes, nascidos em sua casa, e os perseguiu até Dã. (Gn 14.14)

Não oprimam nem roubem o seu próximo. Não retenham até a manhã do dia seguinte o pagamento de um diarista. (Lv 19.13, NVI)

Nunca se aproveitem de trabalhadores pobres e necessitados, sejam irmãos israelitas ou estrangeiros que vivem em suas cidades. (Dt 24.14, NVT)

Disse o Senhor: "Quem é, pois, o mordomo fiel e prudente, a quem o senhor confiará os seus conservos para dar-lhes o sustento a seu tempo?" (Lc 12.42)

Senhores [...] Não os ameacem; lembrem-se de que vocês e eles têm o mesmo Senhor no céu, e ele não age com favoritismo. (Ef 6.9, NVT)

Senhores, tratai os servos com justiça e com equidade, certos de que também vós tendes Senhor no céu. (Cl 4.1)

Pois a Escritura diz: "Não amordace o boi enquanto está debulhando o cereal" e "o trabalhador merece o seu salário". (1Tm 5.18, NVI)

Servos, sede submissos, com todo o temor ao vosso senhor, não somente se for bom e cordato, mas também ao perverso; porque isto é grato, que alguém suporte tristezas, sofrendo injustamente, por motivo de sua consciência para com Deus. Pois que glória há, se, pecando e sendo esbofeteados por isso, o suportais com paciência? Se, entretanto, quando praticais o bem, sois igualmente afligidos e o suportais com paciência, isto é grato a Deus. Porquanto para isto mesmo fostes chamados, pois que também Cristo sofreu em vosso lugar, deixando-vos exemplo para seguirdes os seus passos. (1Pe 2.18-21)

Descrição de atribuições

Oferecer salários justos ou adequados em troca de trabalho fiel e honesto.

Por "autoridade administrativa" ou gerencial, refiro-me à autoridade no ambiente profissional ou de trabalho. Assim, este capítulo trata da autoridade que você exerce ou à qual se submete por mais de 40 horas semanais, seja em uma escola, um restaurante, um departamento de recursos humanos, um escritório de advocacia, as forças armadas, um órgão público, uma igreja com múltiplos funcionários, uma equipe esportiva, uma revista, uma empresa de webdesign ou uma loja de lembrancinhas à beira da estrada, com um ou dois vendedores contratados. Para facilitar, usarei neste capítulo os termos "administrador", "gerente" ou "chefe" para me referir a qualquer função em que alguém tenha responsabilidades de supervisão ou gerenciamento de outras pessoas, mesmo que o seu cargo formal seja o de "major do exército", "gerente de turno" ou "sócio administrador".

Às vezes, a autoridade gerencial é uma autoridade de comando. Pense no proprietário de uma floricultura que tem liberdade para contratar ou dispensar vendedores ao seu bel-prazer. Outras vezes, ela se assemelha mais a uma autoridade de conselho. Pense em um coronel do exército que pode acusar um oficial de patente inferior por insubordinação, mas precisa recorrer a um juiz militar e a um júri para conduzir o processo penal militar. Há uma infinita variedade de configurações que poderíamos considerar.

Um dos desafios ao refletir sobre essa esfera de autoridade é a distância cultural que separa os contratos de trabalho atuais das condições de emprego nos tempos bíblicos. Tanto o Antigo quanto o Novo Testamento mencionam o "assalariado", conceito que nos é familiar. Menos familiares, no entanto, são as "casas" (no sentido do mundo antigo), o aprendizado de ofício entre pais e filhos e a escravidão. Para começar, as "casas" no mundo antigo incluíam a família estendida, servos, concubinas e mais. Centenas de pessoas, por exemplo, faziam parte da "casa" de Abraão (cf. Gn 14.14, citado no início do capítulo). Fossem filhos ou servos, dependiam de Abraão para o sustento, ao mesmo tempo em que trabalhavam para ele. A autoridade familiar e a profissional se entrelaçavam.

A autoridade familiar e a profissional também se mesclavam quando os filhos se tornavam aprendizes de seus pais. Pense em Jesus, o carpinteiro, ou em Tiago e João, trabalhando como pescadores com seu pai.

Por fim, as economias da antiguidade, tanto no mundo hebraico quanto no romano, baseavam-se fortemente na escravidão. Escravos podiam ser comprados, herdados ou capturados em guerras. Às vezes, eram tratados bem, quase como uma classe profissional; outras vezes, eram tratados como propriedades subumanas. Muitos livros e ensaios comparam esses antigos sistemas com a escravidão racial perpetrada nos séculos mais recentes. Alguns defendem que os sistemas antigos eram menos brutais do que a escravidão praticada nos Estados Unidos ou nas colônias europeias. A escravidão na antiguidade, dizem eles, funcionava mais como o serviço militar e não era baseada na raça, como a concebemos. Outros, porém, argumentam que os sistemas antigos podiam ser igualmente cruéis quanto as histórias que conhecemos dos séculos XVI a XIX. Para os nossos propósitos, o ponto crucial é que os escritores do Novo Testamento tratavam essas estruturas como fixas. Eles se concentraram em ensinar escravos e senhores a seguir a Cristo, quaisquer que fossem suas realidades e circunstâncias estruturais, visto que quase ninguém tinha qualquer esperança de mudar tais circunstâncias. Era como se os autores do Novo Testamento quisessem dizer: "Você é um rato preso num labirinto de laboratório, o qual não pode mudar; mas nós o ajudaremos a percorrer esse labirinto". Paulo aconselhou os escravos individualmente: "se ainda podes tornar-te livre, aproveita a oportunidade" (cf. 1Co 7.21). No entanto, ele também era um bom pastor e reconhecia que muitos de seus leitores invariavelmente passariam a vida inteira dentro daquele sistema e, portanto, sua tarefa era ajudá-los a seguir Jesus exatamente ali onde viviam.

Menciono tudo isso simplesmente porque, quando nos voltamos para o Novo Testamento em busca de instrução sobre a autoridade administrativa, os principais textos que encontramos dizem respeito a escravos e senhores, e não a patrões e funcionários. Esse tópico é inevitável. Esses são os textos inspirados que Deus nos deu, os quais, aparentemente, ele considera igualmente relevantes e instrutivos para nós. Assim, embora precisemos lidar com a distância cultural e as complexidades éticas, não precisamos ter medo desses textos. Podemos simplesmente perguntar: "Deus, o que queres que aprendamos sobre o ambiente profissional, juntamente com tudo o mais que a Bíblia diz sobre o trabalho?"

Em que consiste a autoridade gerencial ou profissional?

Em que consiste a autoridade gerencial ou profissional? É um desdobramento do mandato de domínio que Deus concedeu a Adão e Eva. O primeiro casal, como todo ser humano desde então, foi incumbido da tarefa de sujeitar a terra e dominá-la. No instante em que eles (e nós) decidissem realizar qualquer projeto maior do que cultivar um pequeno pedaço de terra, precisariam de mais do que apenas um do outro. Erguer um celeiro, cuidar de plantações ou pastorear rebanhos de qualquer tamanho exigiria organizar o trabalho sob uma regra comum. "Você conduz os bois, eu seguro o arado." A Torre de Babel e sua queda demonstram, entre outras coisas, a necessidade de uma regra comum — no mínimo, a regra de um idioma compartilhado — para se trabalhar em conjunto na construção de algo significativo. A autoridade gerencial é, em outras palavras, uma forma de organizar nosso trabalho com o propósito de cumprir o mandato divino de domínio e prover para todos os envolvidos. É parte necessária de sermos, juntos, despenseiros da terra.

Se Deus tem o direito de dar e tirar a vida, presumivelmente também tem o direito de entregar os cananeus como escravos aos israelitas, como de fato fez (e.g., Dt 20.10-14). Contudo, ao contrário do filho, que deve obediência aos pais por desígnio da criação, nenhum ser humano, fora desse relacionamento familiar, deve obediência vocacional a outro. Você não tem o direito de se aproximar de outra pessoa e convocar compulsoriamente seu serviço. Por isso, Paulo inclui "escravizadores", "raptores de homens" ou "sequestradores" (dependendo da versão bíblica) em sua lista de outros pecadores, ao lado de homicidas, imorais e mentirosos (1Tm 1.9-10). No mínimo, escravizar uma pessoa viola o oitavo mandamento, que proíbe o roubo.

Idealmente, então, deixando de lado toda a escassez e as injustiças associadas à Queda, a autoridade gerencial se baseia em um tipo de transação voluntária. "Eu lhe darei o meu trabalho e me submeterei ao seu projeto, qualquer que seja, ao passo que você me oferecerá remuneração, proteção ou sustento." Além disso, pessoas diferentes possuem diferentes dons e habilidades, que podem permutar em troca de remuneração, do músico ao ferreiro (cf. Gn 4.21-22).

Em outras palavras, a autoridade gerencial é uma necessidade para que os seres humanos se relacionem economicamente uns com os outros. Foi por isso que, anteriormente, defini a autoridade gerencial como o oferecimento de salários justos ou adequados em troca de trabalho fiel e honesto.

Que tipo de autoridade o administrador possui?

Observe então que a autoridade gerencial, assim como a autoridade civil, é uma propriedade da justiça. Trata-se de uma estrutura ética que, assim como a autoridade civil, está contida no grande projeto de cumprir o mandato divino de domínio juntamente com outras pessoas. Contudo, enquanto a autoridade civil se concentra no âmbito político, a autoridade gerencial se concentra no econômico. Quando duas pessoas entram nesse tipo de transação (meu trabalho em troca de sua remuneração, provisão ou proteção), uma das partes possuirá autoridade sobre a outra — não por direito intrínseco, mas como parte do "acordo" ou "contrato" que as duas partes firmaram. "Você pode me dar ordens, mas somente se me pagar." Até mesmo o aprendizado entre pai e filho, as expectativas da antiga casa patriarcal e a escravidão pressupõem tais contratos. Por exemplo, esperava-se que os senhores dessem provisão e cuidado para seus escravos — pressupostos que a lei do Antigo Testamento procurava deixar explícitos (e.g., Êx 21.7-11, 20-27). Quando seus senhores egípcios negaram aos escravos israelitas a palha para fazer os tijolos, os israelitas clamaram contra essa injustiça.

O mesmo princípio vale para as relações de emprego de nossos dias. Tanto a obediência exigida pelo administrador quanto a obediência oferecida pelo trabalhador dependem do que é adequado, devido, certo ou justo. Dependem de cada um cumprir suas obrigações mútuas e dar ao outro o que lhe é devido. Paulo, por exemplo, afirma: "Não amordace o boi enquanto está debulhando o cereal" e "o trabalhador merece o seu salário" (1Tm 5.18, NVI). Referir-se ao que o trabalhador "merece" é invocar o que é justo. Outras versões (como a ARA) dizem que o trabalhador "é digno" de seu salário. Há algo no trabalhador que o torna digno de ser pago; é aquilo que lhe é devido. Deus inseriu esse mesmo princípio na lei levítica: "Não oprimirás o teu próximo, nem o roubarás; a paga do jornaleiro [o trabalhador assalariado por dia] não ficará contigo até pela manhã" (Lv 19.13). Um israelita não poderia reter o salário de alguém nem sequer por uma noite, para que o trabalhador não fosse roubado nem oprimido.

Em outra passagem, Paulo instrui os senhores a tratarem "os servos com justiça e com equidade, certos de que também vós tendes Senhor no céu" (Cl 4.1). O Império Romano podia dar aos membros da igreja a possibilidade de possuir escravos, mas não se engane: as regras divinas de retidão ainda se aplicavam. Afinal de contas, Deus continua sendo o Senhor de todo senhor. O mundo podia desvalorizá-los e desumanizá-los, mas o povo de Deus deveria tratar os escravos como plenamente humanos — com justiça e equidade. Alguns estudiosos sugerem que Paulo evitou apresentar ideias politicamente revolucionárias em suas cartas, de forma explícita, para não provocar retaliação imediata por parte de Roma, confiando que o chamado à justiça bíblica logo produziria esse tipo de resultado no meio do povo de Deus. Não tenho certeza disso. No mínimo, ele dá a entender que senhores cristãos deveriam conceder liberdade a escravos cristãos, como sugere a Filemom, chamando Onésimo de "não mais [...] escravo, mas [...] irmão amado" (Fm 16, NVI).

Sem dúvida, Paulo desejava que os senhores cristãos tratassem todos os seus escravos, cristãos ou não, com equidade, como seus semelhantes, em contraste com a brutalidade tão comum na escravidão antiga. "Não os ameacem", diz ele, "uma vez que vocês sabem que o Senhor deles e de vocês está nos céus, e ele não faz diferença entre as pessoas" (Ef 6.9, NVI). Em outras palavras, pelos padrões de Deus, esse escravo é seu igual quando vocês comparecem perante o mesmo Senhor celestial. E esse Senhor não favorece um em detrimento do outro. Assim, a despeito das estruturas políticas ou econômicas em vigor, os cristãos têm um trabalho a fazer: tratar seus semelhantes como iguais e garantir-lhes os direitos inerentes à sua humanidade.

Mais uma vez, meu objetivo aqui não é resolver todas as complexidades éticas da escravidão na Bíblia, tampouco compará-la às estruturas da escravidão nos últimos séculos, as quais são inerentemente pecaminosas, pelo menos, por se basearem em diferenças de raça. Minha perspectiva resumida é que a Bíblia tomou uma realidade profundamente arraigada no mundo antigo, e que não dava sinais de que seria logo erradicada, e a empurrou com força numa direção humanizadora que, por fim, a solaparia. Isso implica que a ideia de uma pessoa ter outra como sua propriedade contradiz o desígnio da criação e os propósitos de Deus para a humanidade, ainda que ele tenha permitido isso em Israel, em uma versão altamente regulada, por um certo tempo, com finalidades de provisão e julgamento.

O objetivo deste capítulo é apresentar um argumento do maior para o menor. Senhores, na antiguidade, tinham uma autoridade muito superior sobre seus escravos do que qualquer gerente ou chefe possui hoje. Ainda assim, se a Bíblia ordena que os senhores tratem seus escravos com justiça e retidão, já que Deus não faz acepção de pessoas, quanto mais clara deve ser essa lição para os contratos de trabalho voluntários que mantemos atualmente. Quer tenhamos uma autoridade de conselho ou de comando, nossas relações de trabalho com nossos subordinados são moldadas por exigências éticas. Nós *devemos* a eles o que é justo e correto. Deus não favorece o pastor em detrimento do secretário da igreja; o dono da loja em detrimento do balconista; o oficial em detrimento do soldado; o encarregado da fábrica em detrimento do operário; o diretor da escola em detrimento do professor; o editor-chefe em detrimento do editor-assistente. Pelo contrário, ele submete o gestor a um padrão ético mais elevado: "Àquele a quem muito foi dado, muito lhe será exigido; e àquele a quem muito se confia, muito mais lhe pedirão" (Lc 12.48).

Àqueles que estão sob nossa autoridade gerencial, devemos justiça no salário que lhes pagamos, bem como no modo como falamos com eles, corrigimo-los, buscamos oportunidades para ajudá-los a florescer e a crescer, ajudamo-los a discernir suas forças e a compensar suas fraquezas. Tratar nossos subordinados como portadores da imagem de Deus, de todas essas formas, é agir com retidão e justiça. O trabalhador é digno do seu salário e, por implicação, é digno de ser tratado como portador da imagem divina. Nós somos despenseiros daqueles que estão sob nossa autoridade.

Por que Deus dá autoridade ao administrador?

Qual é o propósito da autoridade gerencial? Como temos visto até aqui, ela existe em prol do cumprimento do mandato de domínio e, em segundo lugar, com o propósito de provisão.

Além do pecado em geral e do culto de si mesmo em particular, a maldição divina — que, na esfera econômica, se traduz em escassez de recursos e em morte — é o inimigo perene contra o qual todo o nosso trabalho e nossas economias têm de lutar. Até mesmo o autor de Eclesiastes, que comprou escravos para construir casas, vinhedos, jardins, parques, açudes e florestas, além de criar gado e rebanhos, descobriu que a maldição era invencível. Tudo volta para a morte e prova ser vaidade. Qual é nossa recompensa por um dia de trabalho árduo? Ele nos mata: "Quem abre uma cova nela cairá, e quem rompe um muro, mordê-lo-á uma cobra" (Ec 10.8).

Ainda assim, ao longo do caminho, a graça comum de Deus faz o sol brilhar e a chuva regar a terra, de modo que plantações crescem, economias se fortalecem e pessoas se alimentam. Uma boa autoridade no ambiente de trabalho maximiza esse potencial. Constrói cidades, conduz orquestras sinfônicas e obtém avanços científicos. Quão notável é constatar que a subnutrição nos países em desenvolvimento tenha diminuído de mais de 34% em 1970 para 12,9% em 2015![1]

Vale a pena mencionar uma terceira resposta a essa pergunta do porquê: a boa autoridade no local de trabalho serve ao propósito do treinamento. Não consigo pensar em um bom texto bíblico que fundamente esse ponto, mas as estruturas gerais de aprendizado no mundo bíblico certamente o reforçam. É por isso que tanto a autoridade dos pais quanto a dos gestores pode se tornar um tanto indistinta dentro de uma estrutura patriarcal. Do mesmo modo que os pais treinam seus filhos para subjugarem a terra, um gerente piedoso assume um aspecto dessa tarefa parental. Um bom editor-chefe treina os editores sob sua liderança; um bom pastor titular treina os pastores auxiliares que servem com ele; um bom líder de vendas treina sua equipe de vendas; uma boa professora treina a colega iniciante com quem trabalha.

---

1 https://www.washingtonpost.com/world/2018/09/11/decades-global-hunger-was-decline-now-its-getting-worse-again-climate-change-is-blame/.

Como ocorre com as demais formas de autoridade, qualquer autoridade que você possua no ambiente profissional deve espelhar o modo como Deus exerce autoridade na criação e como Cristo a exerceu na redenção. Ela deve ser usada para gerar vida, oportunidade e crescimento nos outros.

Por fim, há uma quarta razão pela qual precisamos da autoridade gerencial: ela provê oportunidades para o testemunho dos santos. Isso é sugerido nas instruções de Paulo a Filemom, o senhor, e recebe ênfase especial nas instruções apostólicas aos escravos, como quando Pedro os encoraja a suportar o sofrimento, seguindo os passos de Cristo, que nos deixou exemplo a seguir (1Pe 2.21). Paulo insinua essa mesma ideia ao relativizar a importância de todas as circunstâncias de vida que alguém talvez possua, seja a circuncisão, a escravidão ou o casamento, diante do valor de conhecer e servir a Cristo (1Co 7.17-35). A lição é que o cristão deve estar mais preocupado com seu testemunho do que com o trabalho, estado civil ou condição política. Isso, por sua vez, gera um dever *prima facie* de se submeter aos superiores, trabalhando para eles com afinco.

Quando trabalhei como jornalista, tive um chefe que tratava a mim e aos demais colegas de forma injusta. Eu era o editor-chefe de uma revista, enquanto ele ocupava o cargo de *Publisher*, além de ser o dono da empresa. Ele gritava conosco, nos humilhava e nos insultava. Sentíamos como se vivêssemos na encosta de um vulcão, sempre receosos de uma erupção súbita. Eu amava os dias em que ele não ia para o escritório. Embora já tenham se passado mais de vinte anos desde que deixei esse emprego para ingressar no seminário, de vez em quando ele ainda aparece em alguns dos meus pesadelos.

Mas sabe qual é o meu maior arrependimento em relação a esse emprego? O fato de eu não ter feito um trabalho melhor para aquele homem. Acho que meu trabalho na revista tiraria uma nota acima da média — talvez merecesse um "B". Porém, gostaria de ter feito um trabalho digno de um "A". Por quê? Para progredir na carreira? Não, pois deixei o jornalismo. O fato é que ele sabia que eu era cristão, e fazer meu trabalho com excelência teria tornado meu testemunho ainda mais nítido em sua mente: o testemunho de um cristão que realizava um trabalho excepcional e que absorvia suas injustiças com graça. Penso que isso teria testemunhado com ainda mais veemência contra a sua injustiça e a favor de Cristo. Afinal de contas, a obra de Cristo não foi excelente e vivificante em meio a todos aqueles que o perseguiram?

Quais são os limites da autoridade do administrador?

Já abordei alguns dos limites da autoridade do gerente. Há o risco de esse profissional invadir esferas que não lhe competem, como ao impor exigências religiosas ou familiares. Um amigo meu trabalhou em uma empresa global de consultoria de gestão que desestimulava o casamento e a vida familiar, porque esses compromissos interferiam na capacidade de seus funcionários de se dedicarem mais plenamente ao trabalho.

O limite mais comum e que merece destaque nos leva de volta a questões de justiça e equidade. Um gerente jamais deve agir de forma injusta ou iníqua com qualquer funcionário. Isso abrange muitas questões, desde humilhar ou intimidar funcionários, fazer investidas sexuais, pagar-lhes mal e sobrecarregá-los de trabalho, até muitas outras más ações possíveis. O princípio básico em jogo aqui é que um gerente mal-intencionado pode facilmente explorar a necessidade financeira e a vulnerabilidade de seus subordinados para benefício próprio, especialmente em um mundo marcado por escassez e pobreza. Isso é o oposto do que Deus planejou.

Um plano de ação para o administrador

Em vez disso, todo chefe ou gerente no ambiente de trabalho deve assumir o trabalho de supervisão meditando nas palavras de Paulo: "certos de que também vós tendes Senhor no céu". Uma boa autoridade no local de trabalho começa com o temor do Senhor. Você presta contas a Deus pela forma como trata os que estão debaixo de sua autoridade. E lembre-se: Deus não é parcial a seu favor, só porque você é o chefe. Você é um mordomo ou despenseiro de sua autoridade e será julgado pelo modo como a utiliza. Você pode estar *sobre,* mas também está *sob*.

Então, à luz desse fato, trate os que trabalham para você de uma forma que seja correta e justa:

- Não seja desonesto, indelicado, duro, explorador ou opressor.
- Lembre-se de que eles são seres humanos que precisam viver plenamente, pois Deus também lhes deu outras áreas de mordomia.
- Pague-lhes uma remuneração que seja digna de seu trabalho.
- Ajude-os a melhorar em suas funções. Treine-os.

- Dê-lhes oportunidades de sucesso e torça por seu êxito, não apenas em benefício próprio, mas também pelo bem deles.
- Aponte os erros deles, mas nem sempre.
- Delegue quando puder; assuma alguns riscos. Dê-lhes a chance de redigir o memorando, presidir a reunião, ser anfitriões do jantar, decorar o espaço ou ministrar a aula.
- Não pratique a microgestão, pois isso inibe a iniciativa, enfraquece o senso de propriedade do projeto e ensina as pessoas a não se esforçarem.
- Esteja ciente das fraquezas de cada um e, às vezes, proteja-os deles mesmos, evitando que assumam cargas maiores do que conseguem suportar.
- Não se esqueça de que eles também são pecadores e serão tentados a pecar, seja pela preguiça, pelo engano ou até pelo roubo. Estabeleça estruturas e construa relacionamentos que minimizem essas tentações.
- Seja generoso, incluindo a generosidade de absorver os erros deles e assumir a culpa quando puder.

O antigo Israel, em seu apogeu, nos dá uma bela ilustração de boa gestão e governança: "Judá e Israel habitavam confiados, cada um debaixo da sua videira e debaixo da sua figueira, desde Dã até Berseba, todos os dias de Salomão" (1Rs 4.25). Uma boa gestão e governança ajuda as pessoas a florescerem. É um retrato de que tipo de homem Adão deveria ter sido no jardim, do que maridos e pais podem ser em seus lares e do que você é chamado a ser no ambiente de trabalho, com qualquer autoridade que lhe tenha sido confiada.

Então, a pergunta que nos resta é: como podemos ajudar nosso ambiente de trabalho, especialmente quem está sob nossa liderança, a florescer?

PERGUNTAS PARA REFLEXÃO

1. Quem influenciou mais positivamente sua visão de autoridade no local de trabalho e por quê?

2. Como este capítulo afetou sua visão da escravidão no Novo Testamento (p. 283-287)?

3. Como seus gerentes ou chefes em geral o têm ajudado a crescer por meio de um bom treinamento? Na prática, como você pode transmitir essa dádiva de um bom treinamento para aqueles sob sua liderança (p. 288-289)?

4. Que nota você daria ao seu trabalho recentemente? Como isso tem ajudado ou atrapalhado seu testemunho do evangelho no seu local de trabalho (p. 290)?

5. Qual dos pontos das páginas 290 e 291 mais ajudou você a pensar sobre a maneira como você usa qualquer autoridade que tenha em seu contexto de trabalho?

16

A IGREJA (COMANDO)

Autorização pactual: nova aliança (especial)

Em verdade vos digo que tudo o que ligardes na terra terá sido ligado nos céus, e tudo o que desligardes na terra terá sido desligado nos céus. Em verdade também vos digo que, se dois dentre vós, sobre a terra, concordarem a respeito de qualquer coisa que, porventura, pedirem, ser-lhes-á concedida por meu Pai, que está nos céus. Porque, onde estiverem dois ou três reunidos em meu nome, ali estou no meio deles.

(Mt 18.18-20; cf. também Mt 16.13-20)

Jesus, aproximando-se, falou-lhes, dizendo: "Toda a autoridade me foi dada no céu e na terra. Ide, portanto, fazei discípulos de todas as nações, batizando-os em nome do Pai, e do Filho, e do Espírito Santo; ensinando-os a guardar todas as coisas que vos tenho ordenado. E eis que estou convosco todos os dias até à consumação do século". (Mt 28.18-20)

Outros textos bíblicos elucidativos

Convoquem uma reunião. Estarei com vocês em meu espírito, e o poder de nosso Senhor Jesus também estará presente. Entreguem esse homem a Satanás, para que o corpo seja punido e o espírito seja salvo no dia do Senhor [...] Não cabe a mim julgar os de fora, mas certamente cabe a vocês julgar os que estão dentro. (1Co 5.4-5, 12, NVT)

Basta-lhe a punição pela maioria. (2Co 2.6)

Ainda que nós ou mesmo um anjo vindo do céu vos pregue evangelho que vá além do que vos temos pregado, seja anátema. Assim, como já dissemos, e agora repito, se alguém vos prega evangelho que vá além daquele que recebestes, seja anátema. (Gl 1.8-9)

Descrição de atribuições

Ir a todas as nações e estabelecer embaixadas de uma nova criação e do Reino celestial, fazendo discípulos de Jesus, reunindo-os em seu nome e ensinando-os a viver à sua imagem.

Meu interesse neste capítulo não é a autoridade de membros individuais, mas a de uma igreja inteira agindo como um todo ou em conjunto. Como um *congregacionalista,* acredito que a Bíblia dá explicitamente à congregação a palavra final em questões de membresia, disciplina e doutrina. Por implicação, isso significa que as congregações são responsáveis por eleger (ou remover) seus líderes ou se envolver em qualquer decisão que impacte de modo significativo a natureza, a integridade ou a missão da igreja. Como um congregacionalista de *liderança presbiterial,* acredito que os presbíteros ou pastores devem liderar a igreja em seu uso de autoridade. Consideraremos a liderança deles no próximo capítulo.

No entanto, se você acredita que os presbíteros ou pastores têm a palavra final em uma igreja, em vez de toda a congregação, isso não precisa nos distrair de nossos propósitos aqui. Você pode aplicar aos pastores ou presbíteros o que eu disser sobre a congregação como um todo.

Em que consiste a autoridade da igreja?

Na famosa passagem de Mateus 16, Jesus deu ao apóstolo Pedro — e, por implicação, a todos os apóstolos — as chaves do Reino, com autoridade para ligar e desligar na terra aquilo que é ligado e desligado no céu (vv. 13-20). Então, no Capítulo 18, ele estende essa mesma autoridade à igreja reunida em assembleia (vv. 15-20).

O que é a autoridade das chaves? É a autoridade para fazer pronunciamentos oficiais em nome do tribunal celestial de Deus. Mais especificamente, é a autoridade para pronunciar julgamentos sobre *o quê* e *o quem* do evangelho, ou seja, sobre confissões e confessores.

Pense em Jesus perguntando aos apóstolos: “Mas vós, continuou ele, quem dizeis que eu sou?” Pedro responde: “Tu és o Cristo, o Filho do Deus vivo” (Mt 16.15-16). Jesus então acolhe essa resposta de Pedro em nome de seu Pai celeste. Ele também diz a Pedro que edificará sua igreja sobre confessores como ele, que confessam a confissão correta. Afinal de contas, é sobre isso que igrejas são edificadas: confessores confessando a correta confissão do evangelho.

A interação é semelhante ao que acontece em uma entrevista de membresia em minha igreja. O pastor pergunta ao membro em potencial: "O que é o evangelho?" A pessoa responde. Em seguida, o pastor tem a opção de recomendar a pessoa aos presbíteros e à congregação. Se o fizer, os presbíteros e a igreja irão acolher essa pessoa em nome do céu, como Jesus fez com Pedro.

Você conseguiu acompanhar? Exercer as chaves do Reino, introduzidas em Mateus 16, envolve colher uma *confissão* e um *confessor* do evangelho, em nome do céu, assim como Jesus fez com Pedro.

Já em Mateus 18, Jesus confia essas chaves à congregação reunida, só que agora ele fala sobre o uso inverso das chaves. Um membro de uma igreja pode fazer uma confissão correta, mas sua vida contradizer tal confissão. Jesus diz à igreja que exclua aquele membro como ato de disciplina: "E, se ele não os atender, dize-o à igreja; e, se recusar ouvir também a igreja, considera-o como gentio e publicano" (v. 17). A igreja é o tribunal de última instância. E com que autoridade uma igreja pode excluir um membro dessa maneira? Pela autoridade das chaves. O versículo seguinte declara: "Em verdade vos digo que tudo o que ligardes na terra terá sido ligado nos céus, e tudo o que desligardes na terra terá sido desligado nos céus" (v. 18).

Paulo também apresenta a igreja como o tribunal de última instância. Ele orienta a igreja em Corinto a expulsar um homem culpado de incesto, como ato de disciplina, "quando vocês estiverem reunidos em nome de nosso Senhor Jesus, estando eu com vocês em espírito, estando presente também o poder de nosso Senhor Jesus Cristo" (1Co 5.4, NVI). Note que Paulo não diz que esse poder se encontra em uma reunião de presbíteros ou com o bispo. Ele diz que está presente quando a congregação se reúne em nome de Jesus (compare com Mt 18.20).

Resumindo, igrejas possuem as chaves do Reino para declarar: "Sim, esta é (ou não é) a verdadeira confissão do evangelho" e "Sim, esta pessoa é (ou não é) um verdadeiro confessor do evangelho". Em termos mais prosaicos, isso se expressa quando a igreja adota uma declaração de fé e decide quem deve ou não ser incluído no rol de membros.

Que tipo de autoridade a igreja possui?

Há muito, os cristãos têm afirmado que a autoridade da igreja é *declarativa*, com o que pretendem diferenciá-la da autoridade do Estado, que é *coercitiva*. Até aí, isso é verdade, mas que tipo de declaração ela faz? Existem diversos tipos de declaração: declarações amorosas; declarações de amizade; a declaração oficial de abertura dos jogos olímpicos, que diz: "Que comecem os jogos!"; a declaração de um pastor ao dizer: "Eu os declaro marido e mulher"; ou a declaração de um juiz ao sentenciar: "Inocente". A declaração da igreja se assemelha mais aos dois últimos exemplos. Ela realiza algo público e legal (porém, "legal" sob a ótica do Reino de Cristo).

Considere a declaração de um juiz ao sentenciar alguém como "culpado" ou "inocente". Essa declaração não torna a lei *efetivamente* em lei nem torna alguém *efetivamente* culpado ou inocente. Contudo, a declaração do juiz opera em nome do sistema jurídico para considerar uma interpretação específica da lei como sendo a interpretação vinculante, assim como opera em nome do sistema jurídico para considerar uma pessoa como sendo inocente ou culpada. Quando o martelo bate, ou o oficial de justiça deixa o acusado sair livre, ou o conduz para a prisão. Publicamente, a declaração do juiz realiza algo. Ela liga ou desliga o acusado em nome do sistema legal.

O mesmo ocorre com o uso das chaves pela congregação. Representa o modo de a igreja dizer publicamente: "Este é o evangelho em que cremos"; e: "Estas são as pessoas que reconhecemos como crentes no evangelho e cidadãos do Reino dos céus." Se um juiz fala em nome do sistema legal de uma nação, a igreja fala em nome de outro — o sistema legal do Reino dos céus.

Nesse sentido, há uma diferença entre você compartilhar o evangelho com seu vizinho e o pregador compartilhar o evangelho no domingo, a partir do púlpito, mesmo que as palavras sejam idênticas. Ambos falam com base na autoridade da Bíblia. Porém, quando ele anuncia o evangelho em nome da igreja, também está falando com a autoridade da igreja. É a forma como a igreja diz: "Este é o evangelho no qual cremos e que nos une como uma congregação."

Por que Deus dá autoridade à igreja?

Os cristãos de hoje tendem a dar pouca atenção à ideia de autoridade eclesiástica, assim como damos pouca atenção à membresia e à disciplina na igreja. Muitas igrejas nem sequer praticam essas coisas. Afinal, será que realmente podem ser tão importantes assim?

(1) *A autoridade da igreja é importante porque nos diz* quem e o que, *no planeta Terra, representam o Rei Jesus e seu Reino.* Mostra-nos onde começar a procurar a nova criação de Deus.

Pense nisto. Você podia reconhecer a nação do antigo Israel de todas as típicas maneiras pelas quais se reconhece uma nação e seus cidadãos: uma terra, um rei, um exército e tudo o mais. Porém, esse povo desobedeceu a Deus e, então, Deus disse que os recriaria como um novo Israel, ao perdoar seus pecados e colocar neles o seu Espírito, para que desejassem obedecer à sua lei. Cristo, então, veio e uniu esse novo Israel a si mesmo por meio da nova aliança em seu sangue.

O problema é que a obra do perdão e do Espírito Santo de Deus é invisível. Como sabemos quem realmente faz parte desse novo Reino celestial? Eu faço parte? Você faz parte? Será que nós mesmos, ou nossos vizinhos não-cristãos, nos reconhecemos como parte dele?

É justamente para responder a essas questões que existe a autoridade da igreja. A autoridade da igreja é necessária para tornar visível e local a igreja invisível e universal. É necessária para dizer quem, neste mundo, representa o Rei Jesus. Alguém tem de dizer: "Sim, este é um dos membros" e "Esta, bem aqui, é a doutrina em que cremos."

Como mencionei antes, diferentes denominações atribuem essa autoridade a diferentes pessoas ou grupos. Uns dizem que ela pertence aos pastores ou presbíteros; outros, ao presbitério; outros, ao bispo; e outros, como eu, à congregação como um todo. Mas o ponto é que todas as denominações concordam que alguém precisa exercer essa autoridade declarativa. Alguém segura as chaves, mesmo que discordemos sobre quem o faz.

(2) *A autoridade da igreja cria a igreja local.* Na verdade, essa é outra maneira de descrever o primeiro princípio, mas merece seu próprio destaque. Igrejas protestantes se formam em duas etapas:

- Etapa 1: alguém prega o evangelho e as pessoas escutam, se arrependem e são salvas.
- Etapa 2: esses cristãos então se organizam, reunindo-se e se declarando como igreja por meio do batismo e da Ceia do Senhor. Eles se "reúnem" e "concordam" entre si, dois ingredientes que Jesus apresenta como essenciais para que uma igreja se torne uma igreja (Mt 18.19-20). Por séculos, muitos cristãos chamaram esse acordo de pacto eclesiástico.

Uma vez plantada, essa igreja agora constitui um posto avançado da nova criação divina, ou uma embaixada do Reino dos céus. Uma embaixada é o local aonde se vai para ouvir sobre outro reino, seu povo e seu governo. É onde se começa a vivenciar a cultura de uma nação e ouvir seu idioma. O mesmo ocorre com a igreja local. Sua cultura deve se caracterizar pelas bem-aventuranças de Jesus e pelo fruto do Espírito descrito por Paulo. Sua linguagem deve se caracterizar pelo evangelho, como quando alguém diz: "Eu perdoo você, meu irmão".

(3) *A autoridade da igreja também é essencial por causa da certeza e do crescimento cristãos.* Ser batizado "em nome" de Cristo e receber regularmente a Ceia do Senhor juntamente com o corpo de Cristo oferece a certeza pública de nossa salvação. Deus nunca quis que nosso senso de certeza tivesse um fundamento meramente interno, mas também externo. Quando irmãos e irmãs o recebem como membro da igreja, é como se Jesus usasse aquelas pessoas para dizer: "Cremos que você é um cristão".

Esse mesmo reconhecimento promove nosso crescimento na graça de seguir a Cristo. Mostra-nos quem somos responsáveis por discipular, encorajar e, quando necessário, corrigir.

Aqui está uma ilustração que uso com frequência: certa noite, dois jovens solteiros de minha igreja vieram jantar em minha casa. Um tivera um pai abusivo; o outro, um pai ausente. Naquela noite, uma de minhas filhas se comportou mal, o que me deixou irritado. Porém, naquele instante, percebi que precisava reagir com gentileza, por amor a Deus, a ela e àqueles rapazes. Na igreja, eles ouviram lições sobre como ser um pai piedoso. Os sermões e as aulas da escola dominical lhes forneceram, por assim dizer, um esboço, como os contornos em um livro de colorir. Mas ali, na minha casa, ao me observarem lidar com a minha filha malcomportada, aos rapazes tinham a oportunidade de me ver colorindo aquele esboço. E por que eles olhariam *para mim* com esse propósito? Simplesmente porque a igreja me reconhecera formalmente, pelo batismo e pela Ceia, como um seguidor de Cristo e um cidadão do Reino. A igreja me dera um crachá e um uniforme com os dizeres: "Estou com Jesus".

Imagine, agora, se eu tivesse tratado minha filha com aspereza. Tal comportamento os levaria a pensar que pais cristãos não são diferentes dos não-cristãos. Suponha, porém, que eles me confrontassem, ou que pedissem aos pastores ou outros membros que me confrontassem, chegando até mesmo ao ponto da disciplina eclesiástica. Tal discipulado ou disciplina em minha vida serviria para corrigir a impressão sobre os pais cristãos que eles poderiam vir a ter. "Ah, entendi! Pais cristãos devem ser diferentes. A igreja não aceita esse comportamento." Em outras palavras, o exercício da autoridade eclesiástica, tanto na membresia como na disciplina, ajudaria esses jovens a entenderem melhor em que consiste a semelhança com Cristo e o crescimento na graça. Também daria integridade à pregação da igreja.

(4) *A autoridade da igreja é essencial por causa do testemunho cristão.* Quando a igreja não se diferencia do mundo, apresenta um testemunho nada atraente. Como já ouvi de um amigo pastor em diversas ocasiões: se há um conhecido adúltero no coral da igreja, talvez seja melhor cancelar o evangelismo da terça-feira. A autoridade da igreja demarca o povo de Deus, ajudando-o a ser distinto como o sal e brilhante como a luz.

Quais são os limites da autoridade da igreja?

Uma outra forma de descrever a autoridade da igreja é dizer que ela é sacerdotal (cf. 2Co 6.14-7.1). Assim como os sacerdotes do Israel antigo regulavam a membresia do povo de Deus e sua capacidade de se aproximar do templo por meio dos sacrifícios, assim toda a congregação, juntamente com seus pastores, atua como sacerdotes e como templo. Exercemos nossa função sacerdotal ao ensinar a Palavra de Deus e ao proteger a membresia por meio das ordenanças.

Isso significa que a autoridade da igreja se limita a essas funções sacerdotais, concernentes ao *quê* e ao *quem* do evangelho. Essa autoridade não é régia, como a que o governo civil possui. Cristãos podem empunhar a espada do Estado, enquanto membros individuais da igreja, mas a própria igreja jamais deve empunhar a espada do Estado *enquanto igreja*. Ela pode proferir julgamentos sobre seus próprios membros, como quando Paulo exclui dois blasfemadores ou diz aos coríntios que excluam um homem adúltero (1Tm 1.20; 1Co 5.2, 5), mas não tem nenhuma autoridade sobre não-membros ou sobre a nação como um todo.

Além disso, a autoridade eclesiástica se limita a declarar a Palavra de Deus e não deve se imiscuir em assuntos do Estado, exceto quando um assunto do Estado seja expressamente abordado pela Escritura ou esteja claro "por boa e necessária consequência", uma boa expressão que tomo emprestada da Confissão de Westminster.

Da mesma forma, igrejas não devem exigir que seus membros adotem uma posição doutrinária específica — não devem constranger a consciência — em nenhuma questão que não seja abordada na Escritura. Não devem se dividir por conta de incontáveis escolhas de vida ou de estilo de vida que os cristãos têm de fazer, a não ser que essas escolhas contradigam a Palavra de Deus. Assim como a autoridade do governo civil deve estar acompanhada de uma sólida doutrina da *liberdade religiosa*, a autoridade da igreja deve estar acompanhada de uma doutrina robusta da *liberdade cristã* (cf. Rm 14). Assim como tudo o que está fora dos muros do domínio do governo pertence ao campo da liberdade religiosa, também tudo que está fora dos muros do domínio da igreja pertence ao campo da liberdade cristã. Isso não significa que os princípios da Escritura não se aplicam nesses campos. Igrejas devem, de fato, instruir as consciências dos membros, preparando-os para viverem nesses campos. Contudo, devem então deixar cada consciência individual livre para aplicar os princípios bíblicos como julgar correto.

Como um congregacionalista, não acredito que uma igreja possa exercer autoridade formal sobre outra. Ainda assim, creio que igrejas saudáveis interagem com frequência umas com as outras e buscam sabedoria umas das outras acerca de todo tipo de questões. De fato, já argumentei extensamente que o padrão bíblico envolve essa forte doutrina e prática da catolicidade.[1]

Pela minha experiência, percebo que igrejas e líderes abusivos costumam ser aqueles que rejeitam tanto a autoridade da congregação quanto a de instâncias externas, como um presbitério. Em outras palavras, os casos de abuso ou

1 Cf. meu livro *One Assembly* (Wheaton, IL: Crossway, 2020), cap. 3.

escândalo que ganham as manchetes geralmente vêm de igrejas independentes, governadas apenas por um pastor ou por presbíteros locais. Embora raras em dois mil anos de história da igreja, tais igrejas se tornaram comuns desde as décadas de 1960 e 1970. Não é nenhuma surpresa. Pastores conseguem tomar decisões com rapidez e eficiência, sem o "incômodo" de uma congregação ou de um presbitério que possa retardar as decisões ou atuar como um freio.

Um plano de ação para a igreja

A igreja, então, entra em ação ao se reunir semanalmente para pregar a Bíblia e afirmar a membresia uns dos outros em Cristo por meio das ordenanças. A igreja invisível torna-se visível — isto é, pode-se vê-la com os próprios olhos — nessas reuniões.

Além disso, o exercício da autoridade de ligar e desligar ocorre com integridade quando os membros da igreja se esforçam para conhecer e encorajar uns aos outros durante a semana. Isso não quer dizer que cada membro seja responsável por conhecer todos os demais membros. Quer dizer que cada um talvez conheça de cinco a cinquenta outros membros, e o todo se sustenta como uma teia de aranha. Quando se toca um ponto, toda a estrutura vibra: "Se um membro sofre, todos sofrem com ele; e, se um deles é honrado, com ele todos se regozijam" (1Co 12.26).

Se você se considera um cristão, deveria ser membro de uma igreja, e isso quer dizer que tem uma tarefa a cumprir. Sua tarefa é guardar o evangelho e proteger os cidadãos evangélicos. Você é responsável por interpelar os pastores, caso comecem a ensinar falsas doutrinas, e é responsável por conhecer os demais membros para auxiliá-los a viver com fidelidade. Pela mesma razão, você precisa deixar que eles o conheçam, para que o ajudem. Por fim, sua tarefa é ser um embaixador do Reino de Cristo, compartilhando o evangelho com aqueles que ainda não são cidadãos do Reino de Cristo. Você deve compartilhar o evangelho em sua cidade e cooperar com sua igreja para enviar outros embaixadores a nações ao redor do globo. Nenhuma fronteira nacional tem autoridade para impedir o avanço desse Reino.

Então, pergunte a si mesmo: quando foi a última vez que você encorajou ou corrigiu um irmão ou irmã na fé? Da mesma forma, quando foi que você convidou um irmão ou uma irmã a falar abertamente com você? Você tem crescido no conhecimento do evangelho, a ponto de poder protegê-lo? E quando foi a última vez que você compartilhou o evangelho?

PERGUNTAS PARA REFLEXÃO

1. Que partes da descrição do trabalho da igreja o impressionaram de uma maneira nova ou aumentaram sua compreensão do que uma igreja é obrigada a fazer (p. 296)?

2. Como o fato de que a igreja "fala em nome [...] do Reino dos céus" (p. 298) faz você considerar a importância das práticas de membresia e das afirmações doutrinárias da sua igreja?

3. Como você pode ajudar a garantir que o testemunho da sua igreja para o mundo seja atraente e apropriadamente distinto do mundo (p. 301)?

4. Quais são alguns exemplos de maneiras pelas quais as igrejas das quais você fez parte exigiam que os membros aderissem a uma posição doutrinária específica que não é abordada nas Escrituras (p. 301-302)?

5. Como você tem observado as igrejas interagirem umas com as outras de maneira saudável e significativa (p. 303)? Como você pode ajudar sua igreja a fortalecer essas interações ou torná-las mais frequentes e significativas?

17

O PRESBÍTERO (CONSELHO)

Autorização pactual: nova aliança (especial)

Rogo, pois, aos presbíteros que há entre vós, eu, presbítero como eles, e testemunha dos sofrimentos de Cristo, e ainda coparticipante da glória que há de ser revelada: pastoreai o rebanho de Deus que há entre vós, não por constrangimento, mas espontaneamente, como Deus quer; nem por sórdida ganância, mas de boa vontade; nem como dominadores dos que vos foram confiados, antes, tornando-vos modelos do rebanho. (1Pe 5.1-3)

Outros textos bíblicos elucidativos

Atendei por vós e por todo o rebanho sobre o qual o Espírito Santo vos constituiu bispos, para pastoreardes a igreja de Deus, a qual ele comprou com o seu próprio sangue. (At 20.28)

Agora, vos rogamos, irmãos, que acateis com apreço os que trabalham entre vós e os que vos presidem no Senhor e vos admoestam; e que os tenhais com amor em máxima consideração, por causa do trabalho que realizam. (1Ts 5.12-13)

Fiel é a palavra: se alguém aspira ao episcopado, excelente obra almeja. É necessário, portanto, que o bispo seja irrepreensível [...]. (1Tm 3.1-2)

Lembrai-vos dos vossos guias, os quais vos pregaram a palavra de Deus; e, considerando atentamente o fim da sua vida, imitai a fé que tiveram. (Hb 13.7)

Obedecei aos vossos guias e sede submissos para com eles; pois velam por vossa alma, como quem deve prestar contas, para que façam isto com alegria e não gemendo; porque isto não aproveita a vós outros. (Hb 13.17)

Descrição de atribuições

Ensinar e exemplificar, para uma igreja, a nova criação de Cristo e a vida do Reino, supervisionando todo o corpo da igreja e pastoreando seus membros.

Para alguns cristãos, a tentação ao abordar o tópico do governo da igreja é enfatizar demais ou a autoridade do presbítero ou a autoridade da congregação. No entanto, devemos abordar ambas, dar a cada uma o que lhe é devido e explicar como elas trabalham em conjunto. Até porque a maioria das organizações possui mais de um tipo de autoridade, como a autoridade dos acionistas, do conselho de administração e do CEO.

No capítulo anterior, argumentei que a congregação possui a autoridade das chaves, o que significa que a congregação como um todo, quando reunida, tem a autoridade para proferir julgamento sobre o *quê* e o *quem* do evangelho — confissões e confessores. Pastores ou presbíteros, então, possuem a autoridade para ensinar a igreja e supervisioná-la. Entre outros aspectos, seu trabalho inclui liderar a igreja quando esta usa as chaves.

Como fiz ao longo deste livro, continuarei usando os termos "presbítero", "pastor" e "bispo" ("supervisor") de forma intercambiável, já que as Escrituras o fazem (e.g., At 20.17, 28; Tt 1.7; 1Pe 5.1-5; cf. também Ef 4.11). Às vezes, as igrejas chamam um grupo de homens de presbíteros e outro grupo, de pastores. No entanto, isso cria dois ofícios, quando a Bíblia, na verdade, tem apenas um. O mesmo acontece com qualquer distinção que se faça entre bispo e pastor.

Em que consiste a autoridade do presbítero?

Desde que Deus se afastou da presença de Adão e Eva, o povo de Deus tem vivido pela fé, e não por vista. Felizmente, Deus ainda fala. Talvez não possamos encontrá-lo com nossos olhos, mas podemos fazê-lo com nossos ouvidos.

Isso quer dizer que tanto a vida cristã quanto as reuniões da igreja são centrados na Palavra de Deus, a Bíblia. É por meio dela que aprendemos a conhecer e seguir a Deus na comunhão da igreja. É por ela que temos certeza em qualquer assunto. Apesar de eu não ter dedicado muito espaço à autoridade da Escritura neste livro, somente ela é a autoridade absoluta e perfeita para o que crer sobre

Deus, a salvação e como viver diante dele. A Palavra é a "norma normatizadora" para todas as nossas doutrinas e práticas. Por essa razão, a igreja se *reúne* para ouvir a Bíblia e se *dispersa* para praticá-la e compartilhá-la, permitindo que ela ressoe em todas as esferas da vida dos seus membros.

É por esse motivo que, no capítulo anterior, associei a autoridade da igreja à Bíblia. Disse que nenhuma igreja pode exigir que seus membros creiam ou pratiquem algo que não seja ensinado nas Escrituras ou que não possa ser deduzido delas "por boa e necessária consequência".

Contudo, isso leva a outra questão: qual interpretação e qual ensino das Escrituras contará como a interpretação oficial da igreja? Um membro pode entender de uma maneira; outro, de outra. Se os julgamentos da igreja como um todo vinculam cada membro, qual interpretação vinculará a igreja como um todo?

Resposta: a dos presbíteros. São eles que dizem: "Igreja, estas são as doutrinas nas quais cremos." A congregação, por sua vez, responde e formalmente confirma: "Sim, estas são as doutrinas nas quais cremos", tornando-as oficiais. A congregação emite o julgamento final em assuntos de doutrina e membresia, mas os presbíteros conduzem ou dizem à congregação quais julgamentos fazer.

A autoridade dos presbíteros é uma autoridade de conselho, conforme vimos no Capítulo 11. Eles não têm poder para excomungar a igreja ou qualquer de seus membros. Ainda assim, seus ensinos e conselhos vinculam os membros conjuntamente. Deus deseja que os membros "obedeçam" e "se submetam" (para usar a linguagem de Hebreus 13.17) quando seus líderes dizem: "Esta é a doutrina em que cremos" ou: "Devemos receber tal pessoa como membro". Os pastores não podem implementar seus pronunciamentos, mas contam com o respaldo de Jesus. Por isso, os membros da igreja devem sentir o peso dos pronunciamentos dos presbíteros sobre sua consciência.

Por exemplo, Paulo faz o papel de um pastor ao dizer que a igreja de Corinto deve excluir um homem como ato de disciplina. Em um versículo, ele declara: "Eu, na verdade, [...] já sentenciei" (1Co 5.3). Contudo, isso não significa que o assunto esteja encerrado. Ele então exorta a igreja a proferir o mesmo julgamento: "Mas será que vocês não devem julgar os de dentro?" (v. 12, NAA). A congregação de Corinto está sob a obrigação de obedecer a Paulo, mas a decisão final ainda está nas mãos deles. Esse processo, no qual Paulo emite um julgamento e depois pede à igreja que emita o mesmo julgamento, oferece à igreja de Corinto uma oportunidade de treinamento. Paulo não os infantiliza, fazendo todo o trabalho sozinho. Deseja que eles amadureçam rumo à maioridade espiritual, chamando-os a participar de seu próprio trabalho. Age como um pai que ensina um filho a andar com as próprias pernas.

Certamente, presbíteros podem cometer erros, o que reforça a importância de a congregação reter as chaves da disciplina e permanecer como o tribunal de última instância para julgar. Paulo escreve às igrejas da Galácia que elas devem rejeitar até mesmo um apóstolo ou anjo do céu que lhes pregue um falso evangelho (Gl 1.6-9). Jesus não dará pontos extras, no último dia, a uma congregação que tenha se submetido a um falso mestre ou a um lobo.

Que tipo de autoridade o presbítero possui?

No Novo Testamento, uma das metáforas mais proeminentes para o trabalho de um presbítero é o de apascentar ovelhas, que é o significado da palavra "pastor". No Antigo Testamento, o título pertencia principalmente aos reis de Israel (e.g., 2Sm 5.2; 7.7; Ez 34.23; cf. Is 44.28). Como esses pastores se mostraram infiéis (e.g., Jr 23; Ez 34), Jesus veio como o Bom Pastor. Ele conhece as ovelhas de seu Pai e guarda todas elas (Jo 10.11, 14, 27-29). A atribuição de um presbítero, então, é ser um pastor auxiliar do Bom Pastor. Como Jesus, os presbíteros devem trabalhar para conhecer e guardar as ovelhas, guiando, alimentando e protegendo. Paulo instrui: "Atendei por vós e *por todo o rebanho*" (At 20.28a; cf. também Ef 4.11; 1Pe 5.1).

Além disso, pastores possuem a tarefa de supervisão, análoga a como um rei israelita supervisionava a nação. Paulo continua: "Atendei por vós e por todo o rebanho sobre o qual o Espírito Santo *vos constituiu bispos* [ou supervisores]" (At 20.28).

No entanto, essa supervisão existe com o propósito de assegurar que a congregação esteja sendo edificada sobre a Palavra de Deus e suas doutrinas. Citando Paulo mais uma vez: "Atendei por vós e por todo o rebanho sobre o qual o Espírito Santo vos constituiu bispos [...] *dentre vós mesmos, se levantarão homens falando coisas pervertidas para arrastar os discípulos atrás deles*" (At 20.28, 30). Em outras palavras, a tarefa dos presbíteros é liderar a congregação como um todo, bem como cada membro individualmente, em direção aos pastos verdejantes da Palavra de Deus, protegendo-os das mandíbulas dos lobos que os devorariam com falsos ensinamentos.

Em resumo, os presbíteros têm autoridade para ensinar e autoridade para supervisionar, e ambas estão intimamente relacionadas. Os presbíteros nos ensinam a conhecer e aplicar o conteúdo da Bíblia individualmente; e nos lideram a conhecer e aplicar a Bíblia juntos, em nossa vida corporativa. Elaboremos cada um desses dois aspectos:

(1) *Autoridade para ensinar.* Se olharmos para a lista de qualificações dos presbíteros dada por Paulo em Tito 1 e 1 Timóteo 3, quase todas as qualificações se aplicam a todo cristão. Todo cristão, por exemplo, deve aspirar a ser sóbrio, temperante, não beberrão, fiel a um cônjuge e assim por diante. Paulo lista apenas duas qualificações que se aplicam somente aos presbíteros: "não ser neófito" e ser "apto para ensinar". A aptidão para ensinar não se refere tanto aos dons de carisma ou poder retórico do presbítero, mas à qualidade ou "solidez" de seu ensino. Ele ensina "o que convém à *sã* doutrina" (Tt 2.1). Apega-se "à palavra fiel, que é segundo a doutrina, de modo que tenha poder tanto para exortar pelo *reto* ensino como para convencer os que o contradizem" (Tt 1.9). Segue "o padrão das *sãs* palavras" ensinadas pelos apóstolos (2Tm 1.13). A palavra "sã" aparece nove vezes com esse sentido nas cartas pastorais de Paulo (1 e 2 Timóteo e Tito). O ponto aqui é que o presbítero "maneja bem a palavra da verdade" (cf. 2Tm 2.15).

Em outras palavras, a aptidão de um presbítero para ensinar não significa que ele é capaz de subir ao púlpito e encantar mil pessoas com sua sabedoria e sagacidade. Significa que, se você estiver com dificuldades para entender a Bíblia ou saber como lidar com uma situação difícil da vida, pode ir até a casa dele e pedir ajuda, recebendo, então, sabedoria bíblica sólida. Você confia que, quando ele abre a Bíblia, não extrai dela coisas malucas, mas lhe fornece um entendimento fiel da Escritura.

Quando uma igreja instala homens como presbíteros, está afirmando que esses homens são aqueles que fornecerão à igreja sua interpretação autoritativa da Palavra de Deus. Alguns desses homens podem ensinar do púlpito da igreja; outros, da cadeira do conselheiro; outros, ainda, à mesa tomando café. Mas é exatamente isto que você obterá deles: ensinamento bíblico fiel. E o fato de eles possuírem o ofício de presbítero significa que toda a igreja os reconhece como confiáveis nesse aspecto.

(2) *Autoridade de supervisão.* Assim como Paulo, Pedro associa de forma estreita o trabalho de supervisionar com o de pastorear: "Pastoreai o rebanho de

Deus que há entre vós, exercendo supervisão" (1Pe 5.2, tradução livre). Repare que o pastor deve estar "entre" suas ovelhas. Ele as conhece. Está com elas. Além disso, ele e seus colegas presbíteros almejam conhecer e cuidar atentamente não apenas de algumas, mas de todas elas. Ouça Paulo mais uma vez: "Atendei [...] por todo o rebanho" (At 20.28). Ao atender cuidadosamente por suas ovelhas, ele sabe quais são as lutas delas, em que áreas são tentadas e quais fraquezas os lobos podem explorar.

A posição do presbítero é, portanto, de supervisão e liderança. E o rebanho deve "se submeter" a essa posição (Hb 13.17). Isso não significa que os presbíteros têm autoridade para lhe dizer com quem você deve se casar, que emprego aceitar ou que casa comprar. O escopo dessa supervisão se restringe a questões concernentes à igreja como um todo ou que sejam pertinentes à sua vida corporativa, especialmente no que diz respeito ao ensino. Eles tomarão decisões sobre a agenda de pregação; o currículo dos pequenos grupos ou da escola dominical; o que a igreja faz ao se reunir; quais cânticos cantar; a abordagem de aconselhamento; se é hora de plantar uma nova igreja ou construir um novo local de culto, quando o atual está lotado; quais missionários apoiar e muito mais.

Obviamente, a Bíblia não aborda explicitamente as inúmeras decisões que uma igreja precisa tomar semanalmente em sua vida comunitária. A Bíblia diz que ela deve enviar missionários? Sim. Mas diz exatamente quem ela deve enviar? Claro que não. Diz que a igreja deve coletar as ofertas dos seus membros para a obra do evangelho? Sim. Mas diz se ela deve ampliar o orçamento para chamar mais um pastor auxiliar ou substituir o aquecedor ou o telhado do prédio da igreja? Não. Para fazer esse tipo de julgamento — que deve ser informado por princípios bíblicos, mas em última instância depende do exercício prático da sabedoria —, a congregação confia na supervisão dos presbíteros, com a ajuda dos diáconos.

Às vezes, igrejas adicionam adjetivos aos títulos de seus pastores — pastor executivo, pastor de missões, pastor de jovens. Contudo, elas não devem perder de vista que, se o substantivo no título de um homem é "pastor" ou "presbítero", ele é, fundamentalmente, um pastor com responsabilidade de sobre todo o rebanho. Essa é uma das principais distinções entre a autoridade do pastor ou presbítero e a do diácono. Podemos inferir de Atos 6.1-7 (se o interpretarmos como aplicável ao ofício diaconal, como eu interpreto) que os diáconos têm autoridade administrativa sobre áreas específicas da vida da igreja. Um diácono pode ser responsável por cuidar da escala do berçário, do website da igreja, da organização do estacionamento, dos recursos para obras de misericórdia ou da distribuição de alimentos às viúvas. No entanto, os diáconos realizam essa obra sob a direção dos presbíteros, que possuem autoridade sobre o rebanho como um todo e, particularmente, sobre o seu progresso espiritual.

Talvez a metáfora do pastor pareça distante para muitas pessoas no mundo de hoje. Contudo, é uma bela imagem que arrasta a transcendência para dentro da imanência, como um homem aninhado entre suas ovelhas. Ela retrata "o uso benevolente da autoridade", como coloca um autor, ou "uma delicada mescla de autoridade e cuidado", conforme diz outro.[1] Meditando no trabalho de um pastor de ovelhas, o primeiro autor acrescenta:

> Algumas situações exigem proteção e disciplina militantes, outras requerem gentil nutrição. O pastor-rei do Salmo 2 governa com um cetro de ferro. Já o pastor-rei de Isaías 40 acalenta em seus braços, com ternura, os cordeirinhos que amamentam. A imagem do pastor é especialmente útil para *manter em tensão* essas qualidades essenciais da liderança. Autoridade sem compaixão gera autoritarismo cruel. Compaixão sem autoridade leva à desordem social.[2]

Obviamente, o melhor retrato de uma autoridade transcendente que se inclina com compaixão rumo à imanência é o próprio Deus: "Eu mesmo apascentarei as minhas ovelhas e as farei repousar, diz o Senhor Deus" (Ez 34.15; cf. Sl 23). Os presbíteros de nossas igrejas têm o privilégio de refleti-lo, ao mesmo tempo em que se preparam para prestar-lhe contas um dia (Hb 13.17).

Por que Deus dá autoridade ao presbítero?

Por que as Escrituras dão autoridade aos presbíteros? Há várias maneiras de responder a essa pergunta.

---

1 Timothy Laniak, *Shepherds after My Own Heart: Pastoral Traditions and Leadership in the Bible*, New Studies in Biblical Theology 20 (Downers Grove, IL: InterVarsity Press, 2006), p. 247; a última citação é de Derek Tidball, citada em Laniak, p. 247.

2 Laniak, *Shepherds after My Own Heart*, p. 247.

Para nossos propósitos aqui, quero me concentrar no exemplo que os presbíteros devem dar. Pedro os instrui a não agirem como "dominadores", mas a servirem como "modelos do rebanho" (1Pe 5.3). Semelhantemente, o autor de Hebreus exorta a congregação: "Lembrai-vos dos vossos guias, os quais vos pregaram a palavra de Deus; e, considerando atentamente o fim da sua vida, imitai a fé que tiveram" (Hb 13.7). Mais do que qualquer outra coisa, o ofício do presbítero tem a ver com ser reconhecido como um exemplo de vida e doutrina. Dar-lhe o ofício é dizer: "Igreja, aqui está um homem que vocês devem seguir. Ouçam o que ele ensina. Observem como ele vive. No tocante a seguir a Cristo, sejam como ele."

Em outras palavras, a autoridade do presbítero não depende de diferenças de classe, mas de maturidade. Ele não é um membro da aristocracia nem alguém de sangue azul. Não é um sacerdote católico romano medieval, cuja alma foi marcada a ferro pelo Espírito Santo de Deus. Martinho Lutero corretamente observou: "Não há, de fato, diferença entre leigos e clérigos [...] senão uma de ofício e trabalho — mas não de 'estamento'; pois todos pertencem ao mesmo estamento."[3] Pelo contrário, um presbítero ou pastor é mais comparável a um pai diante de um filho. Sua tarefa é chamar os membros a crescerem e desenvolverem até à maturidade. Ele trabalha para ser imitado e todas aquelas áreas nas quais imita a Cristo (cf. 1Co 4.16; 11.1).

Seu ofício, portanto, diz respeito ao reconhecimento de caráter. É por isso que Paulo gasta a maior parte do seu tempo falando sobre o caráter de um presbítero. Alguns cristãos se surpreendem quando, tendo procurado na Bíblia uma descrição das atribuições do presbítero, descobrem que seus autores são mais deliberados em descrever o caráter do presbítero (1Tm 3.2-7; Tt 1.6-9). Também é interessante que essas descrições do caráter do presbítero apontam para atributos que, como já disse, deveriam caracterizar todo cristão. Por que Paulo não exige deles algo mais extraordinário, como "experiência comprovada em liderar grandes organizações", "fundador de sete orfanatos" ou "estopim de um avivamento"? A resposta, ao que parece, nos leva de volta à ideia de o presbítero ser um exemplo. O Novo Testamento gasta mais tinta com as qualificações

3 Martinho Lutero, "An Open Letter to the Christian Nobility of the German Nation", em *Works of Martin Luther*, The Philadelphia Edition, 6 vols. (Grand Rapids, MI: Baker, 1982), vol. 2, p. 69.

do que com as atribuições do cargo, porque as qualificações *são* elas mesmas as atribuições do cargo. Com exceção da habilidade para o ensino, sua vida deve ser algo que os demais cristãos podem copiar.

Um presbítero trabalha chamando as pessoas a imitarem seus caminhos. É isso que Paulo diz aos coríntios: "Admoesto-vos, portanto, a que sejais meus imitadores. Por esta causa, vos mandei Timóteo, que é meu filho amado e fiel no Senhor, o qual vos lembrará os meus caminhos em Cristo Jesus, como, por toda parte, ensino em cada igreja" (1Co 4.16-17).

Figurativamente, um pastor demonstra como manejar o martelo e a serra e, depois, põe as ferramentas nas mãos dos membros. Executa uma escala no piano ou realiza um movimento com o taco de golfe e, então, convida os membros a repetirem o que viram. Ele diz à igreja: "Permitam-me ensinar-lhes o caminho da cruz. Agora, vejam como eu o percorro. É assim que se suporta o sofrimento; é assim que se ama filhos adolescentes obstinados; é assim que se ama a esposa após ela receber um diagnóstico de câncer; é assim que se compartilha o evangelho em um ambiente de trabalho hostil; é assim que se demonstra generosidade e justiça, mesmo quando as pessoas não gostam de você; é assim que se segue a Cristo quando o dinheiro está curto. Permitam-me mostrar-lhes como ser valente em nome da verdade e cuidadoso diante do sofrimento."

Os membros, então, consideram tudo isso e imitam a fé e o modo de vida dos presbíteros.

Esse fato (de que estabelecer um exemplo é parte essencial do trabalho do presbítero) é uma razão pela qual as igrejas devem buscar reconhecer uma pluralidade de presbíteros, e não confiar tudo a um único pastor. Se o trabalho do presbítero é apresentar um caminho de discipulado para todo cristão, as igrejas se beneficiam quando têm mais de um. Aprendemos com os homens que servem no ministério em tempo integral, mas também com os presbíteros que têm empregos de tempo integral como professores, na indústria ou no mercado financeiro. Homens em vocações distintas nos dão a oportunidade de ver como a piedade se expressa em diferentes esferas. O homem que trabalha com finanças nos mostra o que significa seguir Jesus quando se é rico; o que trabalha na limpeza mostra como segui-lo quando o salário mal cobre as despesas do mês. E assim se dá com muitas outras diferentes circunstâncias de vida e tipos de personalidade.

Além disso, o trabalho pastoral dos presbíteros serve de modelo para as mulheres mais velhas da igreja, as quais, por sua vez, devem se dedicar a discipular as mais jovens. Paulo, assim como a Escritura como um todo, acreditava que Deus criou homem e mulher de modo assombroso e diferente. Ainda que um grupo de homens qualificados exerça a supervisão da congregação como um todo, esses homens devem buscar o conselho das "mães" da igreja, como Paulo sugere a Timóteo (1Tm 5.2; cf. também At 18.26). Pastores também "falam" a essas mulheres mais velhas, as quais, por sua vez, devem "instrui[r] as jovens" no caminho da piedade (Tt 2.3-5). Dessa forma, geralmente, o ministério individual de pastoreio segue demarcações de gênero: homens cuidando de homens, mulheres cuidando de mulheres.

Por que um presbítero tem autoridade? Para ensinar e demonstrar um exemplo de piedade, pois, ao fazê-lo, salvará tanto a si mesmos quanto os seus ouvintes (1Tm 4.16).

Quais são os limites da autoridade pastoral?

Os limites da autoridade do presbítero acompanham os limites da autoridade da congregação. Assim como a autoridade da igreja, a do pastor não é coercitiva, mas declarativa. Da mesma forma, ela se concentra totalmente na Bíblia e só pode ir até onde a Bíblia vai, nunca além. Um presbítero sem Bíblia é um presbítero sem nenhuma autoridade. A tarefa do presbítero, é bom lembrar, é guiar a igreja para que ela cumpra a *sua* tarefa. Logo, os limites da igreja também são os limites do presbítero.

Bons pastores, portanto, serão rápidos em reconhecer que sua própria sabedoria é falível quando comparada à perfeita sabedoria da Escritura. Ensinar fielmente a Bíblia é uma coisa; aplicá-la às diversas circunstâncias da vida cotidiana é outra. Pastores se envolvem tanto no ensino como na aplicação, mas bons pastores reconhecem a diferença entre uma coisa e outra. Por exemplo, há uma diferença qualitativa entre ensinar à igreja algo como: "Paulo nos orienta a criar nossos filhos na disciplina e na admoestação do Senhor" (cf. Ef 6.4) e afirmar: "É assim que você deve pensar sobre filmes, videogames ou métodos educacionais." Há uma diferença entre dizer: "Jesus nos manda fazer discípulos" (cf. Mt 28.19) e sugerir: "Aqui está um método de evangelismo". Ensinar uma igreja a seguir a Bíblia necessariamente envolve os dois tipos de afirmações. Ambos são importantes. Os membros precisam não apenas de declarações de princípios, mas também de direção prática, pois a vida se desenrola no âmbito prático. Ainda assim, um bom pastor atribui pesos diferentes a esses dois tipos de afirmações. Ele não trata sua própria sabedoria como se fosse a de Deus.

Pessoalmente, costumo oferecer algum tipo de sinal verbal para indicar os diferentes pesos. Digo algo como: "Posso estar enganado"; "Não quero constranger sua consciência, mas quero sim pressioná-la um pouco"; "Agora, estou extraindo esse conselho das cisternas da sabedoria, não das fontes da lei ou da verdade bíblica"; ou "Talvez fazer isso não seja pecado, mas penso que não seria sábio."

Paulo também parece reconhecer a necessidade de pesos diferentes quando escreve: "Todas as coisas são lícitas, mas nem todas convêm" (1Co 10.23); ou ainda: "Exortamo-vos, também, irmãos, a que admoesteis os insubmissos, consoleis os desanimados, ampareis os fracos e sejais longânimos para com todos" (1Ts 5.14).

O ponto aqui é que o pastor precisa ser um especialista em usar a balança moral. Isso é indispensável ao seu trabalho. Às vezes, a aplicação bíblica é clara e direta. Outras vezes, é uma aplicação indireta. Pode decorrer de uma inferência ou sugestão do texto. Pode ser uma aplicação possível ou algo que "talvez" devamos praticar. Pode ser apenas algo que você deve fazer "se achar melhor". O pastor que trata cada uma de suas palavras como se fossem preto-no-branco acaba, ironicamente, confundindo sua própria sabedoria com a de Deus e solapando a supremacia da Escritura.

Portanto, pastores devem perceber que uma de suas atribuições é ser defensores ferrenhos da liberdade cristã (cf. Rm 14). Seu trabalho é ensinar a congregação a "acolher" uns aos outros em assuntos controversos, em vez de "julgar" o irmão nas questões de consciência (Rm 14.1, 3, 4, 10). Parte do ensino bíblico consiste em ajudar os crentes a perceberem em que a Bíblia nos constrange ou não constrange, mas também a serem graciosos para com quem enxerga essas questões de maneira diferente.

Deixe-me aprofundar um pouco mais este ponto. Legalismo e justiça própria são inatos a todos os seres humanos. Tornar-se cristão implica arrepender-se dessa justiça própria e buscar justificação somente em Cristo. Porém, a velha natureza pecadora ainda aparece, embora camuflada. Mesmo como cristãos, ainda temos a tendência de inventar regras, orgulhar-nos por cumprir as regras que inventamos e, então, considerar-nos superiores aos que não seguem as nossas regras.

A diferença é que, agora, nos enganamos ao pensar que temos o respaldo das Escrituras, já que somos capazes de fazer alguma conexão tênue entre nossa regra e o ensinamento bíblico. É por tudo isso que o farisaísmo é uma tentação perene não só para os descrentes, que têm suas próprias regras inventadas, mas também para os cristãos.

Portanto, o trabalho de um pastor é desestabilizar e até mesmo demolir os enormes edifícios do moralismo humano. Ele lembra à sua igreja que seus membros não devem impor uns aos outros sua própria sabedoria, seus temores e suas deduções morais. Os bons pastores que tenho conhecido demonstram inclusive certa "irreverência", pelo menos o tipo de irreverência que se recusa a prestar continência às expectativas "religiosas" (mas fabricadas pelo homem) do momento. Eles habilmente se valem do humor, até do sarcasmo, para derreter os bezerros de ouro de uma igreja.

Essa necessidade de destreza no uso da balança moral é especialmente importante em meio ao número cada vez maior de controvérsias éticas e políticas em nossa época. Por um lado, pastores devem ser os primeiros a levantar a voz em defesa da verdade bíblica, quando ela for clara. Por outro, devem ser os primeiros a se levantar em nome da liberdade cristã quando as questões forem incertas, para que a unidade da igreja seja firmada na Escritura, não na sabedoria humana. Cristãos erram quando fazem concessões à sua fé. Também erram quando acusam sem necessidade e provocam divisões intermináveis. Um bom pastor estará atento aos dois perigos.

Uma última palavra sobre os limites da autoridade pastoral diz respeito à maneira de sua instrução. Uma vez que sua autoridade é declarativa, e não coercitiva, o pastor depende do poder da declaração da Palavra de Deus, não de qualquer outro tipo de poder para coagir, adular, manipular, pressionar ou forçar as pessoas a concordarem com ele ou fazerem o que ele quer. Ele não se arrima nem mesmo na força de sua personalidade, mas na Palavra e no Espírito.

Pense nos apóstolos em Atos 6. Eles pedem aos irmãos que encontrem homens capazes de ajudar a reparar a divisão na igreja, pois certas viúvas estavam sendo negligenciadas na distribuição de alimentos. "Quanto a nós", dizem eles, "nos consagraremos à oração e ao ministério da palavra" (At 6.4). A Palavra e a oração dão ao pastor todo o poder de que ele precisa; e é um poder que derruba as fortalezas da desobediência (2Co 10.3-6).

Em contrapartida, o pastor fariseu, abusivo ou opressor geralmente se caracteriza por:

- Fazer prescrições dogmáticas em pontos nos quais a Escritura silencia.
- Depender de inteligência, humor, charme, culpa, emoção ou ameaças, em vez da Palavra e da oração.
- Ter favoritos.
- Punir os que discordam dele.
- Usar formas extremas de comunicação (explosões de raiva, seguidas da "lei do gelo").
- Recomendar linhas de conduta que sempre, de alguma forma, melhoram sua própria situação, mesmo à custa dos outros.
- Falar excessivamente e precipitadamente.
- Raramente fazer boas obras em segredo.
- Raramente encorajar.
- Raramente dar o benefício da dúvida.
- Enfatizar conformidade externa, em vez do arrependimento do coração.
- Buscar glória para si, em vez de dar glória a Deus.[4]

Homens assim não deveriam ser pastores; antes, deveriam ser removidos do ofício. Se você não puder agir para removê-los, o melhor é deixar essa igreja e encontrar uma onde você possa confiar que os homens manterão seus olhos em Deus, não em si mesmos.

Um plano de ação para o presbítero

Como, então, o presbítero entra em ação? Seu trabalho começa com sua vida pessoal, por meio da dedicação à sua leitura bíblica, à oração e ao aprimoramento de seu caráter. Seu preparo deve levá-lo a desenvolver uma mansidão, uma humildade e uma pureza de coração cada vez mais profundas. Sua aspiração a servir como presbítero — que é algo bom, Paulo afirma — é um desejo de amar e servir aos outros (1Tm 3.1).

4 Adaptado de Jonathan Leeman, *Membresia na igreja: Como o mundo sabe quem representa Jesus* (São Paulo: Vida Nova, 2016), p. 127-128.

Nesse sentido, se um homem passa a semana toda envolvido em discussões sobre política, cultura ou esportes, não se surpreenda se seus sermões no domingo parecerem superficiais. Um presbítero deve buscar o Reino de Deus em primeiro lugar, ao longo de toda a semana.

Ordenar um homem como presbítero não é tanto *torná-lo* presbítero, mas *reconhecer* publicamente o que ele já está fazendo. Tanto os presbíteros quanto a igreja percebem que "João" é fiel no lar e na igreja. Ele é rápido em direcionar os outros para a Escritura e é confiável no manejo da Palavra. Os membros da igreja costumam rodeá-lo após os cultos, não por ele apresentar traços de popularidade mundana, mas do mesmo modo como alguém busca um médico quando está doente. Os que estão espiritualmente doentes se aproximam dele.

João, por sua vez, não se cerca apenas daqueles que são semelhantes a ele, mas dos que estão doentes e famintos, dos que são ensináveis e influenciáveis, sejam eles quem forem: jovens ou idosos, da maioria ou da minoria, homens ou mulheres, populares ou ridículos. A igreja ordena um homem quando vê esse tipo de atividade em sua vida.

Além de tudo isso, o pastor é um homem que vive pelo evangelho. Seu caráter é "irrepreensível". No entanto, ele não se impressiona com seu próprio caráter, assim como ninguém na igreja deve se impressionar com o seu próprio. Ele sabe que é um pecador. Sabe que é salvo pela graça somente. Sabe que tudo de bom que possui é uma dádiva (1Co 4.7). Portanto, ele não exerce domínio sobre os outros, mas transborda compaixão, paciência e longanimidade.

Dizem que bons presbíteros têm cheiro de ovelha. Contudo, se eles cheiram a ovelha é porque cheiram a Jesus. Passe tempo com um presbítero piedoso e, de alguma forma, você sairá dali sentindo-se corrigido e encorajado, desafiado e edificado, contrito e inspirado, exposto e amado. Louvo a Deus pelos homens que tiveram esse efeito em mim — e eu poderia nomear dezenas deles. Oro para que você também tenha muitos a quem nomear.

PERGUNTAS PARA REFLEXÃO

1. Quem influenciou mais positivamente sua visão da autoridade da igreja e por quê?

2. Se você é um presbítero, como acha que está se saindo no cumprimento da responsabilidade do seu ofício, com base na descrição de atribuições (p. 308)? Se você não é presbítero, o que o encoraja nos presbíteros que o Senhor colocou em sua igreja?

3. As qualificações de um presbítero têm a ver quase exclusivamente com um caráter cristão exemplar. Como isso ajuda você a entender o tipo de pessoas que Deus deseja usar (p. 314-315)?

4. Quais são alguns exemplos de regras baseadas no farisaísmo que os não-cristãos criam, e quais são algumas que os cristãos criam (p. 318)?

5. Da lista de características de um pastor farisaico ou abusivo, quais itens parecem mais significativos (p. 319)? Quais podem ser mais difíceis de identificar? Se você serve como presbítero, quais são os que mais o confrontam pessoalmente?

CONCLUSÃO

IGUALDADE, O TEMOR DE DEUS E UMA RECOMPENSA

Quero concluir este livro com uma reflexão final, uma exortação e uma palavra de esperança.

A reflexão é sobre o tópico da igualdade. Gênesis 1 e 2 nos ensinam que todo ser humano foi criado igualmente à imagem de Deus. Já o livro do Apocalipse retrata cada um de nós adorando igualmente ao redor do seu trono. Não apenas isso: o evangelho declara que, mesmo agora, "não pode haver judeu nem grego; nem escravo nem liberto; nem homem nem mulher; porque todos vós sois um em Cristo Jesus" (Gl 3.28). O impulso de nossa geração atual por afirmar a igualdade é, em seu melhor aspecto, algo bom, humano, que honra a criação e aspira à redenção.

Como afirmei ao longo do livro, o cristianismo oferece uma perspectiva radicalmente igualitária ao afirmar tanto nossa igualdade criacional quanto nossa redenção igualmente compartilhada em Cristo. Há um sentido no qual a boa autoridade sempre aspira a um tipo de igualdade. Não quero insinuar que algum dia nos tornaremos iguais a Cristo; isso jamais acontecerá. Ainda assim, Cristo nos ordena a fazer discípulos para que possamos compartilhar de seu Reino. De modo impressionante, a Escritura usa até mesmo a linguagem de uma humanidade redimida reinando *com* Deus (cf. 2Tm 2.12; Ap 20.6 — literalmente, "serão reis com").

Boas e más versões de igualdade

No entanto, assim como há versões satânicas e piedosas de autoridade, também há versões satânicas e piedosas de igualdade. A versão satânica é produto de Gênesis 3: "Sereis como Deus". Você é igual a Deus. Você pode definir e criar o universo para si mesmo. Seus instintos e desejos básicos são bons.

Essa versão satânica de igualdade opera pelo poder e é definida em termos egoístas. Ela olha para dentro, lista os recursos e as virtudes do "ego" e então se autoafirma, comparando-se aos outros: "Sou tão inteligente quanto ele". Possui um forte senso de merecimento. Vive fazendo exigências: "Eu mereço isto; tenho direito àquilo." Em última análise, a igualdade satânica produz uma guerra de todos contra todos, na medida em que cada um faz suas próprias exigências.

A igualdade satânica tem pouco ou nenhum espaço para papéis atribuídos, responsabilidades, diferenças e, acima de tudo, hierarquias. Busca nivelar todas as hierarquias porque o seu senso de si está enraizado em si mesmo, não podendo, portanto, tolerar muitas limitações impostas externamente. Em um primeiro momento, elogia as "diferenças", mas logo sufoca toda e qualquer diferença — afinal, a diferença sempre se parece com uma ameaça à igualdade. Logo, tende à uniformidade, à androginia, à conformidade.

A igualdade satânica segue o pensamento de curto prazo. Promete ganho imediato: você será como Deus. Por isso, despreza qualquer papel de submissão ou conversa sobre restrição. Vive em contínua autoafirmação.

Ela é atomística e, portanto, insensível às preocupações dos outros, uma vez que a identidade está enraizada no ego. É cheia de justiça própria e justifica a si mesma, sempre convencida de que seus argumentos estão corretos. No final das contas, tanta autoafirmação destrói relacionamentos. Talvez ela fale sobre identidade de grupo, mas o instinto básico aqui é empregar grupos e identidades de grupo para propósitos pragmáticos e, enfim, egoístas. Os grupos servem para exaltar e empoderar o eu.

Por outro lado, a igualdade piedosa aparece em Gênesis dois capítulos antes: "Criou Deus, pois, o homem à sua imagem, à imagem de Deus o criou; homem e mulher os criou". Essa igualdade não é perturbada pela distinção entre homem e mulher, ou, por implicação, por quaisquer outras diferenças que Deus possa ter ordenado entre os portadores da sua imagem. A igualdade piedosa está enraizada no dom da imagem de Deus. Os portadores da imagem são iguais em virtude da sua imagem.

A igualdade piedosa também depende da Palavra de Deus e de sua obra de redenção. É definida nos termos de Deus. Diante das desigualdades deste mundo, é descoberta pela fé. Seu modo padrão não é o poder, mas a humildade, uma humildade que lhe permite falar com toda a força de alguém que ouviu Deus falar, mesmo quando as comparações externas falham. Ela começa escutando: "Quem Deus diz que eu sou?". Faz perguntas e busca suas responsabilidades: "Deus, o que queres que eu faça?".

A igualdade piedosa nunca se sente ameaçada por quaisquer papéis, responsabilidades ou mesmo hierarquias dados por Deus. Ela se deleita na diferença, confiando que cada distinção atribuída por Deus possui propósito e contribui para as incontáveis refrações de sua glória. Não supõe que as atribuições divinas de diferentes mordomias e posições, responsabilidades e papéis, minem a igualdade. Em vez disso, vê tudo isso como várias partes de um corpo, cada qual com o propósito de fazer o trabalho que é do corpo todo. A igualdade piedosa segue o pensamento de longo prazo e, em última análise, reforça a igualdade sob o governo de Deus e dentro dele.

Portanto, a igualdade piedosa admite sacrifícios, restrições e o chamado à submissão. Afinal de contas, Deus dá um trabalho a todos e, com cada trabalho, estabelece um conjunto de regras, procedimentos e limites jurisdicionais. Cada um de nós deve dirigir dentro de suas faixas, seja como líderes, seja como seguidores. Cada um de nós deve manter o limite de velocidade e dirigir na direção em que Deus nos ordena. Todos devemos nos submeter a ele e à sua lei. Líderes lideram e seguidores seguem — todos em submissão ao Senhor. Não há, nesse sentido, diferença para o ser humano entre liderar e ser liderado. Liderar de acordo com a lei de Deus é seguir de acordo com a lei de Deus. São a mesma coisa, já que sua lei é uma só.

A igualdade piedosa admite a diferença, seja ela hierarquicamente definida ou não, porque todos — e tudo — servem a Deus. Todos devem se submeter a ele ou receber o fogo de seu juízo, caso se recusem. No entanto, viver por sua lei, diz o salmista, é uma bênção. Cria uma comunidade de paz, harmonia, *shalom*, em que os indivíduos dão fruto como árvores plantadas junto a ribeiros de água.

A igualdade piedosa é mais sensível às necessidades dos outros. Ela reconhece o vínculo compartilhado por toda a humanidade em virtude de nossa criação comum à imagem do próprio Deus. Possui uma postura humilde em relação aos outros, reconhecendo que tudo o que uma pessoa possui vem de cima. Aponta para grupos e identidades de grupo para fins teológicos. Se Deus criou algo, esse algo é bom e deve ser celebrado, pois nos ensinará algo a respeito dele.

A questão, por fim, não é que a igualdade seja boa e a autoridade, um mal necessário que temos de suportar até que não mais precisemos dele. A boa igualdade depende da boa autoridade. Lembre-se do que eu disse no Capítulo 1: a autoridade existe porque algo bom, verdadeiro, belo, santo e justo existe, algo digno de proteção e até mesmo de adoração. Lembre-se também do que eu disse no Capítulo 13: assim como meus filhos devem internalizar minha disciplina, para que eu não tenha mais de governá-los, também os redimidos devem internalizar o governo, a lei e a autoridade de Deus. Só então estaremos igualmente em seu governo e sob seu governo.

Observe o que acontece quando Cristo entrega o Reino de Deus a Deus, o Pai: "Quando, porém, todas as coisas lhe estiverem sujeitas, então, o próprio Filho também se sujeitará àquele que todas as coisas lhe sujeitou, para que Deus seja tudo em todos" (1Co 15.28). O governo de Deus envolverá e incorporará todas as coisas, para que todos estejamos sob seu governo, em seu governo e partilhando de seu governo.

O temor de Deus

Para onde, então, seguimos a partir daqui? Como começamos o projeto de buscar uma autoridade piedosa e uma igualdade piedosa?

Observe mais uma vez as palavras finais de Davi: "Aquele que domina com justiça sobre os homens, que domina no temor de Deus, é como a luz da manhã, quando sai o sol, como manhã sem nuvens, cujo esplendor, depois da chuva, faz brotar da terra a erva" (2Sm 23.3-4). Repare que o governo justo começa com o temor de Deus. O temor de Deus é o começo da sabedoria e da justiça. É o começo de uma autoridade que protege os vulneráveis, fortalece comunidades, promove o florescimento humano e, ao final, salvará o mundo.

Como mencionei no começo do livro, posso apresentar princípios sobre como a boa autoridade opera. Posso argumentar com você, percorrendo as páginas da Bíblia, explicando e ilustrando da melhor maneira possível. Você pode acompanhar a leitura e decidir se concorda com este ou aquele argumento. Pode até mesmo ser convencido de algo em que não acreditava antes. Todavia, se não temer o Senhor, você, no fim das contas, não governará, não liderará nem exercerá autoridade de modo bom e justo.

Se o seu Deus for pequeno; se ele for de pouca importância; se você não se preocupar com a ira dele; se a santidade de Deus não lhe causar espanto e você nunca pensar que há de comparecer diante dele naquele dia final do glorioso e terrível juízo, quando o povo de Deus será vindicado e seus inimigos, condenados; se você não confiar no seu governo soberano sobre todas as coisas, até sobre a "sorte que se lança no regaço"; se você não estiver construindo sua vida na vitória já conquistada por Cristo sobre o pecado, a morte e Satanás; se você não confiar no caráter bondoso e amoroso de Deus; se você não souber, no fundo da alma, que o Senhor sustenta este universo pela palavra do seu poder; que dele, por meio dele e para ele são todas as coisas; que, para ele, as nações são uma gota que cai num balde, um grão de poeira na balança; e que a terra é um estrado para os seus pés — se, em outras palavras, você não temer a Deus, não há como governar ou usar bem sua autoridade, seja em casa, na igreja, no local de trabalho ou na nação. Onde quer que você a use bem, muito embora o rejeite, isso será apenas a graça de Deus que faz o bem por meio dela. Todo o bem que você fizer será, nesse sentido, apesar de você.

Portanto, sonde mais uma vez as diferentes áreas de autoridade em sua vida. Quais são seus objetivos? O que está tentando realizar? Edificar os outros ou a si mesmo? São perguntas boas e práticas a se fazer.

De forma mais crucial, pergunte a si mesmo: quem é o seu Deus? Como ele é? Se você me disser sua resposta a essas perguntas, poderei lhe dizer as coisas mais importantes sobre a maneira como você exerce sua autoridade.

Nossa recompensa

Temer a Deus significa que buscaremos nele nossa recompensa, uma recompensa que nos espera no último dia. Por exemplo, considere o que Pedro diz aos presbíteros de uma igreja: "Pastoreai o rebanho de Deus [...] de boa vontade; [não] como dominadores [...] Ora, logo que o Supremo Pastor se manifestar, recebereis a imarcescível coroa da glória" (cf. 1Pe 5.2-4).

Acredito que uma promessa semelhante se aplica, por inferência, a todas as pessoas que usam sua autoridade para a glória de Deus e para o benefício dos outros.

O que o capacitará a assumir posições de liderança e a exercer sua autoridade de modo a beneficiar os outros, mesmo a um custo pessoal? A resposta mais ampla é a fé, o amor e a esperança, porém quero destacar aqui a esperança de uma recompensa eterna. Você deve desejar o que a cidade celestial de Cristo oferece mais do que os tesouros deste mundo (cf. Hb 11.16; Ap 21.24).

Todas as manhãs, meu coração retorna ao egoísmo de sua configuração padrão. Isso significa que acordo e sou tentado a usar minha autoridade — no meu casamento, ao criar minhas filhas, no meu trabalho, na minha igreja — pelas recompensas que posso obter aqui e agora. Então, o Espírito fala através do novo homem no meu interior: "Não trabalhe por uma coroa corruptível, mas por uma incorruptível" (cf. 1Co 9.25).

É essa esperança, a esperança de conhecer o deleite de Deus, que nos permitirá trabalhar arduamente e nos sacrificar mais, usando nossa força para nos tornarmos os mais vulneráveis em favor daqueles que lideramos.

"Humilhai-vos, portanto, sob a poderosa mão de Deus, para que ele, em tempo oportuno, vos exalte" (1Pe 5.6).

PERGUNTAS PARA REFLEXÃO

1. Por que uma pessoa que não teme ao Senhor "não governará, não liderará nem exercerá autoridade de modo bom e justo" (p. 326-327)?

2. Como você tem buscado lidar com o "egoísmo de sua configuração padrão" ao qual seu coração retorna a cada dia (p. 328)? Quais são algumas medidas que você pode tomar para lidar com esse egoísmo, de modo que sua autoridade seja usada para o bem daqueles sob seus cuidados, e não para benefício pessoal?

POSFÁCIO

UMA ORAÇÃO DE LOUVOR

No início deste livro, disse que esperava ajudar-nos a olhar para o rosto daquele que guardou toda a lei e exerceu sua autoridade de forma perfeita. Em seguida, ofereci uma oração de confissão. Parece-me apropriado, então, concluir com uma oração de louvor a ele.

Senhor Jesus,

Nosso coração anseia por ver a beleza e o amor perfeitos, e nós os contemplamos em tua autoridade.

Tu vieste como rei para governar como ninguém jamais poderia — nem Adão, ou Davi, ou nenhum de nós. Tu provaste ser maior do que Davi ao assumires tanto o papel de sacerdote quanto o de cordeiro sacrifical. Derrotaste nossos piores inimigos, ao tomar sobre ti mesmo os nossos pecados na cruz e ao ressuscitar dentre os mortos. Revelaste tua soberania como o servo sofredor. Por isso, toda autoridade nos céus e na terra te pertence por direito.

Tu, o Filho encarnado do Pai, foste submisso a Deus, refletindo e promulgando sua supremacia sobre a criação. Não adoraste nenhum outro deus, não te curvaste a ídolos, nunca tomaste seu nome em vão, encontraste nele o teu descanso. Honraste teus pais; nunca mataste ou odiaste; nunca cometeste adultério ou tiveste desejo impuro; nunca roubaste nem invejaste; nunca mentiste, exageraste a verdade ou usaste de subterfúgios. Em tudo isso, tu nos revelaste o que Deus é. Governaste como o perfeito Deus-homem, o Primogênito que guia filhos e filhas adotivos a fazerem o mesmo.

Tu és generoso além de qualquer medida. Vieste para partilhar teu reino e tua glória com um povo, criando, perdoando, salvando e nos elevando para que pudéssemos reinar contigo para sempre. Por que darias tanto a um povo rebelde como nós? Por que confiarias poder a quem tantas vezes o corrompeu? Ainda assim, tu o deste, dás e continuarás a dá-lo. Enquanto somos acumuladores de glória, tu és um compartilhador dela.

Tu és humilde além de todo conceber. Possuis todo o conhecimento e todo o poder, e mesmo assim não consideraste a igualdade com Deus algo a que se apegar — em vez disso, esvaziaste a ti mesmo. Tu te revestiste de fraqueza; buscaste a sabedoria e cresceste nela; abriste a Palavra de Deus e meditaste nela de dia e de noite, de modo que te tornaste como uma árvore plantada junto a ribeiros de água, dando o fruto da vida.

Tu és corajoso além de qualquer comparação e gentil como nenhum outro. Nunca temeste ameaças nem ficaste ansioso por nada. Em vez disso, tu te tornaste vulnerável por amor de nós. Pagaste o custo de nossa salvação e absorveste as flechas do Maligno para que pudéssemos ser reis e cantar enquanto governamos. Tu és o Pastor que nos guia a pastos verdejantes, nos carrega quando estamos fracos e prepara uma mesa para nós na presença de nossos inimigos. Tu amanheces sobre nós como a luz da manhã, como o sol que brilha em uma manhã sem nuvens, como a chuva que faz a grama brotar da terra.

Tu — a imagem do Deus invisível, o resplendor de sua glória, a expressão exata do seu ser — és pura beleza. Como o rosto perfeito, teu governo é perfeitamente harmônico, perfeitamente composto, perfeitamente resplandecente. É gentil e poderoso, amoroso e ferrenho, consciencioso e sábio, fortalecedor e retificador, exigente e generoso, perdoador e justo, reto e bondoso. Ele inspira desejo, afeição e amor. Faz-nos querer governar como tu governas, para que todas as coisas estejam sujeitas a Deus, e para que Deus seja tudo em todos.

Toda a glória, domínio, majestade e louvor sejam dados a ti.

Amém.

LEIA TAMBÉM

9Marcas
a IGREJA e a SURPREENDENTE OFENSA do AMOR de DEUS
Reintroduzindo as Doutrinas sobre a Membresia e a Disciplina da Igreja
JONATHAN LEEMAN

9Marcas
JONATHAN LEEMAN
A REGRA do AMOR
COMO A IGREJA LOCAL DEVE REFLETIR O AMOR E A AUTORIDADE DE DEUS
A REGRA DO AMOR JONATHAN LEEMAN

9Marks
Edificando Igrejas Saudaveis

SUA IGREJA É SAUDÁVEL?

O Ministério 9Marks existe para equipar líderes da igreja com uma visão bíblica e recursos práticos para mostrar a glória de Deus às nações por meio de igrejas saudáveis.

Para esse fim, queremos ajudar as igrejas a crescer em nove marcas de saúde que muitas vezes são esquecidas:

1. Pregação expositiva
2. Doutrina do evangelho
3. Um entendimento bíblico da conversão e evangelização
4. Membresia bíblica na igreja
5. Disciplina bíblica na igreja
6. Um interesse bíblico por discipulado e crescimento
7. Liderança bíblica de igreja
8. Um entendimento bíblico da prática da oração
9. Um entendimento bíblico da prática de missões

No Ministério 9Marks, escrevemos artigos, livros, resenhas e uma revista online. Organizamos conferências, gravamos entrevistas e produzimos outros recursos para equipar as igrejas para exibirem a glória de Deus.

Visite nosso site para encontrar conteúdo em **mais de 40 idiomas** e inscreva-se para receber nossa revista online gratuita. Veja uma lista completa de nosso site em outros idiomas aqui:
9marks.org/about/international-efforts

9marks.org

Impressão e Acabamento | Gráfica Viena
Todo papel desta obra possui certificação FSC® do fabricante.
Produzido conforme melhores práticas de gestão ambiental (ISO 14001)
www.graficaviena.com.br